A TRAVELLER'S HISTORY
OF JAPAN

周·末·读·史·丛·书

周末读完日本史

A TRAVELLER'S HISTORY OF JAPAN

理查德·泰姆斯/著
牛永娟/译

上海交通大学出版社
SHANGHAI JIAO TONG UNIVERSITY PRESS

内容提要

本书为《周末读史丛书》(第二辑)之一。日本——一个靠近太阳升起的地方，是世界第三大经济体和全球最富裕、经济最发达的国家之一。狭隘的地理空间和匮乏的资源，造就了日本文化的双重性。

本书以时代为经，人物、事件为纬，精致、巧妙地将日本的历史与现实、古典与现代浓缩在一起，以独特的视角描绘出日本上至神话时代、下至当代的这幅长卷，犹如带有浓郁的日本民族特色的浮世绘。就日本社会的复杂性和其历史的丰富多样性而言，本书通俗易懂、架构巧妙，图文并茂。

This translation of *A Traveller's History of Japan* is published by arrangement with ARRIS PUBLISHING LTD
上海市著作权合同登记号：图字 09-2011-388

图书在版编目(CIP)数据

周末读完日本史/(英)泰姆斯(Tames, R.)著；牛永娟译. —上海：上海交通大学出版社，2013
(周末读史丛书. 第2辑)
ISBN 978-7-313-10117-4

Ⅰ.①周… Ⅱ.①泰…②牛… Ⅲ.①日本—历史 Ⅳ.①K313

中国版本图书馆CIP数据核字(2014)第013040号

周末读完日本史

著 者：(英)理查德·泰姆斯　　译 者：牛永娟
出版发行：上海交通大学出版社　　地 址：上海市番禺路951号
邮政编码：200030　　电 话：021-64071208
出 版 人：韩建民
印 制：上海华业装璜印刷有限公司　　经 销：全国新华书店
开 本：787mm×960mm 1/16　　印 张：16.25
字 数：222千字
版 次：2014年2月第1版　　印 次：2014年2月第1次印刷
书 号：ISBN 978-7-313-10117-4/K
定 价：35.00元

前言

1902年大不列颠与正在崛起的强国日本签订了一项有限的同盟条约，但是必须指出，英国这样做主要是为了在东亚找寻一个有军事实力的盟友，可以用它盯住奉行扩张主义的俄国和老朽的中国，也或许最终是为了用它保卫大英帝国最闪亮的明珠——印度的安全。对英国人而言，这一步标志着英国的衰落。国王爱德华七世曾私下里感慨，仅为保护印度帝国而同“小黄种人”结盟是否真的有必要。对其他人而言，日本人是不可思议的也是遥不可及的。近来，英国幽默剧作家吉尔伯特和作曲家沙利文在共同创作的喜歌剧《日本天皇》中对日本人给予无情的嘲弄，而英国小说家吉卜林则塑造了日本人信心十足的样子：

> “东方是东方，西方是西方，二者从不交会，直到两位巨人面对面地站在审判席前。”

英日同盟经历了不到20年即被终结。1941年之后，日本开始入侵英国远东帝国的心脏，威胁印度和澳大利亚的领土完整。

今天，幸运的是，威胁西方安全和自尊的并非日本的军国主义，而是日本制造高品质、高可靠性、高价值的高科技消费品的超常生产能力。他们比欧美更会推销。德国前首相俾斯麦曾经认为21世纪属于加拿大，但在20世纪行将结束之际，日本看起来更像折桂者。

因为已经不可能再轻易摒弃日本人，不可能再视其为遥远的和基本上无关紧要的人，我们急需了解他们。理查德·泰姆斯的书可以满足这种需要，也正合时宜。它极具权威性、逻辑的清晰性和学术视角。此外，它提供给大家的还有全面的历史，鲜活而详尽，极具可读性。尽管西方讽刺日本的旅行者富有礼貌，随身携带产自日本的照相机，但日本人尚不是其他国家的主要旅行者。现在，去日本度假的外国人与日俱增，我认为就日本社会的复杂性和日本历史的丰富多样性而言，本书通俗易懂、架构巧妙，尚无能出其右者。

正如理查德·泰姆斯指出，日本人具有高度同质性：

> 要成为日本人须是日本公民，生于日本、长于日本，并且说日语。在当代社会，国家、人民和语言一定程度上保持显著一致。世界上99%的日本人生活在日本，在宗教或种族上与众不同的日本少数民族人口不超过1%。
>
> 早先旅日欧洲人对日本人有着深刻的印象："性格温顺，集礼貌、智慧、谦恭、正直等美德于一身。这里没有尔虞我诈，他们有着近来发现的其他民族所不能及的美德。"但事实不止如此，例如一些葡萄牙人初到日本等待修船时，刚一登陆就射杀鸭子。尽管日本人以前从未见过枪，但是他们潜心学习，仅用半年时间就学会如何制造枪支。因此，大约450年前，日本人早已对欧洲在全球的技术与产业优势构成了潜在的竞争。

丹尼斯·贾德

译者序

丹尼斯·贾德教授是周末读史系列丛书编辑，毕业于哈佛大学，北伦敦大学历史学教授、英国皇家历史学会研究员。撰著图书20余册，题材涉及传记文学、历史、军事、儿童故事及小说。

《周末读完日本史》作者理查德·泰姆斯，剑桥大学历史学学士，伦敦大学硕士。曾担任伦敦大学亚非学院留学服务中心主任，之后任日本大使馆发言人20余年，撰写了关于威廉·亚当斯（三浦按针）的传记作品《邂逅日本》、《日本幕府将军的幕僚》和《周末读完伦敦史》（周末读史丛书之一）。

相对专业史学著作，《周末读完日本史》一书简明易读，通过十章内容，展现了日本从神话时代到当代社会的政治、民族、宗教、文化、艺术和城市的演变，囊括了日本从平民到皇室的社会生活的方方面面，为认识日本及到日本旅行提供了重要参考。从时间跨度而言，它包含了史前的神话时代到追求国际化的2001年；从空间跨度而言，它不仅仅局限于日本本土的四岛，也涉及了日本与周边国家的交流与关系。因此它给我们展示的日本历史是立体的，是有血有肉的。其内容具有史学著作的专业性，更具有旅行日志的普及性，与其说是一本简明的日本国别史，倒不如说是一本优秀的日本旅行史，堪称是旅游学与历史学结合的典范。

尽管作为一衣带水的邻邦，但相对于欧洲人而言，前往日本旅行的中国人并不算多，对日本的了解仍然是不足的。中国人对日本的认识是复杂的，但是并不深入，原因是多层面的，既有历史的也有现实的，一本中文的日本简明旅行史对于普及国人对这个一衣带水而又关系复杂、起伏不定的邻邦的认识是完全必要的，《周末读完日本史》正逢其时！同时它也为我们认识日本提供了欧洲人的视角，让我们听到了世界上其他国家对日本的声音。

本书的翻译工作前后经历了半年多的时间，整个过程中我先生张学军在专业、时间和情感方面给予了莫大的帮助与支持，在此对他表示我衷心的感谢！翻译本书的过程中，上海交通大学出版社的责任编辑李洪义老师提出了很多有益的建议，李旦老师做了很多协调的工作，在此也向他们表示我诚挚的谢意！

为了保证翻译质量，本人查阅了众多与日本历史相关的文献与资料，也屡屡向包括我先生在内的专业人士请教，但如果仍存在因译者水平有限而造成的翻译不足之处，敬请广大读者批评指正。

引言——传承历史的现代日本人

“比起去西方任何国家，去日本旅行更需要提前了解日本的基本信息。丝毫不了解日本的过去就试图去日本旅行，无疑会冒对这个国家形成荒谬、错误的观点的风险。”

这条建议来自莫瑞的《日本旅行手册》，尽管已经出版一个多世纪，但是仍然适用。

其后一代诗人埃德蒙德·布兰敦在东京大学讲授英语文学，告诫初到日本者“日本绝不会令外来人失望，纠正之前的想象可能会有点残酷，但是旅行之后，开始用事实来丰富想象”。

日本人

日本人对自己的看法多和西方人相同——礼貌、忠实、勤奋、古板、不善于发明。他们明了外国人经常忽略的民族性格——日本人平均教育水平较高，对自然的神秘非常敏感。他们可以颠覆通常持有的偏见，认为自己温和、任性、多愁善感，而西方人冷酷、精于算计、难以捉摸。

一个世纪以前，早期日本学的老前辈巴兹尔·霍尔·张伯伦在著作中认为日本人最富有特性的优点是整洁、和蔼、优雅而富有美感。同时他们的缺点包括忽视真理的内在价值、无力领会抽象的思想。他敏锐地意识到西方旅行者多么易于传递对日本及其人民的草率认识，他提醒西方读者文化交流是一个双向过程，尽管日本人通常过于圆滑而不愿清晰地表达和评价自己。他们对自己的认识是：

……曾经远游的日本人认为我们三个最大的特征是肮脏、懒惰和迷信，欧美对日本旅行者的印象远远低于平常所期望的。但无论他是政治家还是服务员都是在返回祖国时比离开祖国时更为爱国。

日本人对其秩序井然的社会和古老的文化感到自豪。尤其是，他们为自己是大和民族而其他人却不是（大和民族）而深感自豪，这一点，他们显得格外与众不同，甚至狂热。或许这点并非完全正确，日本国民大大忽视了这种不正确的程度。定居国外的日裔不是日本国民，定居美国加利福尼亚、夏威夷和巴西、秘鲁的日本人，在某种意义上，并不是“真正的”日本人。作为日本人首先是日本公民，生于日本，长于日本，会说日语。在当代社会，国家、人民、语言在一定程度上保持一致性。全世界99%的日本人居住在日本，人口超过1亿且具有如此之大的同质性的国家还找不到第二个。尽管存在各种方言，但所有的日本人都会说国家标准语——而其他国家并不是。尽管他们非常依赖农业，一般城镇的日本人会寻求地区主义，而加泰罗人和乌尔斯特人却不懂地区主义。在宗教和种族上与主流相异的日本少数民族不超过1%。日本大约有100万基督教徒，60万在日朝鲜人（他们中许多人都已在文化认同上被同化到不再说朝鲜语的程度）。另外约有好几万阿伊努人，他们是日本群岛的原生土著的后代。相对于其他人口相当的民族，无论其认为自己是点缀或熔炉，均致力于彰显其在种族、宗教和语言上的多样性。

另一个世界？

日本人的认同感极少受同外国联系的影响的挑战。无论给人以何种印象，日本人都不是世界上最喜欢旅行的民族。1990年度出国旅行的日本人第一次超过1 000万人，即便如此，也仅占其总人口的8%（同期，英国有50%的人口出国旅行）。1988年民意测验显示，80%喜欢出国旅行的日本人承认害怕会遇到麻烦和意外。

不懂在国外与外国人如何交流，日本人在国内不大可能遇到这种麻烦。在伦敦地区生活的阿拉伯人和美国人远远多于在整个日本生活的西方人的总和。在东京国际都会区，日本人占近95%，称外国人为“がいじん”(外人)，即“外面的人”。

“日本人论”

日本特性在“日本人论”一类的关于“日本行”的名词或状况的书籍中得到阐释。一个多世纪以来，这类著作源源不断，通常它们是日本最畅销的书籍，它们可以帮助处理各种可能的问题，从语言到精神病学，从脑半球功能到儿童抚养。事实上，日本人与其他民族之间起决定作用的障碍据称是日本人和其他民族之间的文化差异。但是日本人真的很独特吗？许多日本人肯定愿意如此去想。

与世界同步

日本人是世界上天生的最具有团体特性的民族。统计显示，90%的日本人认为自己属于中产阶级，87%的日本人表示不喜欢特立独行；84%的日本人承认自己难以拒绝其他人的要求；99%的日本家庭都有彩电和洗衣机；98%的家庭有冰箱和吸尘器；相同比例的家庭主妇在新年供奉神灵；超过90%的高中女生都有一个小猪存钱罐、毛绒玩具、毛笔、英日词典，且有多于46盒磁带；85%的夫妇结婚仍举行神道教仪式；80%的家庭拥有“被炉”(一种老式的取暖用具)、“蒲团”(地板床垫)、清酒器具、算盘。现代化≠西化！在日本想要与众不同，就要加入2%或以下人士的行列：他们有游艇、宝马汽车、管家、剪草机，他们下国际象棋，打桥牌或台球，常去健身练柔道、空手道或剑道，反对天皇或加入共产党，离婚或者有外遇，长着自然卷的头发，早餐吃羊角面包。

日本人何以渐变至此？

不妨细细品读。

目录 CONTENTS

第一章

神话与传说:史前到公元500年

神之地

当代日本的环境看上去与其世界最发达的工业文明之一的盛名不相符合——山地占五分之四;矿产与能源不足;台风、地震、火山频发;没有诸如莱茵河、多瑙河的适航水路。但是鉴于其悠久的历史和其前现代科技,大自然对日本祖先还是较为友善的。即使大自然对日本偶尔粗暴,但也不无慷慨。气候方面,南方潮湿,北方严寒,但是千百年来日本却没有遭遇如其他民族所遭遇的为了生存而苦苦挣扎的极端天气。日本雨水充沛,植物种群丰富多样,森林覆盖率高。日本环海丰富的水产依然是膳食蛋白质的主要来源。

研究古代日本史的先驱之一,W. G. 阿斯顿指出日本宗教的最早形式源于对大自然的崇拜,表明了日本人对大自然的感激和愉悦而非恐惧之情。这也许令人吃惊,毕竟没有人会认为关于可怕的地震之神甚至是暴风雨之神的传说是仁慈的。日本人认为神性无处不在:令人敬畏的太阳和月亮、大有裨益的泉水、长满浆果的灌木丛,以及任何以美打动他们的事物,如花朵甚至岩石。如果说日本人的祖先原居地是荒凉的西伯利亚平原,或是中国北部或朝鲜的贫瘠山地,似乎不无可能。相比较而言,当今日本是真正意义上丰收的天堂。无疑,日本人赋予这片土地的名字证实了这一点:"富有芦苇平原之地"、"千秋新鲜水稻之地"。

在其有记载的历史的大部分时期里,相对其人口而言,日本是个大国。尽管比意大利、波兰、德国、英国的领土要大,但相对于中国和美国，日本是个小国。日本的大小基本相当于美国的加利福尼亚州。国家成立后的第一个千年，日本是个“边疆国家”，通过征服和移民，其边境线不断向北延伸。

孤立的世界?

首先，孤立使日本免受经常性侵略的困扰，而其亚洲邻国的历史进程却因此而戏剧性地改变。吸收外国文化是日本民族文化的形成因素之一，但通常这一过程是自愿的、有选择的、循序渐进的，也是有意识的。从大约公元 4 世纪国家形成时起，从未发现有外国游客和货物悄悄地穿过日本边境线，只是偶尔有少量的外国船只在监视下到达。日本人区分“外来”和“本土”文化(即使后者现在包括棒球和咖喱饭)的习惯性倾向有其古老的根源。与臆测相左的是，日本人承认他们借鉴了西方文化。这一点打消了许多人认为日本是无主见的民族、没有能力开创自己的文化的想法。而日本神道的独一无二、日语的独特性、日本人的审美个性和众多表示具体视角和情感的完全不可译的日语单词，足以使这种浅薄的看法无以立足。

友好也好，不友好也罢，自然赋予日本的独特性对有着明显的边界特征的日本文化模式的形成影响显著。四季分明对历代日本诗人和画家有着深远的影响。在这方面，大自然赋予日本复杂的起伏不平地形的影响也毫不逊色。研究日本古代史的权威专家、荣誉退休教授坂本太郎认为日本多山且狭长的地形很大程度上解释了日本人民精神生活中对伟大远景展望的缺失，日本人强烈的排外情绪和地区性姿态，还有小型地区性政府产生的可能性。这些特征在日本随后的历史中体现为：对神灵的崇拜(某一地区的保护神)、对故乡的依恋，以及对封建宗族(在当代是对会社)的忠诚。

大地之神?

日本人对自己有着浓厚的兴趣，必然也对他们民族的过去及其起源兴趣盎然。世系与认同是紧密关联的两个概念。正如著名教授坂本在 1971 年写给外籍教师和学生的半官方的出版物中提到的：

是谁在日本列岛居住下来并揭开了日本历史的序幕？可以肯定的是，他们是独特的，身体特征与其邻国人民如朝鲜人、中国人（主要指中国东北人，译者注）、蒙古人相似却又不完全相同。可以肯定的还有，这一民族从石器时代至今一直居住在这里，没有因迁移或征服而改变。日本人的主干是来自亚洲北部，途经库页岛和北海道的一群原始乌拉尔-阿尔泰语群的人们。随后加入的有来自北方的阿伊努人、朝鲜人和在九州岛南部的来自印度尼西亚的人们。民族融合在日本各个历史时期均有发生，但是不足以引起日本基本血统的改变。虽不拒绝其他血统的加入，日本人像是在不牺牲自身完整性或独有特征的基础上吸纳了他们。

虽然“种族纯正”的字眼并没有出现，学术性文章格调温和、小心谨慎、有所保留的表达暗示着一种特殊的民族认同感。相反，《不列颠百科全书》对此持怀疑态度：

当今的日本人是来自亚洲大陆和南太平洋地区的某些种族的混合种族。虽然目前尚无证据证明日本人与前陶器时代的人们的关系，但也无法断言他们毫无联系。

60年前，尚无可靠的考古证据论证关于种族起源的争论，乔治·桑塞姆先生用简洁的语言明智审慎地总结道：

考古方面的证据只证实在基督纪元前日本有相对稳定的文明。而民族融合形成日本民族追溯到我们一无所知的更遥远的古代。我们有把握的至多是从石器时代结束之后日本展现了许多民族混合特征。

桑塞姆继而又拿不列颠群岛与日本列岛的移民作了有趣的类比：

二者均背靠幅员辽阔、人口众多的大陆,环绕着茫茫的大海。二者都像一个口袋,迫于饥饿与恐惧,抑或渴望改变的单纯的想法驱使移民们汇聚其中。因无法逃得更远,他们要么融合,要么灭亡。

揭开历史的面纱

日本的考古记载远比桑塞姆时代人们认为的要早,但现代系统的考古学历史却不足一百年。其创始人为东京大学的第一位动物学教授(1877～1879)、美国人 E. S. 莫尔斯(1838～1925年)。莫尔斯在东京附近的大森发掘了一个贝冢。这使人们首次了解了石器时代日本人的日常生活,尤其是日常饮食。随后,日本学者急切地追随莫尔斯进行古迹挖掘,但却因受到右翼政治势力的阻碍而不能将结果公之于众。这些与关于日本民族起源的官方解释背道而驰的发现会使这位背运的学者丢掉工作且受牢狱之灾。日本官方认为,当今君王血统源自日本首位君王,即公元前660年开始执政的神武天皇。神武天皇被认为是太阳女神的后裔。历史没有被发现,却被颠覆了。

战后民主化进程打开了知识的快门,战后建设的激增不经意地揭开了许多需要有系统地分析和记载的地方的面纱(疑似王室墓穴依然由皇室机构小心监管而严格限制进入,许多依然完好无损)。至今,共挖掘了15 000多个考古遗址,其中,至少有2 000个始于旧石器时代。20世纪初,人们认为日本三千年前开始有人居住。现在看来似乎可以确定是三万年甚至五万年前。

陶器时代以前

日本的最早期居民是用石头做工具和武器的狩猎民族,对陶器和编织一无所知。直到大约两万年前,如今的日本列岛与亚洲大陆、北海道与西伯利亚、西部本州岛与朝鲜相连,日本先民通过陆桥来到列岛。如今分隔日本与朝鲜半岛的日本海当时是一个巨大的湖泊。

绳纹文化

大约在公元前一万年开始并持续至今的全球变暖对动植物物种的日趋丰富产生了积极的影响并使生存空间更加广阔。日本居民掌握了用黏土烧制陶器的技术。因其陶器制品独特的装饰风格,这个时期的文化被称为绳纹文化。当时的人们用陶器做饭、储存食物和水,或将陶器用于殉葬。随着时间的迁移,陶器上的装饰图案逐渐变化,从简单的人字形到蛇头,日益绚丽多彩。绳纹陶器是世界上能够确定时间的最古老的陶器种类,其设计的多样性令其他石器时代文化望尘莫及。

绳纹文化时期的人们还会用柳条编制成篮筐,用桑树皮做成长袍遮身蔽体。古时遗留的垃圾表明当时人们的食物包括熊肉、野猪肉、鹿肉、鱼类、贝类、山药、野葡萄、核桃、栗子以及橡树果实。高原地区与沿海地区偶有用黑曜石换取食盐的买卖交易。大量新式的黏土小雕像,即"土偶"出现。这些土偶可能在与疾病康复和婴儿出生相关的宗教仪式上使用。绳纹文化时期的人们还佩戴用石头或贝类做成的首饰,并会锉牙和拔牙。朝鲜语的远房亲戚——日语、更远的远房亲戚蒙古语和土耳其语,可能也形成于这个时期。

日本人的祖先与阿伊努人共处一地。作为北亚高加索人的一支,阿伊努人在长相、语言和文化上与日本人不同。阿伊努人最终被驱赶到不适宜居住的北方。日本人称阿伊努人为"虾夷",并视之为野蛮人。最终,阿伊努人囿于北海道,其子孙后代只有几万人。人类学家和游客以极其不同的方式为保留他们独特的文化作出了贡献。

弥生文化

大约公元前300年,日本开始进入一个全新的文化阶段。接下来的五个世纪里,日本人的生活因为水稻耕作及编织、金属加工方面新技术的引进而发生了深刻的变化。当时,铁取代了青铜,成为大部分社会的主要金属。青铜和铁的冶炼技术均是从中国传到日本。尽管冶金术对战争和农业方面的推动作用显著,这一时期也因一种

1884年出土于东京弥生町的陶器而得名。然而,绳纹文化并未立刻被取代。两种文化并存一段时期之后,弥生文化开始占支配地位。

静冈县登吕有一个被大幅挖掘过且部分重建的弥生时代遗址。这里有以茅草做屋顶的房子、防鼠柱上有凸起花纹的仓库和复杂的灌溉和排水系统。虽然石头制的收割刀具仍在使用,稻田四周规则的围篱、建造仓库用的厚木板都表明了当时铁刃工具已经现成可用。弥生时代基本的人工制品,如锄、杵、木屐等,被公认为日本传统家庭用品的先驱。

弥生时代的墓穴里埋有诸如项链、土偶、铜镜之类的墓葬用品。这说明当时的社会已经出现阶级分化。阶级差别似乎可以从面部文身和人体彩绘上体现出来。人们通过坟墩来区分普通的墓穴遗址和首领们的墓穴遗址。某些武器、铃铛或铜镜等金属制品精巧之至,可以肯定它们只是用于宗教仪式或身份象征,而非实用。它们一般发现于山洞或山顶而非常见的居住地遗迹,这点证实了它们的宗教特征。

这一时期的宗教信仰采用萨满教的形式,以土地丰产、纯洁和对死者的恐惧为中心,但是若想更精确地描述当时的状况还不那么容易。

古坟时代

公元4世纪,日本进入了史前历史的最后一个阶段,即:古坟时代。这一时代因统治者大量营建古坟而得名。古坟有圆形、方形,最具有代表性的是前方后圆的钥匙孔形的墓制。已经发现的古坟至少有上万座。最早的且为数最多的属京都南区的大和町。也正是在这里,日本的皇室住宅因其早期统治者的世系而得名。最大的古坟,即位于大阪平原的传说中的仁德天皇陵,占地80英亩,475米长,由三条城濠包围。修建仁德天皇陵所需的人力与修建埃及金字塔时的不相上下。不得不说,这座古坟是世界上最伟大的纪念性建筑之一。

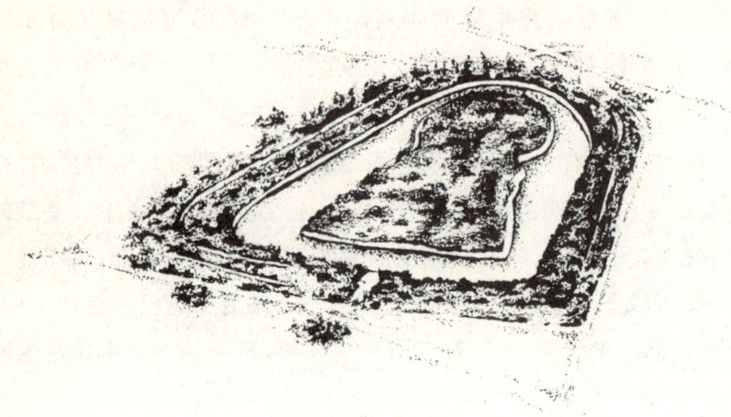

位于大阪的仁德天皇陵，长475米，建于公元5世纪

很多古坟的斜坡上放置着各种陶制形象埴轮，如牧师、舞女、送葬者、动物、船只、房屋或其他物品。其中大部分为简单的筒状土制人偶。他们或许有一定作用（如稳固墓穴），又起到了装饰效果，同时还证明着那个身着缝制棉服或金属盔甲的、高高在上的武士所主宰的尚武的贵族社会。埴轮现存数量之多，说明当时有专门的工匠负责大量生产。

到了公元5世纪或6世纪，在大和町，君主们声称其为太阳女神的后裔，维护了君主制路线的突出地位。大和制造的宗教仪式用品，如铜镜、铁剑的分布远不止大和的中心地带，表明当时较小部落或其族长承认大和的宗主权及自己的臣属地位。这些部落或其族长被封为“侍从家族”或“地方领袖”。这些表明等级和家族的封号在当时极为重要，以至于后来有人把颁布法令惩治诬告和伪造罪归因于大和统治者。因此，从日本国家形成开始，人们一直认为“封号”是日本显著的文化特征。

后来在古坟中发现的诸如皇冠、金鞋子或银鞋子等更为珍贵的宝物，一方面表明日本社会权力、财富日益集中，另一方面也表明日本与中国和朝鲜等先进文明的联系越来越多。这一时期墓穴里发现的“勾玉”与朝鲜新罗王国王室墓里发现的完全相同。这些“勾玉”有的由产自中亚的、日本不产的玉石做成。作为最高阶级的标志，几乎所有古坟中都有八咫镜、天丛云剑、八尺琼勾玉。当今日本天皇在加冕礼上也会像他们的祖先一样被赋予“三种神器”，即八咫镜、天丛云剑、八尺琼勾玉，来作为其尊贵地位的象征。

邪马台和大和

日本与中国和朝鲜的交往贯穿整个弥生时代和古坟时代。江上波夫教授认为，埴轮骑手以及日益增多的与马有关的诸如马鞍和马镫等墓葬用品的出现，间接记载了4世纪马背上的中亚征服者的大肆入侵，与接踵而至的西伯利亚大草原的游牧民族入侵震撼了当时的中国和朝鲜。这一时期的技术进步表明当时日本有现成的大陆老师至少是榜样可以效仿。史上并无这段入侵的书面记载。但是，可以证明，当时日本统治者推行“前进政策”，干涉朝鲜半岛政治，甚至占有其最南端的一小块领土，这被视为日本当时的殖民地。不足为奇的是，朝鲜历史学家淡化了这一点，当然那时朝鲜和中国对日本的影响是占主导地位的，而不是相反。当时的日语还不能书写，于是移民成为首批抄写员和记录员。基本可以确定，日本文化和其大陆邻国相比，只能算作相对成熟。

尽管日本与亚洲其他国家往来的程度与性质还有待深入研究，可以确定的是，关于日本最早的文字记载来自中国。始于3世纪的《魏志》在其关于东方野蛮人的记载中提到了邪马台。日本由众多小国组成，是“倭国的居所”（倭，即矮子）。隐居的女巫，传说中太阳神的女儿卑弥呼，是邪马台国最强大的统治者，其陪葬奴婢达上百人。邪马台国居民具有极易辨别的日本人的特征，如坚忍不拔而又嗜酒如命、繁文缛节。这里的人们遵纪守法，有着忠诚且任劳任怨的妻子，似乎对于外国人的到来深感恐惧。邪马台国就是大和国么？也许吧。它也许在九州岛北部。日本学者对此问题的争议始于11世纪，至今尚无定论。

不太遥远的过去

修·科塔兹（前英国职业外交官，1980～1984年任驻日本大使）曾直言不讳地说道，在积极接受中国文化前，日本很难发展进步。

公元6~7世纪的人物埴轮

> 日本充其量是个政府体系发育不全的原始农业社会。其宗教系统其实是对万物有灵论的崇拜，缺乏连贯的哲学和道德体系。其传统不过是些嗜血的粗鲁的神话传说。虽有少许诗歌由口头传诵保留下来，日本却没有书面语言与文学。其艺术局限于没有上釉的简单陶器的制作和陶人的塑造，以及日益复杂的金属制品的打造。在受中国影响之前，日本没有真正的文明。

也许有人稍微缓和一下此说法——日本文化？是存在的。日本文明？尚未形成。

然而要牢记的更重要的一点是，虽然中日两国在文化发展规模和水平上存在巨大的鸿沟，但是日本持之以恒地吸收中国的发展成果，而中国并未汲取日本文化。

第二章

中国影响(公元 500～800 年)

佛教

传统观点认为公元 552 年(尽管也可能是公元 538 年)朝鲜的百济王国给大和宫廷送来一幅释迦佛的画像,同时还送来了阐释教义的经文卷宗。此后不久,又派出通晓中国古典文学、医学、音乐、天文历法和占卜的专家。尽管有一些保守派反对学习新宗教,但它还是获得了野心勃勃的苏我氏的支持。苏我氏通过管理皇室的财产而崛起。保守派由传统宗教的守护者中臣氏和精于防卫与安全的物部氏共同领导。公元 587 年爆发的宫廷派系斗争中,苏我氏作为宫廷最主要的力量在争夺帝国继承权的斗争中胜出,这次斗争短暂而血腥。到公元 6 世纪末,佛教在日本的地位完全确立,成为权力精英的宗教仪式。

正如桑塞姆不无讽刺地观察到:

> 事实上有点讽刺意味的是,这一温和的真理由一个处于困境恳求借兵的君主引进给日本人。日本人接受佛教,很大程度上是因为政治对手的极端忌妒。

正如同一个时期基督教成为向北欧传播地中海文化的载体一样,佛教也伴随高雅事物中国文化传入日本。日本社会领袖使其与亚洲大陆的关系开始进入一个全新的阶段——经过深思熟虑,系统地、持续不断地努力获取和移植大陆的知识与技能。时间对日本非常有利。公元589年，中国在经历三个世纪的分裂后，由隋朝再度统一。公元618年，唐朝建立了一个最为辉煌、最为悠久的王朝。日本非常幸运，有世界上最强大、最先进的国家作为导师。

圣德太子

公元593年，苏我氏女皇推古加冕，确立了苏我氏的霸权，实权掌握在其侄子、摄政的圣德太子（公元574～622年）手中。以中国模式为蓝本，圣德太子和支持他的苏我氏开始革新他们自己的国家制度。公元603年，他开始引入中国的官僚统治制度，依官员品德定级和提升。到公元8世纪中叶，所有职位官员的任命都依据28阶等级制，从高级的一品到低级的八品。这些官阶一直在使用，直到千年之后，日本开启西方路线的国家现代化。

圣德太子：中国文化的宫廷倡导者

公元604年，圣德太子颁布了《十七条宪法》，为日本建立了一个全新的政治图景的基本框架。与其说它是现代意义的宪法，不如说它是一系列的道德箴言，但它仍可称道为宪法，其字面意义是“高贵威严的法令”。统治者并非凡人,因而享有至高无上的权力,被称为天皇,即“天赐的统治者”。所有人民,当然包括皇亲、贵族都臣服于他,听从他的命令。政府权力以前是分散的,现在开始中央集权化。在宗教领域,佛教应该被敬畏。在道德上,尊重中国一位圣人孔夫子(公元前551～前478年)的教义。和谐是社会美德的最高境界。因为会促进和谐,忠诚、勤劳、自制被赞为个人美德的最高境界。604年,日本采用了中国的历法。

公元607年,圣德太子又派遣一个强大的外交使团出使中国。608年、614年又各派遣一次。公元607年,随团还发送一封官方文书给中国皇帝,在历史上第一次指出日本是“太阳升起的地方”,中国是“太阳落山的地方”,暗示两国地位平等,而不是朝贡关系。尽管500英里的航程花费巨大,充满凶险、疾风暴雨和朝鲜的敌对,此后两个多世纪,几百个强大的使团还是被不断派往中国。这些远征的名义首领都与宫廷傀儡相联系,僧侣、学者、画师、乐师构成使团的随行人员,他们的努力具有重大意义,一些移民包括小妾和工匠被带回日本。

圣德太子似乎虔诚而好学,形成了自己对佛经的见解,支持修建寺院。至其去世时,据说日本已经建成46间佛教寺院,有1 345名和尚和尼姑。到7世纪末,佛教寺院数量增加了十多倍。早在公元8世纪,圣德就成为崇拜的核心,一些信徒把他看做释迦佛的化身,称其为“圣德太子”——“有德行的皇太子”,成为日本最为敬畏的文化英雄之一。他的肖像被印在当代1万日元的纸币上。在他曾处理朝政的地方飞鸟川谷,仍保留了50多座寺院、宫殿和墓冢。

大化革新

圣德太子死后,苏我氏的统治蜕化为暴政(圣德太子的儿子在643年被暗杀)。645年,苏我氏在宫廷政变中被推翻,开启日本新的时代,命名“大化”——伟大的变化。由成功的阴谋家孝德天皇及其党羽中臣镰足(614～669)领导,政府发起了又一轮中国式革新,得到了此前出使中国的亲中国者的强烈支持。公元653～669年,日本又派出了五个重要的外交使团。公元663年,中朝联军彻底击溃日本舰队进一步刺激了日本的革新热情,结束了日本以朝鲜半岛为据点的一个世纪的努力。大化革新的主要内容包括:

(1)建设一个新首都,采用中式建筑风格。

(2)创设中央政府内阁制。

(3)试图削减地方行政,统一全国区划。

(4)修建驿道、驿站,改善交通。

(5)建立中央集权税收体制。

(6)实行人口普查。

(7)起草系统的法典。

事实上,因为既得利益和掌握的有限资源,革新者不得不妥协。随着南方的九州并入国家,北方的阿伊努土著所居住的本州逐渐被征服,这些资源逐步扩大。但是日本绝不盲从于中国模式,一旦需要,即对中国模式进行修改或予以忽略。例如,中国通过严格的竞争考试考查官员的才智,从未被引入日本;对世袭原则日本不予理睬,因其在日本早已根深蒂固,许多职位是家族连任,任命只是再次确认。尽管宫廷仪式和娱乐如音乐和舞蹈也是来自中国,但是既有的与神道教有关的帝国的宗教仪式被忠实地保留下来,这是中日皇帝长期以来的根本区别。中国政治哲学假设皇帝可能失落美德和才能,致使失去天命。日本传统不承认天命转移,它被传授给大和世系,不依据军事力量,也不依据政治才能,而只是依据神圣的血统,因此君权神授是永恒的。天皇可能是健壮、果敢的人,也可能仅是派系操纵的小儿,他们的合法性从未被削弱。他们的宗教义务在本质上是朴实的。例如,直到今天,天皇仍在宫廷的一个角落专留的一块土地上种植水稻,春播秋收。

新的政府体制最终体现在公元702年的大宝刑罚和行政法典。这些规章构成日本第一部正式的法典《大宝律令》。尽管在公元718、757年一些条款得到修订,但直到19世纪,它一直是日本法律体系的基础。

行省由中央任命官员监管。所有稻田理论上都是国家的财产,平均分配给农民耕种,作为回报,农民要交实物税、粮食、布料和劳役,也包括服兵役。由于没有强大的外敌,宫廷忽略在维护贵族阶级的宫廷卫队之外建设一支常规军。在许多领域,铸币流通,但是经济发展仍主要依赖物物交换,发展程度远远不如中国。土地控制和税收体系的压迫致使许多农民抛荒土地。不久,政府就脱离《大宝律令》对国家所有权的基本规定,承认新开垦的土地为私人所有。许多新领地被开垦出来,但是大规模开垦领地的花费只有贵族和有钱的寺院才能负担得起。大化革新意欲打破自治、废除封建巨头享有的财产免税等制度。而从长远来看,这项改革重新确立了这些制度。

奈良

公元 710 年,日本首都设在平城,后称奈良。此前因通常认为它与一个天皇的死亡有关,想必为了避开,在皇宫选址时放弃了平城。围绕在最高统治者周围的政府机构分散,致使其代价高昂而且造成分裂。奈良的世纪恰是中国文化影响日本的高峰。奈良城的网格模式布局模仿了唐朝都城——长安。尽管它相对于中国长安的 6 英里×5 英里规模较小,仅有 3 英里×8/3 英里,但事实证明即使这种规划也过于宏大,其总体规划设想的西半部分并未实现。即便如此,到 8 世纪中叶,奈良人口已达 20 万。大体上国家处于和平状态,首都奈良既无城墙亦无护城河足以证明这一点。

在首都迁移到京都以后,奈良城最终凋落。事实上,现代奈良人口 30 万,每年吸引着 100 多万游客。其最为壮观的仪式是烧山节。每年 1 月 15 日,在若草山举行烧山节,燃烧大火以净化佛教寺院。

审美革命

日本人极为乐意接受宁静而庄严的释迦佛像,而不是深奥的佛教教义。他们不仅很快就学会制造精美的雕塑,而且也学会了建造优美的中国式建筑,以供奉佛像。公元 601～607 年,圣德在奈良平原西边的斑鸠町建设的法隆寺,基本可以确定是世界上现存最为典型的唐式建筑代表。法隆寺西院的斑鸠塔被鉴定为是世界现存最为古老的木结构建筑。它的金堂不仅包含源自7世纪的释迦佛像，而且也包含印度式的石窟寺壁画(1949年毁于大火)。奈良的东大寺得到皇室的专门扶持，希望祈求对他们和整个国家的精神庇佑。原建筑至少跨越五个街区，但是公元1180年被源赖朝毁坏，夷为平地，1567年再次被毁坏。大堂依然是世界上最大的木建筑，供奉主要的佛像。大约在公元770年，宫廷命令制造100万个佛教的符咒，得以保存下来的符咒成为世界上最早的印刷艺术的例证。

圣武天皇

对佛教最富有热情的支持者是圣武天皇(公元724～749年在位)。他命令在其王国的每个行省都建立僧尼寺院。公元749年，他成为第一个放弃王位削发为僧的天皇。公元752年他公开表示退位，并在10 000多名佛教僧侣和外国高官的见证下，在东大寺供奉一尊毗卢遮那佛铜像。铜像高53英尺，据说其主体结构使用了500吨铜，并动用全国产出的贵金属进行装饰，历经多次修缮。它依然因尺寸巨大而给人留下深刻的印象，如果不是伟大的艺术品，也算是世界上最大的铜像。今天，东大寺仍藏有大约140项已被认定的国家珍宝。

圣武天皇的个人物品保存在附近的一个木阁楼——正仓院，它是世界上最为杰出的时代文物密藏库之一。正仓院保存了大约9 000件物品，包含许多从波斯经中亚丝绸之路运来的奢侈品。这里许多珍宝在供奉大佛的仪式上使用过。每年10月份，奈良国家博物馆都会选出部分展品进行展览。

圣武天皇的后继者孝谦天皇(公元749～758年、764～770年在位)统治期间，把佛教的影响推到另一个高点。孝谦天皇宠信和尚道静，道静因为觊觎皇位而被流放。直到约1 000年后，日本都谨慎避免女性称帝，女性在位者减少到零。

奈良时代，佛教多在首都和统治阶级中间流行，后来扩散到各县和普通民众之中。这是其通过卓有创见的精神导师日本化的结果，其中最早的一个是个巡游圣人——行基(668～749)。他建立了东大寺基金,鼓励慈善事业,如建造堤坝、桥梁、道路、村庄诊所。普通民众尊称他为“圣人”,他也被拥为日本第一个民间工程师。佛教的影响遍及整个国家和社会,包括用放逐代替死刑,用火化代替土葬,渐渐对吃肉形成偏见。最初,佛教多被视为一种强大的魔法和慰抚鬼魂的形式而流行,驱除厄运,保卫普世的利益,其深度的精神意义逐渐得到认可。

工匠的反思

木匠师傅西冈常一在法隆寺修复工作中花费了20年时间。这一经历使他对法隆寺的建造者的尊敬油然而生,也对自己时代的标准有了新的颠覆性的认识。西冈坚持认为“古代人不是盲目模仿外国建筑式样……他们在对国外技巧和当地地理、气候深入认识的基础上,创造新的技巧,建筑根据日本的多雨天气设计更深的屋檐。他们不是将柱子建在石础上,而是把柱子深深插入地下,以抵御台风和地震”。尤其是西冈总结道,公元7世纪时工匠对建筑材料有着深刻而细致的认识。“我认为法隆寺的伟大并不是因为它的古老,而是因为它综合了人类对树木生命的智慧。”“还原修复工程”也包括整修建筑的古结构,对西冈来说,其科学性蕴涵了大众的智慧。他判定山南坡生长的树木木料用在建筑的南面,北坡生长的树木木料用在建筑的北面。“换句话说,购买的并不是木料,而是整座山。”

修复者发现法隆寺的建筑严格遵守了这一原理。生长在阳光下南坡的树木有很多分枝和节,会更结实。法隆寺的大佛殿南面使用的木料全都是有很多枝节、长在山南坡的木材,而北面却没有。同一定律也适用于山谷和山巅生长的树木,山谷生长的树木挺拔但不结实,就如同生在被保护环境中的人一样,有家庭和仆人环拥左右,加以照顾。树木也像人一样,需要经历艰辛才能成长,变得强壮。不结实的木材并不是没有什么用处,只是需正确搭配在结实的木料中才能使用:

> 当今,结实的和不结实的木材一样,被锯成统一的长度,一

法隆寺塔

> 起使用。但古代的建筑者……仔细地将向不同方向弯曲的木材搭配在一起，以形成稳定而结实的结构……各部分结合起来形成力量的平衡。如果一根软木用在下边，肯定会再用一根硬木在上边……这就是为什么它可以存在1 300年的原因。

西冈对法隆寺和后来的建筑结构的比较并不是哗众取宠。忽略了对树木生命的尊重，17世纪日光市的东照宫的建造者就只能建造持久性有限的“装饰的糖果盒”。法隆寺的朴实美源自其宏伟的结构，像一个相扑冠军，只简单地缠块腰布，而用令人畏惧的体形打败对手。相比之下，东照宫就像一个穿着繁杂的艺妓一样，通过装饰增加分量,但是一碰就倒。

西冈通过比较发现了长达五个世纪的建筑传承:“14～16世纪,室町时代是日本的建筑从强调结构转向强调装饰的时期,就我看来,自室町之后,日本所有的建筑都在衰退。”

关于20世纪晚期的建筑标准:

> 根本没有人考虑房屋的寿命,根据今天的建筑标准法,木质房屋只能够维持25年,但是,一株柏树苗需要60年才能长至能做寺庙柱子用的木材。如果人们25年后丢弃木质房屋所用的木材,地球终会一片荒芜。这是愚蠢的,日本民族自称为一个有文化的国家,事实上只是托词。这种邪恶的根源是金钱至上的观念,金钱可以带来自由,可以让人为所欲为。

读写革命

中国文化为日本带来了中国的书写体系。由于语言和社会因素,它并不是传递过来直接使用的。日语和汉语属于完全不同的语系,在语法和发音上存在显著的区别。例如,汉语是声调语言,意思随着音区的变化而变化,而日语不是声调语言。汉字一般由单音节构成,日语单词是由多音节构成,因此使用汉语拼音法表达日语的意思并非易事。汉字有时用作象形意表达意思(如画座山代表山的意思),有时凸显其语音意义(即用来表示一个特定的读音)。最终,两种音节表演化为使用汉字的补充,草书平假名多用于语法功能,同时消瘦的片假名多用于书写外来词。

文字传播扩散的社会障碍与其使用的目的有关系。书写知识大概是在公元5～6世纪通过朝鲜抄写传递到日本的。当时的精英沉迷于内部冲突和海外征战的方案,日常的行政管理琐事非常需要书写,以编写账目、注册、起草临时外交信函。或许用现代的类比就是雇用了电脑专家。正如桑塞姆所言:

> ……贵族或许感觉有能力购买专家服务一样,何苦要遭受

> 学习阅读和书写汉字的苦差事，只要书写还是一项机械的工作，与诸如编织、绘画在工艺上并无差别，最终一般多留给书记员来做。当它成为一个新的宗教、新的政治哲学的载体时，它才首次成为统治阶级的必需。

因此，与学会书写一样重要的是了解为何书写。经文尽管构思粗糙，对其学习是为了精神上的作用。官方编纂编年史以美化王朝的统治和稳固统治者的地位。诗歌创作验证了文化人是有教养的，也是多愁善感的，那些作品的高雅的书法也是文化的复杂性的重要因素（毛笔和墨的制造仍是奈良当地的重要工艺）。

日本文学的诞生

奈良时代最为重要的文学编集是公元 712 年的编年史《古事记》、公元 720 年的编年史《日本书纪》和大约公元 760 年的诗集《万叶集》。两本编年史都融合了神话与传统，编造古代日本记录，以图与中国的悠久、辉煌的历史一比高下。《万叶集》中有 4 516 首诗歌，其中多数是 31 音节的诗体短歌，尤其是在内容上多为与自然情景相联系的人的情感和情绪，例如：

> 春天来临
> 冰雪消融
> 无影又无踪
> 但愿你的心
> 把我融化也如此相同

神道

佛教并未能够替代日本的本土宗教，但是它唤起了本土宗教的自觉。对神圣的地方与亡灵莫名地崇拜，没有宗教教义，有最简单的宗教仪式，自称为“神道”——诸神之道。《古事记》和《日本书纪》的编写表明统治王朝决心维护神道，调和神道与释迦佛道。神道的神性也是参照佛道,安排森严有序的等级制度。《古事记》和《日本书纪》中叙述的神话的创立都与大和人祖先天照大神有关,主张天赐三神器,赋予其持有者以神性的光环。当这些编年史汇编成集时,伊势大神宫已经存在几个世纪,其内部密室专门供奉天照大神,外面供奉着米神和丰收之神。象征着神道核心的宗教仪式的纯洁性已经被废弃。在过去的 13 个世纪中,每 20 年就用崭新的丝柏木以谷仓的式样重建。

在整个日本,会遇到许多更为质朴的建筑,通常在亡灵被认为会显灵的地方周围种满树木,用原木简单建筑,以茅草葺屋顶。神社会经过一个朴素的拱门,设有两个带有两根横杆的柱子。来访者通常都要做一个净化的仪式,用清水漱口、洗手,然后再进入神社。更为细致的净化行为须是浸入水池,或浸在瀑布下洗净身体,或让司祭帮助象征性地用插满白纸条的曲棍洒水。直到今天,这一仪式暗示日本人一直害怕污秽和污染——但不应混同于原罪。几代基督教传教士都对日本人表明缺乏负罪感感到惊骇与困惑,负罪并不是日本道德的普遍特征——而羞耻才是。同过去一样,如今神道一般与创造性联系起来,如种植和收获、婚姻和爱幼。神道也贩卖护身符和辟邪物。美国记者约翰·加萨曾经尖刻地评论说"日本从来都不是甜蜜的 16 岁",但是,或许神道的存在如此的不可名状、如此的经久不衰,恰以奇怪的方式表明它从未失去清白。

第三章

“光之君”时代(公元800～1185年)

黄金时代?

从公元794年首度迁至京都到1185(或1192)年镰仓武士政府的建立,期间共经历了四个世纪,形成了日本宫廷文化发展的重要时期。日本宫廷资助优雅文化的发展,在文学、雕塑、建筑和宗教上留下巨大遗产,形成日本民族遗产最为丰富的一部分,而且它是活生生的遗产。京都依然是旅行者首选的目的地,平等院被珍视为技艺的瑰宝。佛教宗派真言宗、净土宗都是始于这一时期,即便现在,其信众依然广泛。《源氏物语》和《枕草子》仍然广为学生、学者阅读。中国文化的日本化进程在公元894年日本与中国官方联系中断后加快,诞生了今天日本使用的假名字体。

但是,如果说这一时期在一定意义上是黄金时代,那么它同时也是一个流血的、悲惨的时代。大部分人生活在水深火热之中,这种艰难是居住在京城的达官贵人无法想象的。广大地区当时不断遭受成群的叛变武士和海盗的掠夺,而帝国对这种灾难的反应通常却是漠视或无力的,这可以从官方的记载中猜测到。它记录了一些重大事件,如“红矛聚于屋顶而十日不去”、“天皇摆流水宴”、“召集学者和诗”等(这种腐朽的娱乐活动包括一种野餐,把点心食物放于小船托盘上,漂流在交叉于宫廷地面的溪流上,在客人面前漂过)。

当然,宫廷生活有其自身的恐怖,因为叛变和暗杀依然是正常的政治形态的一部分。这在记录卓有成就和残忍的藤原家族事迹编年史中非常明显,无论地位高低,所有人都对时而发生的瘟疫充满恐惧。京都庆祝祇园节出现的各种各样的街道游行也是源于一场可怕的瘟疫,市民抬着所能收集的全部神像游行,希望神的调解结束灾难。相似地,净土宗把其快速增长归于这一时期大众普遍信仰“世界正经历神授之前的末日”。武士统治崛起,虽残忍但有效。审美家可能对此感到遗憾,但是无疑许多人都有理由对它心存感激。审美家不断取得胜利,在于即便地方的军队把他们甩到一边,他们仍敬畏其文化。

平安京

公元784年桓武天皇决定迁都,以避开奈良佛教统治集团的影响和争论。具有讽刺性的是,他最终选定的都城,现在有1 600多座佛教寺院,还有400座神社和90座基督教堂。

最初的选址长冈京是桓武天皇的最爱,大臣藤原种继在长冈的工程因为自然灾害而举步维艰。选址工作开始一年后,这位忠实而不幸的朝臣被天皇的弟弟佐原王子谋害,他觊觎王位的继承权。这些征兆预示使桓武天皇在完工前夕放弃这项工程,尽管这项工程至少耗费了整整一年的国库收入,役使约30万食不果腹的悲惨的劳工约10年之久。新址选在距离桂川和鸭川之间5英里的地方,建都工作重新开始。同时,佐原王子被饿死,其同谋者或被处死,或被流放(非常有趣的是,真正的继位的人长期疾病缠身,母亲也突然死亡,都被归咎于佐原的复仇心理。佐原死后,被追封谥号,重新葬入皇陵,即“浴庙”)。

一个规划的城市

“平安京”——“平安时代的都城”——现在被称为“京都”(都城),从794年到1868年明治登基,一直是日本的首都(除了1180年间断过6个月)。即便当时,地位相当于江户,命名为东京——“东方都城”。在历史上它多指京城,即大都市。平安时代也像以前一样,它的建造模仿中国都城长安(今西安)的网格状布局规划,尽管它没有护城墙也没有护城河。它建立在宽广的平原上,认为可以被东边、西边、北边的低山庇佑免于邪恶的影响。在日本原有城市规划思想基础上，日本人引进了中国的风水，以辨别建筑的吉利和不吉利位置。河流从高处流下，确保水源的供给，并最终使京都与大海相连。城市的最初规划设想的结构是矩形，东西宽 4.5 公里，南北长 5.2 公里，被一条南北大道——朱雀大街一分为二。朱雀大街宽 85 米，南端两侧分布着主要的寺院，北端的终点是庞大的宫殿围墙，东西两边均匀分布两个市场，每一个都占据一个完整的区。共有 1 200 个区，每一个都被分成 16 个町，每个町都是 1 450 平方米。因为位于小山坡上，每一条树木成行的街道都有一条小溪流，沿着街道形成水

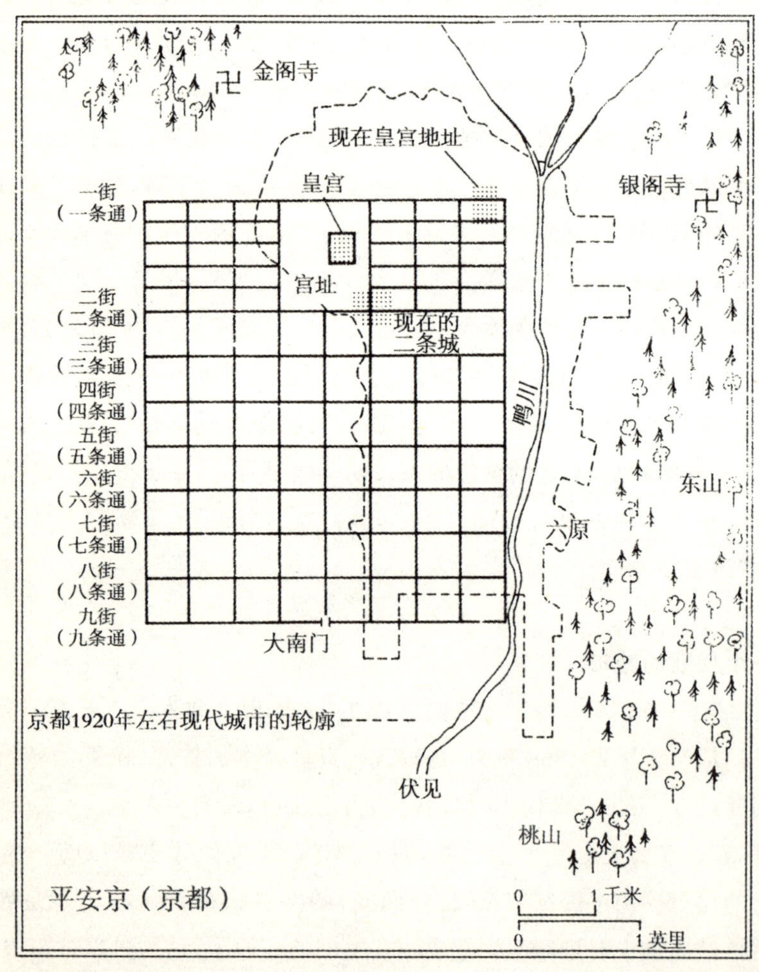

平安京（京都）

渠。除了在城市的南端入口有两个寺院以外,其他宗教建筑均与其保持一定距离,蔓延到了城市的外部,一直分布到周围小山的山脚。到9世纪为止,京都人口约有10万人,其中1万是贵族和官员。其余人则提供他们必需的商品和服务,把城市建设成学习、时尚生活和艺术的中心,这种特色延续至今。在建都之前,该地为朝鲜丝织业移民的聚居地。

灾难和衰落

到10世纪时,武僧的街头犯罪、抢劫、打架已将城市自鸣得意的名字——"平安"所蒙蔽。火灾,无论是偶发的还是故意纵火都成为它永久的诅咒。1156年在其历史上第三大火灾中被破坏的宫廷的大极殿,没有再重建。应仁之乱(1467～1477年)最终将这个城市夷为平地,现存的建筑几乎没有早于17世纪的。许多建筑已经尽可能地按照以前的结构重建。现在的皇室宫殿群(位于原宫殿群东北)是1790年火灾后于1855～1856年建设形成的。

藤原氏

几个世纪来,日本都被一个家族统治,他们的领袖实际上都像天皇一样操纵大权。他们的权力既不依靠军事技能,也不依靠行政管理能力,而是依靠精于阴谋算计——用桑塞姆的话说就是"生活伎俩"。"藤原"——他们自己对这个名字也感到厌烦——是指紫藤花园。在那里,其奠基者镰足策划了公元645年的阴谋,破坏了苏我氏家族的统治,开启了大化革新道路。镰足的儿子通过把女儿嫁给天皇进一步加强了家族地位。此后,只要条件允许藤原都费尽心机使用这一伎俩巩固势力。真正的藤原氏统治源自公元858年,藤原良房扶持其9岁的外孙加冕为天皇,自己成为摄政王,成为第一个据此位置的平民。此后两个多世纪,八位成年天皇先后被劝服提前退位,让给幼儿,真正的权力一直为藤原氏所把控。

藤原良房的侄子藤原基经发明了一个新的官职——关白,成为天皇与群臣之间联系的唯一通道。藤原基经的儿子藤原时平用谋略挫败宇多天皇的削弱藤原氏压制的企图，并除掉了他的首要对手、著名的学者诗人菅原道真（公元 845～903 年）（京都的北野天满宫神社，据说建造初衷是为赞扬被冤枉的道真的精神，他被敬畏为学艺的守护神。日本的学生都拜访该神社，并把其作为考试准备的一部分）。

隐居者的政府

藤原氏的权力在文雅的藤原道长手中达到了顶峰。藤原道长迫使四位天皇娶其女儿为妻，他的两个外甥、三个外孙位居天皇。清少纳言在其著作中经常提到政府所在地实际上是藤原道长的华丽壮观的宫殿，一些学者认为，很大程度上，清少纳言作品中的源氏以其为蓝本。

在其第三个女儿嫁给外孙后一条天皇的婚宴上，藤原道长即兴表演诗歌，把他的权力比作圆月一样完美。这是一种沾沾自喜的误判，各地的武士家族已开始挑战中央政府，拒绝交税，不承认地方首脑的权威。通过花钱给平氏和源氏家族使闹事者暂时安定。这种对外部力量的依靠表明腐烂已从边缘开始。在中央，藤原支持的帝国阵线已因其女儿未能诞生天皇继承人而削弱。后一条天皇独创了一个隐居者的政府体系，使藤原氏操纵未成年天皇反对隐居者政府。这使继位的未成年天皇担负起公共职责，而真正的权力依然掌握在隐居寺院的前任天皇手中。前任天皇只是在理论上退位。

然而，藤原氏政权完全崩溃的一个多世纪前，其家族成员一直在宫廷身居要职，或成为出类拔萃的画师和诗人。藤原隆信建立一个新的写生肖像画派（讽刺的是，现存最著名的藤原隆信的作品是新王朝奠基者源赖朝的画像，他永久地埋葬了藤原氏政权。源赖朝画像现存于京都神护寺）。藤原隆信的儿子藤原信实是日本 13 世纪最重要的画师，他的同母异父兄弟藤原定家（1162～1241 年）是日本前现代最著名的文学批评家。藤原定家是一个宫廷诗人，其父也是个宫廷诗人，藤原定家一直被其父亲藤原俊成的名言“旧辞新用”所激励。在他所著的 4 600 首诗歌中展示了如何使用旧辞达到令人惊奇的表达效果。他是第一个由两个王室资助出版诗集的人。他个人编撰的《小仓百人一首》仍是诗集的瑰宝,被用作传统的日本新年游戏纸牌的牌面。近卫文麿(1937～1939年和1940～1941年日本首相)就是藤原氏的直系后代。

天台宗

公元804年,最澄和尚(公元767～822年)云游到中国的天台山。在那里,他领教到:法华经概括了所有佛教教义和救世的途径,即:

——所有有情感的生物的觉悟是与生俱来的,可以直接与释迦佛通灵,达到救世。

——释迦佛和菩萨一直普渡众生。

——哲理和冥想如同鸟儿的两只翅膀,缺一不可。

最澄认为人类天生具有觉悟的潜能,如从污泥中长出的莲花——“莲花寓意它从水中长出,否则它不能茁壮成长……水越深梗长得越高,其潜力无限”。天台宗的修行要求遵守严格的清规戒律、祈祷、冥想,学习经文,精通神秘仪式。尽管如此,天台宗仍强调普渡众生。相比之下,奈良的寺院强调苦行,颠覆了只有僧侣才可以到西方极乐世界的认识。

最澄在京都东北的比睿山建立了延历寺。他声称佛法是国家最好的庇佑,且能带来国家强盛,培养领导国家的“国宝”即开明贤达。延历寺获得了宫廷的赞助、支持,成为日本最伟大的宗教中心,招收许多年轻皇子作为僧侣。其学员学习要经过12年的严格训练,方可出师做教师或官员。最澄也吸收了当时的真言宗教义,在教义中掺入了一些神秘元素,丰富宗教仪式和审美。因此,他得到了贵族的支持与喜爱,同时兼并各地传统的真言宗,以克服一直以来对国外教义的敌视。最澄的重要意义在于与当时佛教教义激烈斗争,适应信仰,赋予佛教民族特征。但是桑塞姆傲慢地评价最澄的成就是“热情的而不是影响深远的精神,其活力在于幸运的环境所提供的机会”。最澄之后,神秘元素进一步增加,延历寺继续扩大,富甲一方,它有3 000

栋建筑、巨大的地产、自己的武僧军队。到12世纪，他们开始发动骚乱，帮助推翻曾经扶持延历寺的朝廷。延历寺的寺友包括主要的佛教领袖法然、亲鸾、日莲，他们都发展成为新的分支，而最终削弱了天台宗的主导地位。

真言宗

日本的佛教真言宗约有1 200万信众和12 000座寺院，并分成47个分支。真言宗的创立人空海(公元774～835年)，在日本被称为"弘法大师"。

京都东寺的空海像

像最澄一样，年轻和尚空海身负官方出使任务，于公元804年出使中国，希望为佛教找到一条适合日本需要的道路，而不是奈良时代讲的严厉教条。空海是一个优秀的诗人，精通书法，会说流利的中国话，入住长安。长安的著名高僧惠果对他如同失散的儿子，空海成为他最喜爱的门徒。空海也立即为佛教的神秘所吸引：

> 住持告诉我神秘的经文难以理解，其意义能通过艺术表达。

因此,他令宫廷艺术家李晨和12名画师制作十幅大日和金刚道场的卷轴画,并招集了20多个抄写员抄写金刚经和其他神秘经文。他还命令铜匠铸造15个宗教仪式器具……

真言宗的教义可以粗略地概括为:

——万物的核心都是形而上的佛像。出现在大日和金刚道场中间的毗卢遮那佛,在真言宗的艺术中用来指代宇宙(金刚象征坚硬的、永恒的真理;子宫象征生命、生长和变化)。

——世界万物皆由大日佛所造,其他佛和菩萨只是大日佛的表象(因此,延伸来说,神道教的神性可能包含在它的全面的框架之中,空海把无量佛称为汉语中的“大日”,使其与日本的最高的神道神性一致,日照大神——太阳女神)。

——了解所有事物的无量的内在性,才是每个人自己身体成佛的可能性(不需经过转世)。

为帮助信众了解大日佛的内涵,真言宗规定了三种仪式,分别是它的思想、语言和行为的化身。

——冥想阐释了大日佛转世的两个道场。

——反复诵念密教真言宗,它体现佛教的内涵,包含了佛教教义的原始文本。

——口念咒语时,持宗教手势。

通过复杂而丰富多彩的仪式来启蒙和指导真言宗的信徒,这些仪式非常符合日本的宫廷审美趣味。810年,空海在京都的著名佛教中心东大寺引入真言宗。816年,他在今天大阪附近的高野山建立寺院——金刚峰寺。他解释寺院中心的平台和八个尖象征八瓣莲花形状的道场。823年,他的支持者嵯峨天皇授予他京都东寺的住持职位,还在首都给其一个秘密基地,允许他训练50名僧侣,并发誓专奉真言宗。通过长期的修行和掌握密教教义,真言宗法师在普通民众眼中获得了极高的声望。他们相信真言宗法师可以施用神奇法术。

传奇人物

根据传统观点，空海最终进入了最深层的冥想，注定会在遇到弥勒佛——未来的佛而苏醒。有许多关于空海对普通任务施以仁慈或惩罚的事迹传说。据其中一个传说，他假扮成行乞僧在遭遇旱灾的村庄中讨水喝。当地农民们乐于和他分享有限的水。然后，他敲击地面，变出一眼泉水。另外一个传说：一个有很多红薯的村民一个也不肯给他，空海把它们都变成了石头。传统上人们认为空海在诸多方面取得巨大成就，如将茶引入日本，发明平假名和被认为是日本的字母表诗歌的“伊吕波歌”，其47个假名不仅使用除最后的辅音“ん”之外的所有读音，而且还简洁地表达了佛教徒对人生短暂性的关注：

五彩缤纷处，花开花又落。
人世本无常，孰人可涅槃？
三界如深山，如今已越攀。
黄粱美梦远，安可为之惑？

俚语“こうぼうもふでのあやまり”，即“连弘法大师也会有笔误”之意。可见他也是一个驰名日本的书法家，同时也表达对不可预料的失败的惊讶。

很显然，空海同时具有领导力、创造力和睿智。连暴躁的最澄都屈尊向他学习，并接受空海授予他的法号，但当时天台宗的一个信徒转而投向真言宗，最澄和空海也公开决裂，再未和解。

属于真言宗教派的88个寺院中的大多数组成了著名的四国岛朝圣之旅的路线。人们相信这些寺院是为了纪念弘法大师幡然觉悟离开奈良前往中国云游期间到过的地方。第75座寺庙善通寺被用来纪念他的出生地。真言宗寺庙常有恐怖的不动明王塑像、大日佛仆从守卫，环拥地狱火苗，然而他们的作用却是温和仁慈的，消除愤怒和无知，祛除邪恶，最重要的是，愤怒的不动明王是日本民间传说中很重要的人物。

净土宗

日本的佛教教派净土宗由法然上人(源空)(1133～1212)建立，他受天台宗熏陶，对延历寺的精英主义感到失望。它的核心是崇拜掌管西方极乐世界净土的阿弥陀佛(弥勒佛)。这一派的信众把救世的希望置于弥勒佛的誓约，承诺所有虔诚地乞灵于它名字的人，死后都会在西方极乐世界——一个没有痛苦与妄想的地方——重生，直到他们准备最后的觉悟和涅槃。阿弥陀佛雕像通常由观世音——仁慈女神看管。

即便在天台宗和真言宗之前，阿弥陀佛教在日本已非常著名，但是几个世纪里一直局限于初创阶段。将其广泛地传给世俗之人的是和尚空也(903～972)、源信(942～1017)、良忍(1072～1132)，他们每日诵念"南无阿弥陀佛"，寻求阿弥陀佛的保佑。据说著名的藤原道长死时仍在法隆寺念经，他大力建造的法隆寺是净土宗的代表。

源信的书《救世论》强调任何人都可以通过阿弥陀佛的救济达到极乐，而不需要复杂的仪式和冥想。和尚一遍发明的念佛舞迅速流行，至今在夏天的鬼节，也就是人们希望其祖先灵魂回到坟墓时依然在表演。

尽管受天台宗迫害流放，法然最终使阿弥陀佛教发展成为大众信仰。佛教教义《末法》讲到将会出现一个混乱的时代，个人通过修行和努力难以实现救世。12世纪武士崛起，时局混乱似乎正是这样一个时代。这种局势无疑加速了阿弥陀佛在困惑的穷苦人中传播。在危难之中，没有恐吓和饥饿的西方极乐世界似乎非常合乎大家的期望。他们并不介意佛教的最终目标是否存在，法然的弟子亲鸾(1173～1263)讲只需信念坚定地诵念一次"阿弥陀佛"即可获救。因为救赎是因阿弥陀佛的怜悯，而不是个人的努力。然而，反复诵念被视作一种表达感激的方式。

不感到难为情的亲鸾对其使用日语代替汉语经文作如下解释：

> 日本普通民众不认识汉字，而且领悟力不强，因此，为使他

们理解，我不得不一遍又一遍地重写。接受过良好教育的人会认为很奇怪并因此而嘲笑我。但是他们的嘲弄无关紧要，因为我唯一的目的是使这些愚钝的人明了我的意思。

亲鸾也宣称净土宗是优美的，值得追求一生（他是第一个放弃禁欲主义，生了6个孩子的佛教首领）。亲鸾的追随者成为阿弥陀佛教的最大的信众群体。净土真宗本部设于本愿寺，意思是原始许愿的寺庙。亲鸾的骨灰亦葬于此地。阿弥陀佛教最著名的中心是平等院。亲鸾只崇拜阿弥陀佛而排斥其他神灵，摈弃了禁欲主义生活。现在阿弥陀佛教声称有1 300万信徒。

凤凰堂

现存最好的平安时代建筑位于离京都几英里远的宇治市的一个莲花池中的小岛上。平等院最初建造给藤原道长作退位后修养之用，1053年其子藤原赖通转而将其作为佛教寺院。其核心地是高达48米的凤凰堂，据说名字源自土地规划像一只鸟，像鸟儿的身体和尾巴一样，大堂的主堂一直延伸到湖上，侧廊如它的羽翼。公元1235年一场大火之后，他们继续修建工程。屋顶是两只镀金的青铜凤凰，象征阿弥陀佛净土宗的极乐重生。里面是一尊镀金的阿弥陀佛木雕，由雕刻家定朝雕刻。由于极其富丽堂皇，凤凰堂成为这一时期建筑精神的完美代表。

平等院是死于源平之战之初的源赖政的葬身之地。当时他仍念阿弥陀佛经达十遍，继而完成了自己最后的诗作：

像一枯木
绝不开花
悲惨一生
更为悲惨地结束此生
毫无结果……

建造于 1053 年的阿弥陀佛像

吟着这些诗句，他把剑刺入腹中，倒在地上，剑锋刺透他，致其死亡。

《枕草子》

清少纳言约生于公元 965 年，其父是宫廷官员兼学者诗人。从 25 岁到 35 岁，她是皇后的侍女。少纳言的意思是宫廷官职——少言官，清是姓氏，其他的关于她的一切都不清楚。在同一宫廷圈活动的紫式部尖刻地指出清少纳言虽有天赋，但为人傲慢，情感不成熟，预示着理所应当的衰败。清少纳言的命运是否如此不得而知。但是从其著作来看，清少纳言个性鲜明。桑塞姆对其著作做出的简短评价是"全面描绘了宫廷生活，但外部生活细节过于模糊"。摆脱了繁杂的宫廷束缚，她清晰地表达了对普通人的厌恶和充满敌意："他们看起来像许多蠕虫，常常聚在一起，穿着令人作呕的衣服，走路离我太近，差点就碰到我。”清少纳言极具洞察力但对普通人充满偏见，她老练圆滑而且多愁善感。她对心腹朋友温和，而对下级，无论是僧人还是顺从的妃嫔都是无情的。尽管易怒、放纵、苛求、随性、卖弄、爱管闲事，清少纳言仍不失机智和极好的记忆力。她通晓一些较为易懂的中国古典文学，但是大部分精力集中于学习深奥、晦涩的知识，她的散文多节内容都是艰涩的词语和典故。日本人读她的书是因其新颖的写作风格，而不是其结构；是因为其内容类似作者的爱情生活，其文章优雅却杂乱无章。

题目“枕草子”似乎是一类羞于启齿的色情指南书。谈到性，清少纳言一点也不羞怯，但毫无疑问，她本应该发现这本册子明显听起来像是粗俗的色情指南书。枕草子实际上是一种装在宫女用的枕头内的笔记本，以抬高头部，避免头发散落地上，使宫女们更好地休息。西方称其为“白日书”，平安日本称其为“夜书”。在寂静的夜晚，一个人可以记录下任何奇闻异事，赋诗写歌，或对地方和人物作酸腐的评论。《枕草子》一书很多段落扩大了一些武断的、固执的推论——牛的前额应该很小，布道者应该长得英俊，木匠吃东西的样子应该很奇怪。其他人完全折服于作者对各种树木、昆虫、疾病、云彩、节日、风车或其他关于天皇和皇后的生活细节的最为琐碎的小事的评价。但是整个著作最为显著的特征是它将164类事物、人物、场所分为尴尬的、冒昧的、可耻的、令人羡慕的和笨拙的。一个类别可以包括千变万化、极为不同的元素。“令人沮丧的事情”包括一个冰冷的空火盆、养育一群女儿的穷困潦倒的学者、远方的来信却没有礼物等（来自京都的没有附带礼物的来信至少有对流言蜚语的慰藉）。“令人憎恶的事情”包括昏昏欲睡的招魂者、打鼾的爱人、一群狂吠的狗。“肮脏的事情”从一块刺绣的背面到猫的耳朵里头。“不合时宜的事情”包括月光照在普通人的覆盖着雪的屋顶上。一些类别置于相反的次序——“给人干净感觉的事物”（月光照在瀑布上）和“给人不干净感觉的事物”（流鼻涕的小孩），“难以画出的事物”（故事情节）和“可以画出的事物”（山路和村庄）。类别名称显示了作者特别关注的主题——“令人心跳加速的事情”、“极好的事情”、“引起美好回忆的事情"、"自娱自乐的人"、"给人悲伤印象的事情"、"应该谨慎的时候"。

企鹅图书公司出版的伊万·莫里斯的译文节选了清少纳言的185个选段,从"春天是黎明"开始,到"天黑了"结束。长度从短短几行到洋洋洒洒数十页,使其成为极好的枕边书。真诚并非作者的美德,因此很难明白其充满悲伤情绪的结尾"无论人们如何评价这本书,我仍对它曾为人所知而深感遗憾"。

英国著名东方学者阿瑟·韦利认为清少纳言的文集是"我们了解该时期最重要的文献"。或许还有许多像它一样的书,但是这本书是唯一保存至今的。它最早开辟了"随笔"这一文体,并一直占据文学中的主要位置。《枕草子》描述她所生活的宫廷社会。生活在既持久又短暂的时代,人们对过去和未来的生活漠不关心,害怕直言不讳,沉迷于微暗的娱乐、阿谀奉承,即兴作31音节诗等内容。韦利断言从不相信"智商较高且接受过良好的教育的人,仅有知识分子的追求是远远不够的"。觉察到"远远超过我们在中世纪时的愚蠢",他们尊敬书法艺术远远超过其他成就,并把其列为一种美德,评价事物的标准之一。但是,如果他们选择轻松地生活,他们也会生活得很细致;他们可能经常没有头脑,但很少会笨手笨脚。

《源氏物语》

《源氏物语》被认为是世界上第一部真正的小说,也是日本古典文学时期最为伟大的小说著作。温文尔雅的桑塞姆称它为"世界上难以找出第二部的杰出的传记文学"。考虑到当时妇女学习和旅行机会很有限,加之《源氏物语》由既是高级朝臣又是藤原道长的情人完成,这部著作更为世人惊叹。由于没有机会学习汉字书写,她不得不用拼音写作。约公元1000年,紫式部开始撰写这部著作。此时,恰是清少纳言完成其著作《枕草子》的时候。与《枕草子》不同,紫式部的54章神话故事至少有一个集中的主题——有知识、有情愫且神经敏感的"光之君"(即源氏)的生活与爱情。源氏是天皇最喜爱的儿子,但却未能继承王位,他经历了流放生活和连续不断的丑闻,致力于寻找早在其婴儿时期就已去世的母亲的影子。他的第一件丑事是与天皇的皇后有不正当关系。他最爱的人是紫姬，后来死去。源氏最终返回宫廷，被皇室青睐、赞美。婚后他的一个妻子生下一子“薰”，却不是他的血脉。源氏最终出家，专奉神职。他死后的七十多年是一段昏暗的历史。他死后故事围绕他的儿子“薰”的奸情展开。整本书的精彩之处不在于对故事描述，而在于对气氛的烘托。作者的文学技巧在于能够细腻而准确地刻画众多不同人物的性格、心理状态，和自然界不断变化的美好事物。著作中弥漫着“物之哀”，对所有过去的事物的感伤，对有悲剧性色彩的事物，即便是一个举止，都非常敏感。

《源氏物语》在平安宫廷迅速流行，它的名声迅速传遍各地。《更级日记》(英文意为《当我通过梦想之桥》)的作者记录了她渴望去都城以读到紫式部完整的著作。到12世纪，《源氏物语》被画成精巧的装饰卷轴画，现存于名古屋的德川美术馆和东京的后藤美术馆。评论和分析一直是其主题，《源氏物语》还被改变为能剧和歌舞伎的剧本、小说、电影、电视秀甚至是卡通片。每个日本学生至少读过用现代日语撰写的《源氏物语》的部分节选，因其原始文本的理解需要极为详尽的注释。整个文本达1 000页，100多万字，但它的插曲式叙述便于休闲阅读。它有两个英文翻译的版本，一个是韦利(1935～1960)的自由、抒情版本，一个是塞登斯蒂克(1976)的准确的直译版本。

武士的崛起

平安宫廷的祥和气氛催生了很多业余爱好者而非危险人物，整个国家至高无上的中国式皇权在经历一个多世纪后显得日益老套而乏味。早在792年，征召农民服兵役的体制被废除，844年政府对土地进行重新分配。对天皇表忠的人几乎无人能够调和宫廷利益和地方的利益保护。地方行政权力旁落，他们从宫廷买官，被任命人拒绝再交出权力以世袭官位。宫廷中持不同政见的后代已决定决裂，中央权威瓦解。这些白手起家的人豢养私人军队，加征赋税，维持公共秩序，扩张北方边界，抵制土著，把征服地作为私人财产。

有时,这些私人军队相互残杀。但当武士组团结盟时,便形成像强盛的平氏和源氏一样强大的势力。早在公元935年,平将门声称是桓武天皇的直系后代,征服了关东八府的多数,自称天皇。同时藤原纯友被派去镇压内海的海盗,但他向政府发动攻势。只有通过使用源氏军队作为爪牙,藤原才可以粉碎叛乱,再度控制局势。政府权力的理论与现实越来越分离,藤原通过做"隐居天皇"避开。他假装成和尚,他的摄政也假装有效控制了官僚。尽管藤原的统治不能被推翻——但是这到底有什么用呢?法令判决失效,推行它的人都忙于为自己的利益而破坏它。到它走向崩溃时,平安政府最终变得异常复杂,苟延残喘。在各地,地方大员开始意识到唯一有效的政府是自治。

源平之战

12世纪,隐居天皇开始召集平氏密谋挫败藤原和源氏。1156年,一场隐居天皇和现任天皇之间的继承权争论爆发。藤原氏分裂,精明的平清盛(1118～1181)成为平氏的首领,把握机会,剪除异己,消灭大多源氏,自己和家族掌握宫廷的统治大权。最初的宫廷斗争,最终演变为各地势力的角斗。难以置信的是,在冲突初期交火中很多朝臣被抓,并有50人被处死。350年里,死刑第一次适用于达官贵人,一场革命即将到来。平氏加官晋爵,自封领地,与皇室联姻,随意斥责时局,举止像令人无法忍受的暴发户。同时,源氏重新部署年轻的将领源赖朝(1147～1199)。1180年,平氏推举平氏婴儿安德继位,源赖朝发起攻势,但战争事实上由其堂兄源义仲(1154～1184)和同母异父兄弟源义经(1159～1189)领导。1181年,平清盛发高烧去世,对手称是地狱报应,他的死对其家族的显耀地位是致命的打击。源义仲将平氏逐出首都,但仍怀疑潜藏有奸细。源义仲又被源义经军队打败,源义经后又在四国的屋岛打败平氏。1185年,平氏最终被消灭于坛之浦海战(在下关的海峡,位于九州和本州之间)。7岁的安德天皇被淹死,平氏领袖在战争中被杀(也可能是自杀,或是被捕后被杀害)。

悲剧英雄

接下来，英勇、俊逸的源义经受到渴望得到个人权力的源赖朝忌妒、迫害致死。许多日本人认为源义经是典型的悲剧英雄，他是忠实的仆人、大爱的武僧，并已成为许多故事和剧本的主题（一个传说他逃往中国，成了成吉思汗）。岩手县的义经堂神社据说是纪念他自杀的地方。

源平之战证明日本具有讲述骑士故事的传统的丰富资源。平氏家族昙花一现地兴起，灾难式地衰落，被戏剧性地记录在《平家物语》中，《平家物语》不断重申虚幻的权力："自豪只是一时，如同春天晚上的梦，最终只是暴风雨前的灰尘，即使再强大也会烟消云散。"

1192 年，源赖朝在防守森严的海边城市镰仓建立了新的政府据点，并被授予"征夷大将军"称号，自此建立 7 个世纪的军事独裁。源赖朝既无平清盛的英勇大胆，亦无源义经的魅力，他冷酷、谨慎、精于算计。历史一次又一次地证明这是日本历史上取得胜利的法则。

第四章

武士和将军(1185～1543 年)

镰仓幕府发明了一种特别的日本式的封建制度，在这种制度下，幕府（帐篷政府）的各个行政单位等同或者能够取代皇室的各个行政单位。幕府对律令的重新实施促进了经济扩张，并伴随着经济货币化的发生。首先是大量进口中国铜钱：据记载，1453 年的一项重要的任务就是带回了 5 000 万个铜钱。其次，定期的集市、商业行会、批发商以及放贷者的出现也极大地促进了商业的不断发展。

奈良东大寺地藏菩萨塑像（约 1200～1250 年）

政府所在地的东移实际上促进了平安时代的精湛艺术向全国各地的传播,特别是雕刻艺术的繁荣。独特的日本式宗教的发展,如日莲宗与禅宗的发展,代表着民族自我维护的逆流以反对中国文化规范的既定优势。一种民族认同感,实际上即民族命运感,通过努力击败蒙古人的连续入侵,得到进一步加强和提高。由于受到防御压力的削弱和皇室阴谋的打击,镰仓幕府(1185～1333)被足利氏(1338～1573)替代,足利氏(1378 年)在京都室町地区设立的幕府新址称为室町幕府。在室町幕府更加软弱的统治下,国家受到了内战、海盗和农民起义的摧残,同时,还要无助地抵制西方国家的入侵(幸运的是,这时的入侵还是平和的)。虽然室町幕府仍然歌颂忠诚,但背叛行为却更加频繁地发生。虽然颁布了很多法令,但正义很少得到伸张。古老的家族被灭绝,出现了很多'暴发户式的领主'。室町幕府急于突出自己显赫的新地位,他们经常光顾那些艺术家和手艺人表明自己是其慷慨的主顾。在物质上贪得无厌,在道义上墨守陈规,在文化上固步自封,正如桑塞姆用典型的朴素言语描述的那样,"一个动乱的时代,而非衰亡的时代"。

在同一时期,中世纪晚期的日本和文艺复兴时期的意大利之间有着某种平行关系,都是伴随着野蛮的战争、愚蠢的破坏和创造意义非凡的新的文化形式同时并进。在日本,新的文化形式主要是辉煌杰出的能剧、插花、茶道和园林设计等高雅艺术。另一个平行之处是富人所期望的、不断增长的个人舒适标准。在意大利,意味着叉子和手帕等举止高雅的细节;在日本,表现为榻榻米地板、酱油、饮茶和热水浴等。

政府

源氏的私人优势是短暂的。源赖朝很快就被他的儿子源赖家替代,然后是源实朝,但真正的权力却被源赖朝的妻子和她的父亲掌握。他们统治的摄政理事会即北条氏(具有讽刺意味的是他是平氏后裔)集体合议制度稳固了家族的权力。1219 年,爱好诗歌的源实朝被暗杀,源氏血脉断绝。1221 年,"太上法皇"即后鸟羽上皇,受到日本西部的地主的支持,企图发动政变以反抗发迹于东部的北条氏政权,但他的武装力量轻而易举地被粉碎了。后鸟羽和他的儿子被流放,主要的追随者被处死,3 000余处所被没收,并作为恩赏用来加强镰仓幕府赖以生存的赞助网络系统。自此,幕府将军这一职位正式由皇室成员或藤原氏家族的成员填补,但政府实际上是由北条氏以摄政(执权)的名义直接控制。政府结构变得越来越错综复杂,正如科塔兹有些惊奇地解释的那样:“有时……有一个皇帝和一个或多个前任皇帝……一个皇室摄政,一个‘独裁者’,一个名义上的将军和名义上的将军摄政(执权),而真正的权力则由一名隐退的执权行使”。令人惊讶的是,至少在一段时间内,这种结构是有效的。自那时起,在日本通过影子官员进行有效的权力掩蔽现象一直持续至今,并且在现在的大企业中也屡见不鲜。另一种独特的日本人倾向——明显偏好集体共识的决策——也可以追溯到镰仓政权的三个主要办事处的标准执行程序,这三个主要办事处即侍所(负责训练2 000名源氏的御家人)、政所(处理一般政务)和问注所(仲裁法庭)。

比中心官僚错综复杂的管理制度更重要的是执权的成就,即建立更大的遍布全国各地的控制区域。御家人被任命为巡官(“守护”)负责征兵和镇压动乱。“地头”在幕府本身直接控制下管理土地并负责收税、扩大种植、修建道路和桥梁、经营驿站。这些被任命者通过个人的忠诚以及自己的俸禄效忠于统治集团。“守护”和“地头”补充而非排挤皇室的公职人员,如地方长官,但随着时间的推移他们显然占了上风。因此,这些创新的结果绝对不是一个清晰和全面的管理系统。这对司法管辖区的竞争以及个人争权夺利创建了一个半永久性的混沌情形,而且在13世纪,似乎比平常更加频繁的自然灾害使得这一情形更加糟糕。另一方面,幕府的确作出了积极的尝试,尽可能公平地伸张正义,并在1232年制定了关于封建习俗的系统化法规称之为《贞永式目》。

神风

蒙古人占有了中国和朝鲜的大部分土地,其领导人忽必烈决心也要让蒙古成为日本的宗主国。1274年忽必烈企图进行第一次征服，并在九州北部的博多附近建立桥头堡。但是日本却幸存了下来，并不是依靠自己的顽强抵抗，而是一场暴风雨击毁了入侵的舰队。1281年忽必烈再次发动了远征，规模是第一次的五倍，包括两个舰队，共计4 400艘战舰和14万名士兵，并再次在博多建立一个桥头堡。但日本人的英勇抵抗再次阻止了对手的突围。暴风雨也再次歼灭了侵略者。因此，日本人把这些台风誉为神风（神圣的风），并把台风的干预认为是上天在保护着这片"神的土地"。

然而，执权认为有必要继续保持其对防御的努力。这涉及建设如此巨大的沿海要塞和动员如此众多的劳动力，结果农业产量受到了严重损害。由于国家资源的耗尽，执权既无力动用新的土地，也无力用战利品来赏赐那些用剑捍卫了自己国家的御家人或者佛教寺院的祈祷者们。由此产生的不满情绪无疑削弱了北条政权，由此，北条执权开始衰落直至瓦解。

镰仓

位于沿海的镰仓被选为幕府的政府所在地，这主要是出于战略原因。其临近的七条通道都经过陡峭的山路，属于易守难攻之地。鹤冈神社源氏的守护神——八幡——战争之神，耸立在城市的中心。

尽管镰仓的人口增加到大约5万人，但它从不指望能够像对手京都那样成为繁华的都市中心。实际上，已退位的前天皇情妇二条夫人就曾经讽刺地写道：在镰仓这个地方，地方军阀朝拜时没有穿本该穿的白色朝圣服装，而是每天都穿着不同颜色的衣服。对镰仓这个城市自身的发展前景，她认为是这样的：房屋相拥在山坡梯田行间，就像东西塞在小小的口袋里那般拥挤，完全是一幅没有吸引力的景象。虽然京都朝臣可能成为政治和经济上的边缘人物，但二条夫人的不屑一顾并没有削弱他们自命不凡的自信心。

骑士和武士

镰仓时代的武士堪比中世纪欧洲的骑士。他们之间在表面上的相似之处是显而易见的。人们都期望他们用武器来展现技能，在战斗中展示勇气以及对主人的忠诚。与之相应的是，他们也期望自己的主人在奖赏追随者战利品时能够显示其慷慨和豪情。人们都期望骑士和武士能够珍视个人荣誉、蔑视困难、培养自我控制力和鄙视财富。妇女对骑士的顶礼膜拜以及十字军战士们的宗教热情对日本武士来说是十分陌生的。人们期望武士的女人像她们的丈夫一样坚忍不拔、尽职尽责，在必要时甚至可以进行战斗，挥舞着可怕的长柄戟。而骑士也经常作战以此来扩大基督教世界范围或消灭异己，日本的战争一直都没有意识形态上的差异。武士的宗教信仰主要来自个人的良知和心里安慰，人们期望他们支持而不是反对自己的主要义务和维护自己的荣誉。

同样引人注目的是骑士和武士对待主人——属下关系态度的差异。在欧洲，主人——属下之间的契约因素变得日益明显，而在日本，追随者的义务是必须的、无条件的。另外一个不同之处是继承权的问题。在中世纪的欧洲，作为一种惯例，长子通常继承父亲的头衔和全部财产。但在日本，父亲保留了选择继任人的权利，如果他认为长子能力不足，就会剥夺其继承权而让其他的儿子、女婿继承，甚至是由侄子来继承。自然，这样的决定并不总是被坦然地接受。有时“儿子”年纪竟然比收养他的“父亲”的年纪还大。这样的事实使事情进一步复杂化。尽管人们期望骑士和武士能够对被镇压者显示仁慈，基督教会鼓励骑士饶恕战败者，但是人们却认为日本武士在受辱时应该自杀。那些已经投降的武士仅仅渴望受到酷刑，然后惨死在胜利者手中。但很多武士会在战场上自杀，而不是接受这样的命运。到了12世纪，这种做法已经制度化，即剖腹仪式，也就是人们一般所知的切腹自尽(腹部切开)。当然，基督教会是严禁西方骑士选择这种自杀方式的。然而，对日本武士来说，这代表着对死亡的不屑一顾，很具有男子汉大丈夫的英雄气概。

日莲宗

在此期间出现了一个新的平民主义的佛教派别，它以其创始人日莲的名字命名为日莲宗。具有明显不同的义务形式的禅宗也得到快速发展，特别是在武士阶层的传播。日莲宗的出现以及禅宗的传播加强了日本特有的佛教发展。两者都代表了一种更加直接、更加令人满意的精神经验的愿望，然而都反对依赖深奥的经文或复杂的仪式。日莲宗完全以佛教的慈悲为怀的精神来拯救世界，而禅宗完全依赖个人的努力去改变世界。

净土宗的倡导者们，如法然、亲鸾和一遍在做法上与复兴主义者相类似。日莲上人(1222～1282)相当于《旧约》的先知或者是萨佛纳罗拉。日莲极力确定自己的信仰，拒绝一切妥协行为。他开展了一些活动，使他的教条成为日本国家的官方信仰，并把没有信仰的人视为异教徒杀害。他拒绝传统的念佛，认为它是一项"该死的习俗"，并极力批判弘法大师，认为他是日本"最大的骗子"。他用《南无妙法莲华经》代替了常规诵念的经义，极力赞扬《妙法莲华经》的精妙法则，并且把它作为其教义的核心。由于日莲的极端行为，他曾两次被流放，但他预测了蒙古人的多次入侵，并谦虚地认为自己的威信与行善的地藏菩萨是一样的。日莲这个名字有两种解释，一种意为"映日莲花"，一种意为"日本莲花佛教"，这两种解释都是非常合适的。到了1469年，一半的京都人都信仰日莲宗，但是后来对日莲宗的迫害行动，迫使其重新定向，把工作重心从狂热行为转化到教化行为上。在日莲宗中相当重要的现代后裔之一是创价学会，即"价值创造社会"，创建于1930年，创价学会建立了自己的政党——公明党(廉洁政府党)、大学、出版社和交响乐团。

正如一些学者认为的，欧洲和日本封建主义有一些相似之处。另有一些学者认为基督教和佛教的发展之间也有着惊人的相似之处，佛教日益重视通过信念来拯救世界以及人死后在天堂中的生活。通过进一步比较，发现它们在宗教改革方面也有一些相似之处，比如，宗教礼拜的组织都围绕着各地教会而不是寺院、牧师的婚姻、各种经文的方言翻译，以及宗教和民族身份的融合等等。

禅宗

禅字来自梵语禅定(冥想)。禅宗在6世纪出现于中国，从12世纪起在日本迅速发展。禅宗旨在传播启蒙运动的本质,但并不是通过传统的方法,如学习经文、表演仪式或行善进行传播。

禅宗的信徒信教的方式从苦思冥想(坐禅)型,如曹洞宗创始人的道元(1200～1253)模式,到苦苦思索解开谜语型的临济宗创始人的荣西(1141～1215)模式,到物理上的"休克"疗法,包括大声尖叫、用手或者粗木棍进行突然打击,各不相同。但是所有学校都重视学徒和大师之间密切的私人联系。禅宗鄙视吹毛求疵的逻辑并且致力于协调自我控制和自发性之间的关系,以及其标新立异的幽默感("想象一下一只手拍打的声音","在你出生前,原本脸长什么样"),这些都深深地吸引着武士阶层。

两位大师

禅宗理想中的雅致和轻描淡写在以后的书法、射箭、水墨画、陶瓷设计、茶道和园林设计等不同领域具有深远的影响。最受人钦佩的园林设计师之一梦窗疏石(1275～1351)就是一位极热衷于修炼禅宗的游僧。他在小山旁的庙宇的园林设计中,融入了自然风光。这种"自然"和"人工"的融合很有特色地体现了禅宗对现实的否定或对明确意义的区分,巧妙选择和岩石堆放的用意也是如此。它们是自然的产物,它们不仅是在生存,甚至是"成长"。作为京都天龙寺和临川寺寺院的住持,他后来设计了更多精致的风景园林。他在西芳寺的退隐之作,因为是由苔藓组成的园林而闻名。

禅宗着重强调自救,认为它能发扬"疯和尚"一休宗纯(1394～1481)生前的那种偏离传统的个人主义。他不仅与世俗的富商一起吃、喝、嫖,还聚集一批包括艺术家博库赛(1496年)(一休的画像者和传记者)在内的放荡不羁的寺僧,通过这些来宣泄对传统的愤怒。一休的另一个门徒,僧人珠光(村田珠光 1422～1502),在义政担任中国艺术顾问时,率先在一个由茅草盖成的静幽小房屋里用珍贵的茶碗进行品茶。一休不但是一位造诣较高的中、日文书法家和诗人,而且还是一位具有激情的僧人。虽然他有悖常规,但他仍旧被任命为京都大德寺的住持。在那里他充分运用人际关系,为大量的重建工作筹集资金。在晚年,他同一位盲女艺人公开有染,以此来表达他的愤世嫉俗。

铸剑师、雕塑家和学者

日本的谚语说:剑是武士的灵魂。武士有两把剑,一把是象征身份地位的徽章,一把是象征财富的工具。在镰仓时代,造剑的技艺达到了前所未有的高度。若考虑到武士阶级的统治优势,这或许不足为奇。铁匠不但通常受到圣人般的尊敬,而且他们的工作是在神道仪式保证纯粹的状态下进行的,这样一个事实表明了人们对待技艺的高度严肃性。每个人铸的剑通常都会被命名,并且作为传家宝由父亲传给儿子。直刃铁剑早在公元 3 世纪已经从中国和朝鲜出口到日本。日本特有的弯刀到 10 世纪才出现,之后许多具有特色的造剑流派才开始发展。铸剑师将硬钢和软钢熔在一起,制造出一种复合式的材料,这种材料用专家的话说,就是结合了锤子和剃刀的属性,锋利到刺破盔甲而不破损,重到能一举切开人的胸膛(胸部被认为是能承受重击的)。刀最硬边的刀沿是在锻造过程中产生的晶体图案(波纹)。有些图案像草上的霜,有些像天空中的星星。铸剑师们努力创造他们自己与众不同的图案,以此用来表明真迹并作为个人签名。很多不同的剑都在柄脚(适合用来装柄的东西末端)用符号来表明它们的出处。工艺的细分最终导致制造剑鞘和配件的专业制造商的出现,制造的这些配件如防护装置和手柄能够根据不同的情况而变化。剑已经成为一个出口到中国的主要商品,在 1483 年仅特使团就进口 37 000 把剑。

雕塑家的朝代

另一个达到全新高度的艺术就是雕塑。它取代了很多源氏在夺取政权的战争中摧毁的塑像。日本艺术家通常是用木材或者青铜而非由石头制作雕塑。他们制作的雕塑不但无一例外进行了油漆,而且还经常用水晶之眼、宝石皇冠或者金属剑来进行装饰。在万神殿里有很多具有代表性的佛像或圣人,但是这个时期一个重大的创新就是通过肖像雕塑,对个人如对伟大的僧师或政治家,进行现实的再现。相比之下,佛庙里恶魔守护者的形象以具有大胆夸张的面部表情、姿势和手势而著称,这样的塑造使观看者心惊胆战。戏剧肖像强调佛像的平静和慈悲为怀,以及地狱的恐怖,被认为是向文盲农民群众传达一种模糊的信仰所必需的方式。

镰仓的大佛

这个时代最伟大的雕塑家是康庆和他的两个儿子运庆(?～1223)、湛庆。运庆的六个儿子以及他们的后代从镰仓时代直到19世纪仍是雕塑家。据文献记载,这个时代最大的雕塑是在1252年铸造的52英尺高的青铜佛像,这个佛像在镰仓时代依旧是最著名的景观。

这个时期其他重大的艺术发展包括卷轴的绘画(画卷)和陶工藤四郎在濑户建立的日本最早生产釉面产品的窑。尽管从历史上来说他只是一个模糊的人物,但据传藤四郎(加藤四郎左卫门景正的缩写)不仅在中国学习过,而且被誉为日本瓷器之父。

特许状、传奇和散文

文学后于视觉艺术而出现，文学集中于精神教化，武士阶级在文学成就中受益较少。对国家来说具备读写能力首要的目的是为了特许状、登记簿和政府工作报告的发布，这些报告是证明幕府政权在混乱的封建现实上施压某种行政能力的努力。这些报告以日本口语和标准的汉语这种特殊的方式组成，融合了本地和外来的成分，尽管笨拙，但是却代表日语以一种国家的语言和书面的形式而出现。

歌颂战争的故事满足了武士对文学多样性的需求。尽管桑塞姆慷慨地赞美"写诗最坏的一面就是具有令人愉悦的这种缺点和可能有助于保持诗歌精神永垂不朽"，但是他认为这时期大部分的宫廷诗歌是迂腐的、卖弄学问的。最持久的作品已被证明只是些零散的片段和诗歌。这些片段和诗歌是宗教人员的反思之作。其中最有名的诗篇就是由鸭长明（卒于1216年）所写的《方丈记》（十英尺见方的小屋），这是一个关于生活在灾难和混乱时代的受害者的故事，他先是弄丢了工作和财富，孤独地在大山里生活，然后又遭受了火灾、饥荒和地震，他在美妙的四季中找到了安慰，在"安静的小睡中得到最大的欢愉"。

足利幕府

由于受蒙古人的袭击而累得精疲力竭、不能够奖赏支持者的不合格领导人的继任，使得北条氏政权左右摇摆，尽力使用权宜之计，比如先恢复国家财政、治理债务、取消以及撤销对抵押的土地的销售，然后该取消的取消，该撤销的撤销。

由于镰仓幕府实力的衰落，后醍醐天皇（1288～1339）多次密谋反抗北条氏。1333年，在京都朝臣的帮助下他设法从离岸流放中逃离，开始了又一次起义。出于贪婪和对东部人的嫉妒，这些朝臣迫切渴望重拾昔日的威名和成为西部的封建霸主。镰仓幕府派出军队去镇压这次起义，其中一支是由足利尊氏（1305～1358）领导的，令人感到讽刺的是，他是源氏的后裔且由于对王位的渴望背叛了镰仓幕府。

丝绸画卷上逼真的足利尊氏画像(1360年左右)

当另一位将军也背叛镰仓幕府时,北条氏的政权就遭到了毁灭性的打击。

政变与叛变

后醍醐天皇亲政的时期称为“建武中兴”,这个时期比较短;为了显示对宫廷贵族这个小圈子的独家青睐,他不仅激怒了原先的盟友,而且还揭露出自己的政治权力与现实完全脱节。为了支付建造巨大新宫殿的费用,他试图征收一项新的国税,这个错误又加重了他的愚蠢。足利尊氏发动了一次叛变,这次叛变中楠木正成(卒于1336年)这个天皇最忠诚的拥护者英勇牺牲,足利尊氏逃到奈良南部山区的吉野,至此开始了一场拉锯战。最有意义的一件事就是有北畠亲房(1293～1354)写的《神皇正统记》,一个试图回归政治传统的宣言,但却毫无意义,它试图通过诉诸后醍醐天皇的家谱来证实其皇位的合法性。它的开头语——“大日本是神之地”——这表明在很早的时候就肯定民族主义学说,这个学说认为国家的独特优势就在于天皇的正统性。具有讽刺意味的是,每当两个帝王通过殊死搏斗,来确定他们之中谁实际上能够代表具有神秘过去且具有从不间断的帝王正统性时，都会有这样的断言。

两个朝廷

吉野“南朝”持续存在半个世纪之多，然而位于京都的“北朝”的君主是由足利支持的一系列傀儡。这两个朝廷于1392年在足利幕府的第三任首领足利义满(1358～1408)的统治下统一起来，他在京都的室町区建立了政府。因此，足利幕府时代(1338～1573)也被称为室町时代。1395年义满退位，让他年幼的儿子足利义持(1386～1428)继位，但他仍然是真正的政府首脑，不遗余力地用亲切但带有侮辱的方式去对待天皇和他的朝臣。他是一位慷慨、精明的艺术赞助商，居住在雄伟壮观且富有盛名的金阁寺之中，现在金阁寺被认为是日本最宝贵的财富之一。通过重新开通与中国的官方贸易，他也获得了巨大的个人财富，但由于蒙古人的入侵而被迫暂停。中国人只接受以贡品为幌子的贸易关系，而且不管什么时候他们主要看中的不是贸易本身而是把它作为一种迫使日本控制海盗出没海域的方式。义满心甘情愿地成为明朝的藩属，认同明朝皇帝对其“日本国王”的册封，这使他成为日本历史学家一致嘲讽的对象。

王朝的没落

虽然足利的权力在老谋深算的义满、醉鬼足利义持和他的信奉清教徒的弟弟义教在位期间达到了高峰，但是它的成就却从来都赶不上镰仓幕府。他们三个无情和残忍，但是在这样一个以野蛮而著称的时代，为了保证领导权，他们这样是不够的。因为“守护”是通过世袭获得职位的，所以实际上他们不能被罢免。权力最大的封建领主——细川、畠山、斯波掌管着中央的官僚机构。大多数地区，如九州，实际上都是自治的。农民，一则饱受自然灾害、通货膨胀和敲诈勒索的侵袭，二则出于对佛教里描绘的公正且毫无痛苦的天堂的向往，就会定期起来反抗。武士阶级的继承纠纷不仅带来战争的延绵不断，而且还导致了幕府时代的消亡。

第八任幕府将军足利义政(1436～1490)由于偏好宫廷娱乐，导致日益严峻的继承秩序向无政府状态发展，于是他决定在1462年委任他弟弟义视为继承人。然而也就是在这一年，义政的妻子诞下皇子，并要求承认她儿子的继承权。由此产生的不睦使得双方形成敌对的派系并相互进行牵制，发生了应仁之乱(1467～1477)。这场内乱不但把京都烧成灰烬，而且严重削弱了足利的权力，使得足利的权威仅仅是个幌子。后来的室町幕府在很大程度上就成了细川的傀儡，日本的历史学家称这个暴政的世纪为战国时代。

灰烬中的艺术

尽管时代动乱，但经济却在发展，虽然是不均衡的。博多、堺(大阪)和兵库(神户)这些港口经济增长显著。小田原和鹿儿岛的城堡是繁荣城镇的核心。随着水车的普遍使用，灌溉技术得到改进。好的刀剑意味着更好的农业工具。大麦的种植、肥料的逐渐运用和两茬种植的传播都使农业产量得以大幅度的增长。茶叶、亚麻和大麻的区域专业化种植、精湛工艺如造纸、丝绸和棉布技术的引入，以及自由贸易商人(他们试图抵制日显束缚的行会制度)的出现，这些都意味着以市场为中心的生产方式的出现而不是通常意义上的自给自足。

黑泽明的电影《七武士》就是以这个时期为背景，描写一群被最凶残的强盗剥削的农民——但是在最后他竟然得出是农民而不是强盗赢得了这场战争。或许，就如同时期英国的玫瑰之战，这个时代封建领主之间的混战，与其说给无辜的旁观者带来毁坏，倒不如说让参加者结成世仇。社区能从纵火和抢劫中迅速恢复的能力以及远距离朝圣的人数逐渐增加，不仅意味着经济恢复发展和社会恢复稳定，而且还意味着这些方面的“投资”上存在大量盈余，从狭义上来说，这些方面是“非生产性的”——即文化方面的。

禅宗的崛起

足利不仅特别重视禅宗中的临济宗，而且还从受优待的组织“五大寺院”(五山)里招募一连串的僧人,让他们做参事、监护人、外交官和家庭教师。如果说禅宗不是日本的国家宗教,那么它肯定是篡位者的处世哲学,他们自己不得领悟其中的精妙之处,他们就会向已领悟者所给的建议屈服。

在此期间建造的禅宗寺院,往往就会表现出一种朴素的中国风格,这种风格乃是受印度的影响。中国的艺术品以及关于景色和其他自然景物的印象派的水墨画受到高度评价并激励着日本人进行模仿。曾经在中国学习过的僧人雪舟(1420～1506)后来成为公认的水墨画(带有水和黑墨的画)大师。寥寥数笔就蕴涵着极深的寓意,这就体现出他大胆的画风,同样也体现着他受禅宗启发的旱景(枯山水——干枯的山和水)庭园的影响,就像京都的龙安寺和大德寺,在那里用岩石和白沙来摹写流水的意象。

能剧

在艺术的表演领域最显著的成就是能剧的完善,这种戏剧从庆祝宗教或乡村节日的简单的歌曲、舞蹈和哑剧发展到幽玄的程度,所谓的幽玄即崇高美。这主要是演员观阿弥(1333～1384)和制作人儿子世阿弥(1363～1443)的功劳,他们姣好的容貌不仅吸引了同性者的关注,而且还吸引到幕府将军义满的注意,并得到他慷慨的赞助。世阿弥这个戏剧上的天才,不仅写了差不多 90 部戏剧,而且还在 21 部专著中陈述了他的能剧理论。禅宗“无为”的原则给他的表演提供了理论基础,在不自觉的情况下超越现实和使用象征。能剧高度程式化的表演往往涉及超自然的现象或者疯狂的行为,因此就特写了天使、幽灵和恶魔,但是他们存在的精髓是风格上的而非事实上的。剧情的发展远远没有对单一表情的不懈强化直至它至善臻美的境界重要。在众所周知的 2 000 部戏剧中仅存 800 部,尽管在这 800 部中只有不到三分之一的能剧是仍然受欢迎的节目,但是它在行家之中仍然有忠实的追随者。外行人要求对能剧的表演而不是对神秘且华丽的戏服进行更多的研究,但是这并不是用于狂言(“疯话”)的幕间剧,它是用来加强严肃而悲伤的主题的。狂言是从讽刺剧发展到打闹剧,它经常嘲讽权威人士的虚伪,如司祭和乡村元老。它通过直接、简单但有时有点残忍的方式体现了受压迫者的诙谐幽默。

室町时代最值得注意的文学创新是连歌的流行。所谓连歌,它就是诗篇的一种连接形式,它使表演者有机会炫耀自己渊博的知识和敏捷的智慧。通常情况下一个人提供一个诗节的前三行,而第二个人完成下面的两行,然后第三个人完成剩下的两行,然后这两句又作为一个新诗歌的开头,依次向下类推。这种竞争性作诗能产生100个诗节。有学问的实践者能巧妙地处理它们的自发性,从而在发展的主题中连接分散的诗节,就如季节的更替。连歌从朝廷传播到僧侣、武士,甚至是商人。这种更通俗的形式就成了江户时代以诙谐著称的俳谐诗的先驱。

这是一个矛盾的时代,尽管这个时代混乱且充满灾难,但它也同样见证了逐步规范而优雅的茶道以及有组织的学校的建立,从而使熏香(香道)和花的布局(插花)这些精美的艺术能够长存和完善。

第五章

基督教世纪(1543～1639年)

应仁之乱(1467～1477)结束后,封建领主、自由冒险家甚至一些村庄联盟,联合起来互防,为生存或取得当地的领属权互相争斗,混乱状态持续了将近一个世纪。火器的引入、大型城堡的建造以及由使用剑弓而战的骑兵向使用长矛枪和手枪的步兵的转变都使战争的性质发生了根本性变化。日本历史学家用"下克上"——"后来者居上"说明达尔文主义者相互竞争的进程。足利幕府的最终灭亡足以解释此进程。将近半个世纪(1490～1568),细川家族操纵着幕府权力的残余势力,直到他们的家臣三好长庆将其权力篡夺(1558～1565),而后,三好又被他自己的诸侯松永久秀所替代(1565～1568)。1573年,最后一位足利离开京都标志着此王朝的最终解体。

然而,政府那些被信以为真的背叛行为,很大程度上与事件的进程是不相关的。日本未来的命运就掌控在那些地方性大军阀的混战之下,他们决意要把"整个国家置于一剑之下"。不同性格、不同背景但都狡猾和冷酷的三个人,他们共同完成了国家的统一。用一种类比来说,织田信长(1534～1582)劈开石头,丰臣秀吉(1537～1598)把石头塑造成形,德川家康(1543～1616)把石头安置到位。而他们性格上的不同之处可以概述为一个小故事,他们曾经都被一只拒绝歌唱的黄莺所激怒。织田信长威胁要杀死它,丰臣秀吉发誓要逼它唱,然而,德川家康认为,倘若他有耐心可以等待足够长的时间,它一定会自愿地歌唱。

日本与欧洲人第一份合约的签订恶化了国家统一的进程。合约导致了相对较少的政治和经济入侵,而更多的是文化和技术入侵。

主要的传播者是商人和传教士,他们带来了许多新奇物什,如手枪、眼镜、钟表、地毯、透视画法所作的油画、烟草、甘薯、面包,还有基督教。

织田信长

织田信长从一个掌控名古屋城堡、微不足道的小部落领导人开始他的征服生涯,13岁时初次出阵参加战斗。作为一个勇士,他很快意识到枪支的价值并且第一次领会到集体并肩作战赢得胜利的可能性。他也是第一位使用铁甲战船的人。

建成于1617年的姬路城堡,因富丽堂皇而闻名。
外表与过去的很多城堡(如信长的安土城堡)相似

织田信长是最后一位确立足利氏——足利义昭当权的人,而后因不愿做被别人操纵的傀儡而被免职。在比睿山——这个使京都黯然失色的大山的寺院中,有位好战的修行僧图谋对抗他,织田信长把这座寺院烧成灰烬并杀死了住在这里的所有人。1576至1579年,由他组织的苦役犯,在安土城建成一座金碧辉煌的城堡,从城堡上可以俯视日本最大的湖——琵琶湖。城堡由当时最著名的画家狩野永德

(1543～1590)用前所未有的金黄色光彩镶嵌而成。1582年，一些拥有自由市场的小乡镇在城堡四周相继崛起，但是也就是在同一年，织田信长成为家臣的牺牲品。转入抗击西部威胁的战争使他错过了在京都本能寺享受茶道的机会，他遭到明智光秀所率领部队的团团包围。经过一场血腥而徒劳的反抗，织田信长最终在古老寺庙的熊熊大火中，以剖腹结束了自己嗜杀的一生。去世前，日本多半地区，包括京都周边中心地带都在他管辖之下。通过建立新的土地调查制度，废除通行费，缓和农民阶级矛盾，织田信长为后继者建立一个稳定繁荣的日本奠定了基础。

“猴子”

不久，织田信长便遭到自称绰号为“猴子”的身材矮小且又其貌不扬的丰臣秀吉的报复。丰臣秀吉之后透露说自己志向浅陋。作为一个精通围攻之术的步兵，丰臣秀吉因侍奉织田信长而迅速崛起，认为凭自己的能力足以继续其主公开始谋划的事业。1587年，他成功征讨九州南部，并在京都的北野神社筹办了一场为时十天的极为铺张的茶道为之庆祝。1588年起，丰臣秀吉在全国范围内颁布了较为彻底的“刀狩令”，加快没收农民手中的武器的步伐。到1590年，新旧世纪之交，秀吉至高无上的地位得到认可。同年，为了改革土地所有制和税收制度，他下令进行人口普查。此后，税收形式不再是现金而改为水稻。这方便了之后根据土地的实际产量收取过剩粮食，也可以通过具体庄园的收获量估计一支军队的供给如何继而把土地产出与军事潜能直接联系起来。农民种田的权利有了保证，而为这份稳定付出的代价却是自由。他们不可以疏忽或荒废哪怕是一丁点儿的土地。为了分开不同社会阶级，1591年颁布的法令禁止手工业者和商人居住在乡村而迫使他们在城镇居住。至此，至少理论上而言，任何人都注定要继承父业。社会结构的僵化也自此而始。

除此以外，丰臣秀吉政府的行政改革还包括拆毁很多古堡、实行新的币制、接管所有金银矿和国外贸易，以及确立统一的度量衡制度等。

出兵朝鲜

1592年,丰臣秀吉将关白一位让于其外甥丰臣秀次。与此同时,秀吉开始在京都附近的伏见为自己修建奢华官邸。其设计精美的中国式大门在京都二条城幸存下来。同年,秀吉设定征服世界其他国家的目标,如中国;出兵朝鲜是他试图征服世界其他国家的第一步。

日本侵略者对朝鲜微弱的反抗置之不理,朝鲜恳请中国出兵援助。在令人生畏的海军将领李舜臣的领导下,朝鲜海军得以重整。虽然击退了中国的第一轮反击,因海军力量不足,加上受到朝鲜游击队的反击,不久日军便实力锐减。他们被迫撤出中国东北,并相继撤出平壤和汉城。经过谈判,在朝鲜驻扎军队的企图失败后,丰臣秀吉在1597年再率十万大军二次出兵朝鲜。这次出战同样以一开始时胜利继而节节败退而告终。1598年9月,丰臣秀吉突然去世。侵朝这一极具破坏性的且最终无果的计划随之破产。

长期以来,历史学家一直在争论远征朝鲜是证实了丰臣秀吉的妄自尊大,还是这本是为了转变军队中的骚乱而进行的聪明的尝试,毕竟他好不容易才使日本归于和平。无论动机为何,毫无疑问的是,远征朝鲜造成了两种结果:一是两国在之后长时间彼此充满敌意;与此同时,朝鲜手工业能手,特别是陶艺工人和印刷工人移民日本也丰富了日本文化。

幕府将军

提名其外甥丰臣秀次为接班人之后,1593年,本无子嗣的丰臣秀吉侧室淀殿(淀夫人)为其生下一子。1595年,丰臣秀次被流放继而被赐自尽,为了彻底根除其对新提名的接班人也就是当时还在襁褓中的丰臣秀赖可能构成的威胁和挑战,其家人和亲信遭到残杀。1598年夏天,年老昏聩、弥留之际的丰臣秀吉设立了五大老(由他的手下五大强势的大名组成)以确保其子丰臣秀赖顺利继位。丰臣秀吉把丰臣秀赖的监护权委托于德川家康。经历了之前充满杀戮的50年中所有的曲折与动荡,家康无论在织田信长政权还是丰臣秀吉政权时期都使自己处于有利地位。

年少时，家康长期受制于人。自然，他也精于阴谋算计。许多与他相关的说法都反映了他的性情，如："把注意力集中在那些令人反感的事情上"、"视愤怒为仇敌"、"视不舒适是自然而然的事情，就不会因贫困而苦恼"等等。为了证实对织田信长的忠心，家康曾因他的首任妻子和他的长子被疑密谋对君王不利之事而置他们于死地。为了拉近其与丰臣秀吉的关系，家康把儿子过继给秀吉做养子，并娶了秀吉已近中年的妹妹。丰臣秀吉逝世时，家康已经成为全国最大的地主，比位居第二的地主拥有的土地多一倍。德川家康违背了保护丰臣秀赖继位的诺言，致力于为争取自己至高无上的权力。得到了其他 4 位封建领主的支持，1600 年 10 月 21 日，家康发动了关原之战。这是日本历史上最具决定性的一次对抗，德川家康在争斗中一举消灭了自己的对手。

新王朝的建立

德川家康取得胜利后从失败者手中没收了 87 个庄园并把它们分给自己的部下。家康还控制了京都以及当时的君王。1603 年，他宣告自己为幕府将军。丰臣秀吉的乡野出身使他无法适应至高无上的荣誉，而德川家康声称自己是镰仓幕府的创立者，即清和源氏的后代。在名义都城建立的宫殿般的二条城其实成为当时幕府的代表秘密监视君王和朝廷的一举一动的地方。与此同时，位于日本东部的江户迅速建立，成为德川政权的坚实堡垒。

为了稳固新王朝的统治，1605 年，德川家康将幕府将军之位传于其三儿子德川秀忠。虽然家康大部分时间隐退于骏府城，依照日本当时的传统，他依然是国家的真正统治者。但家康深知只要丰臣秀吉以及其追随者还在，其政权的稳固性就很难保证。1614 年到 1615 年，德川家和丰臣家矛盾表面化，德川家康率大军包围大阪城。大阪城最终化为灰烬，丰臣秀赖在大屠杀中自杀，双方的冲突结束（日本画家狩野永德的一大部分艺术作品记录了这场恐怖景象）。如今的大阪城是后来重建的仿制品。德川家康建立规章制度来管理封建领地的统治和皇家法庭,这是他在政治上的最后贡献。死后,他被奉为神灵。他的陵墓极其华丽,以至于当时出现了这样的谚语:"不见日光东照宫,慢说美与好。"被奉为神道神仙的德川家康还被拥立为"东照大权现",彰显了神灵化身——佛的神性。

新移民的到来

一次偶然的机会,葡萄牙人随一艘中国帆船漂流到种子岛,欧洲人首先来到日本。船员们修理船只时,葡萄牙人在岛上散步,沿途用手枪射杀鸭子。日本人此前从未见过枪,但他们竟然仅用半年就学会了如何制造枪支。日本科技大转变始于日本与西方人的接触。

欧洲人对日本及其国民的最初印象是他们对日本和欧洲两种文化随后的交流与联系有着极大的兴趣。大约1565年,有关这方面的最早的英文记载表达了对这个国度的敬重和责备。

> 我们所知道的世界的最尽头,是有着高贵气质的日本岛……多山且常常受大雪所困扰,这个国家不像葡萄牙那么温暖,也不那么富裕……麦芽酒、黄油、芝士、牛奶、鸡蛋、糖、蜂蜜、食醋等供应不足……然而,这个岛上生长着各种各样的不同于生长在西班牙的果树,而且这里银矿储量丰富。这里的人们性格温顺,集礼貌、智慧、谦恭、正直等美德于一身,没有尔虞我诈,他们有着近来发现的其他民族所不能及的美德。他们十分重视自己的美好声誉,以至于他们视维护自己的名誉或面子为首要任务。这也导致了他们之间的不和谐、争论甚至互相残杀。他们主要以鱼类、野菜和水果为生。健康的生活方式使这里的人们很长寿……这里人们不因贫困而羞愧。他们对上流人士的记录不看重其所拥有的财富。这里人们最高兴的事情莫过于穿上盔甲……他们谦虚谨慎却很能喝酒。

第一个直接了解日本人的英国人更加简明地总结了他们的特征:"日本人本性善良,非常谦恭且英勇善战。"

“南方蛮夷”

商人为日本带来了枪支;牧师紧随其后,带来的是基督教教义和信条。由于这些新到者通常来自南方,且初次登陆九州岛,日本人称他们为“南蛮”(namban),即“南方蛮夷”。绘着惟妙惟肖的外国人的屏风是当时南蛮美术的代表。屏风上的外国人长着高鼻梁,身着稀奇古怪的衣服和宽松的裤子。

仿西方原版的日本画家笔下的圣方济各·沙勿略

事实上,耶稣会信徒完全控制日本的传教事业将近半个世纪。圣方济各·沙勿略是当时耶稣会士的主要人物。他曾宣称日本人是“世界上所有人种中最好的”,且声称“他们使我心情愉悦”。传教士们以勤奋和谨慎为自己传教的原则。由于对基督教国家与日本在文化和传统上的巨大差异很敏感,他们一丝不苟地分析自己所处的形势。耶稣会意大利籍传教士范礼安曾称日本为“一个与欧洲相反的世界”。其同事,第一部西方人撰写的《日本史》的作者路易斯·弗洛伊斯列举了日本与西方国家一些相互颠倒的风俗习惯。

> 于我们而言,女性会写字不是特别普遍;而日本贵族女性以没有文化为耻辱。
>
> 在欧洲,裁缝一般是男性;在日本,裁缝却一般是女性。
>
> 我们相信未来带给我们的荣光与惩罚,相信灵魂的不朽;而信禅的僧人们却只相信时间只有生与死而已。
>
> 我们土葬逝去的人;日本人却用火葬。
>
> 欧洲人喜欢吃烤制的或煮熟的鱼;日本人却喜欢吃生鱼片。
>
> 我们上马时先上左脚;日本人却是右脚先上。
>
> 我们所用的纸张只有四五种;日本的纸张有五十多种。
>
> 我们以珍稀的石头、金银饰品为宝;日本人却珍视古老的水壶、年代久远的已经破裂的瓷器等。

虽然有时迷惑混乱,但耶稣会信徒们坚持传教。他们身着像佛教徒一样的藏红花长袍,并组织编纂了葡日字典。葡萄牙传教士、神父罗德里格斯编纂的《日本大文典》是一本480页的专著。这是对日语语法复杂性的系统性分析的首次尝试。罗德里格斯的教友称这本专著为魔鬼作品,是一部为了阻碍基督教教义宣传的著作。耶稣会信徒还开办了印刷社,所出版的绝大部分为宗教书籍,有一本书的内容为精简版《伊索寓言》和《平家物语》(十分巧合,当时活字印刷术开始在朝鲜使用并传入日本)。

利益与迫害

由于没有强有力的中央政府,耶稣会信徒相对自由地传播其教义,把基督教的传入看作与葡萄牙在中国南部海岸澳门的贸易基地的商业往来的契机,日本贵族给予耶稣信徒的传教工作较大的支持。同样,日本贵族重视与西方的贸易,因为这是日本枪支、盔甲和火炮的来源。

自1570年起,位于日本九州岛西海岸的长崎发展成为一个耶稣教信徒掌控的港口。织田信长支持基督教的传播,以基督教来平衡激进的佛教派别。据说到织田信长去世时,日本已有将近15万人转而信仰基督教。考虑到当时在日本不过有20个欧洲教父,在30个当地助手的协同下完成传教工作,这已经算是惊人的成功。两年后,九州岛三位基督教领主委派第一批由四名13岁到14岁之间的男性基督教徒组成的日本特使到达葡萄牙首都里斯本。在马德里和罗马,他们有幸分别受到了腓力二世和罗马教皇格雷戈里十三世的接待。整个行程中,他们彬彬有礼,备受关注。8年后,他们结束了这次重要旅程,安全返回。

丰臣秀吉开始考虑基督教对刚刚征服的九州岛的集中影响,基督教的前景由此变得昏暗。到访的一位耶稣会官员提议支持军阀,丰臣秀吉也开始忧虑。他意识到传教士也许有世俗力量且其传教工作有精神上的目的。丰臣秀吉脑海中浮现一个噩梦般的情景:基督教徒军阀联合国外势力挑战他至高无上的权力。1587年,丰臣秀吉突然要求所有诸侯须先得到他的允许方可信仰外国宗教。同时,他命令所有传教士从此离开日本。但是这个命令并没有严格执行。事实上,由于罗马教廷发布决定以改变耶稣会信徒独占日本传教事业的现实,不少方济会修士来到日本,改变信仰的人日益增多。方济会修士大多为西班牙人,他们对传教的极端热诚和鲁莽冲动,使他们很快与多为葡萄牙籍的老练耶稣会信徒闹翻。双方之间的摩擦加深了性情日益古怪的丰臣秀吉对双方的仇恨情绪。1597年,丰臣秀吉突然命令将26个基督教徒钉死在十字架上(头朝下钉在十字架上,像处死囚犯一样)。这些基督教徒不屈不挠地接受了自己的命运。对于基督教的这种镇压预示了即将发生的事件,但是当时并没有人留意到这一点。

受幕府将军待见的三浦按针

1600年,另一种新移民,即新教教徒到来。英国航海家威廉·亚当斯(1564～1620)(后由家康赐名“三浦按针”)驾驶荷兰船只“利弗德号”漂流到九州岛,其骨干船员锐减。一个月后,德川家康亲自接见了亚当斯。其间,一位耶稣会信徒做家康的外交顾问。

> 德川家康要求我说出来我从哪里来,为什么大老远地来到这里。我告诉他我的祖国的名字,我们国家的土地一直延伸到东印度群岛。我们国家生产其他国家所没有的多种商品和日用品,渴望与全世界的君王和统治者建立商业上的友好关系。后来他问我我们的国家有没有战争。我说"有",是与西班牙和葡萄牙的战争。他又问及我的信仰。我告诉他我信仰开天辟地的上帝。他还问了我好多其他的诸如关于我的宗教信仰、我们如何到达这个国家等等的问题。我指着一幅世界航海图告诉他,我们是通过麦哲伦海峡来到日本的。他不太相信,认为我在欺骗他。他问及我们船上都带了什么商品,我一一展示给他看。最后,他准备离开时,我渴望知道我们是否能像葡萄牙和西班牙一样与日本进行商品贸易往来。他给了一个我理解不了的答案,命令手下把我带进监狱关押起来……

结果证明,亚当斯被囚禁并非是件坏事。不理睬耶稣会信徒们把漂流上岸者作为异教徒钉死在十字架上的要求,家康发现亚当斯是集丰富的政治知识和专业技术于一身的有用的人。不久,亚当斯开始教授家康的幕僚数学、炮术和射击、制图学等知识。家康封他为武士并授予他受国家最高统治者亲自接见的权利,历史上再无第二个人享此殊荣。亚当斯拥有一座相当大的领地,娶了一位日本籍妻子并最终取代了原先担任德川家康外交顾问的耶稣会传教士罗德里格斯。1611年,亚当斯成功开创了日本与荷兰之间的商业联系。两年后,打通了日本与英国的商路。后来,他代表德川家康领导日本的菲律宾商馆。亚当斯还制造了日本的第一艘西式船只,随后被誉为"日本海军的创立者"。至今,在他的坟墓前每年依然举行纪念他这一成就的仪式。亚当斯的坟墓位于一座能够远眺横须贺海军基地的小山。电影剧本作家詹姆斯·克拉韦尔因亚当斯非同寻常的经历与成就而获灵感,并以他为主要角色创作了其畅销小说《幕府将军》。

日本的闭关

昔日特权的丧失，加之当时欧洲人整体地位下降，亚当斯的晚年较为暗淡。晚年时，他甚至预见到家康会恼怒外国人及他们之间的争斗和阴谋诡计。基督教在此遭到禁止。70名耶稣会信徒趋船远离日本，但是几乎有40人转而地下秘密传教。在100名日本助理的协同下他们致力于维持现存的忠实的基督教信仰者。

德川家康去世后，亚当斯失去了强有力的保护神。亚当斯对德川秀忠毫无用处。秀忠偏爱日本商人而排斥外国商人，坚决反对基督教。德川家康曾想利用新旧教徒之争、西班牙与葡萄牙之争、英国人与荷兰人之争获取利益，而他的继承人秀忠却不满足于分歧和征服的计策。他父亲去世的那年，秀忠把国外贸易限制于长崎和平户。亚当斯试图为他的同胞重新争取贸易特权，却最终无果。1620年，他在失败中死去。失去了最后一笔重要资产的英国驻日本东印度公司于3年后关闭。西班牙人因为以贸易为掩护继续支持传教活动而于次年被驱逐出日本。

迫害基督教徒的形势日益严峻。外国人成功地使日本人转而信仰基督教，而他们也因此而树敌。反对盲目信仰佛教使他们招致佛教师傅们的反抗；他们指责离婚、同居、鸡奸，因此激怒了很多日本武士，被视为对别人生活的无礼干预。此外，他们使商人们十分恼怒。他们谴责高利贷，加之他们在日本的传教事业所需资金都来源于日本商人与西班牙和葡萄牙人在西班牙和葡萄牙船只上所进行的贸易。另外，其世俗同胞的缺点也玷污了外国侨民。他们是否因吃肉而宰杀过对人类有益的动物，比如马和牛？他们是否做过奴隶买卖交易？

1622年，51名基督教徒在长崎殉道。1623年，新任幕府将军德川家光为表明他任职又烧死了50多个基督教徒。所有日本人都必须到佛教寺院里登记以证实他们的忠诚，还建立了严刑拷打背叛者的制度。有嫌疑的基督教徒按照要求践踏圣母玛利亚或耶稣基督的画像，还把宣称正式成为基督教信徒的人们投入沸腾的硫磺中（经罗马天主教教廷确认，1597年到1660年，3 125人在日本殉难)。

1635年，日本船只被禁止驶出本国。异族通婚所生的孩子被驱逐出境。日本还在长崎港口人工建造了出岛给最后一批可以容忍的外国商人居住，确切地说是把他们扣押在那里。禁止在国外的日本人回国，禁止制造远洋船只。这场悲剧的最后一幕在1637年到1638年间上演。当时九州岛原半岛的农民奋起反抗当地统治者的压迫，37 000名农民在一座废弃的城堡避难，其中大部分是基督教徒。反抗中，他们唱着圣歌，高举着有十字架的旗帜。急于证实自己只在乎商业利益而不是宗教利益，荷兰人借给德川幕府一艘炮舰炮轰反叛者以使其屈服。城堡在轰炸中倒塌。无论男女老少，反叛者们全部殉难。这证实了荷兰人支持日本当权者的事实。

1639年，葡萄牙舰队像往常一样驶来，却被禁止卸货。1640年，一支74人组成的葡萄牙外交使节团到日本请求恢复双方之间的贸易。61人被处决，其余人幸免于难回国报信。监禁在出岛的荷兰人依然留在出岛。除此之外，日本容不下基督教徒。不管怎样，“幕后佛教”幸存下来，同时1865年发现了大约2万名“隐藏的基督教徒”。

辉煌还是平静?

英国政治家、法官和哲学家弗朗西斯·培根(1561～1626)发现：一夜暴富会使人傲慢无礼。他与威廉·亚当斯同处一个时代，与日本的接触很少。但是他的格言击中了日本军阀的要害，即像暴发户一样不得不想法证实自己。织田信长的安土城堡为一个时代命了名，可粗略地翻译为“言过其实”。丰臣秀吉做茶道时用黄金容器，且他的茶室墙壁与天花板镶有金箔。不知怎么的，会让人认为他没有抓住要点。崇尚自然和简约的茶道宗师千利休(1522～1591)被普遍誉为当时的审美权威。据说由于千利休不愿意让他的女儿嫁给秀吉做妾，秀吉强迫他自杀。公允地说，丰臣秀吉的确发现了陶艺宗师长次郎的才华。长次郎用在军阀居住地附近挖掘的黏土制成表面不太精细却真正充满了乐趣的茶碗。

十字架、烹调术

即使像丰臣秀吉一样的独裁者也无力控制时尚。很多日本人炫耀葡萄牙服装或上面引人注目的配件，即悬垂的串珠。日语里表示纽扣（西方的另一种新奇之物）的单词直接来自葡萄牙语，为“ボタン”。工匠们把十字架和其他基督教图案合并在一起设计成装饰茶碗、漆器和剑的配件的图案。厨房也不无例外地彰显着国外时尚。一道长崎当地的特色菜，松蛋糕的名字被认为来自卡斯提尔；日语里表示面包的单词“パン”明显来自葡萄牙语。如今，到日本的大部分西方游客喜欢光顾以天麸罗为特色菜的餐馆。天麸罗是将新鲜的鱼肉和时令蔬菜裹上用面粉、鸡蛋与水和成的浆，放入油锅炸成金黄色而制成的日本料理。tempura（天麸罗）一词直接来自葡萄牙语里表示烹饪的词 tempero。另一种说法是，tempura 一词来自 temple，暗指天麸罗是基督教传教士为星期五或其他斋戒日精心制作的可口的食品；或说天麸罗是日本人为了调整单调的煮制和烤制的无脂日本菜，十分渴望吃到油炸食品而发明制作的一种菜品。

第六章

闭关锁国时期的日本(1693～1853年)

德川的长期统治给日本带来稳定的同时,也使整个国家饱受内战的蹂躏。一度的繁荣大大地促进了城市的增长,同时也形成了一种新的流行文化,即当时达到顶峰的元禄文化(1688～1704)。它见证了俳句(日本的一种无韵节三行诗)、歌舞伎戏剧、平民小说以及木版画的诞生,也见证了里千家茶道学校的成立,里千家现已成为日本规模最大的茶道学校。人们对悠闲之中的高雅的追求和享受使得盆景栽培和园林设计流行开来。建筑评论家川添登声称江户(今天的东京)是世界上第一座"花园城市",养活了大量的园艺产业供应商。

日本的锁国政策并不是全面的。每一个港口都有一块中国商人居留地,并且荷兰人进口货物的同时也会带来外界的消息。单单容许这些外国人留居此地,是因为他们严格限制自己只做贸易,而且这些贸易本身只能局限于那些琐碎的、必要时完全可以摆脱的奢侈品。整个国家的外贸就是通过30艘中国舰船和两艘荷兰舰船来完成的,中国舰船每年只许造访一次。

德川政权为其自身利益试图冻结整个社会。通过对外来影响的严格限制,它促进了文化的内卷化,使得日本在那段非常时期更加剧烈地日本化,而当时越来越多的外向型国家,比如英国,变得越来越国际化。对这位17世纪90年代在荷兰东印度公司担任医生的英格柏·坎普弗尔来说,德川幕府的政策似乎是对自然宿命的兑现:似乎是大自然故意设计的一样,把这些岛屿分成一个个与世隔绝并且独立的小世界,使得外人不易介入,通过赋予他们丰富的物质、提供任何必需的生活用品,让人们安居乐业,无需与外国进行任何贸易往来。

大都市的形成

权力基地

1590年江户还只是一个名不见经传的渔村，当时的城堡破旧不堪。一个半世纪以后它居然一跃成为世界上最大的城市。这种惊人的都市大爆炸是一系列政治决策蓄意的直接后果，起始于丰臣秀吉委派德川家康统管关东平原八个省份之时。德川家康本可以选择留在几乎和京都一样富有的小田原这个城下町的总部，或者待在镰仓幕府。相反，他却决定留在江户，一个被忽略了的处于半文明地区的边缘地带的城市。到底为什么呢？

江户的确有一些明显的优势。它位于几条主要大道的交叉处，而且在一个平静大海湾的最里面，港口设备可以构建得比较齐全。还有一个事实，当时的江户还未开发，也就意味着可以提供大规模扩张的空间和余地。主要的缺点就是用水供应不足，同时还有严重洪涝灾害。

为了使它适合大量居民的居住，将会需要大型的工程项目，建造桥梁、挖水渠、改变现有河流的渠道。这些都是德川家康最先考虑的事。他关心的另外一件事，就是加固建立于1457年的城堡，但现在已经破败不堪，足以显示茅草屋顶的荒谬。为了扩大防御区域，共有16座寺庙从这个管理区被清除，自此以后这个地区都有双层护城河的环绕。

首都

1603年德川家康成为幕府将军，虽然当时京都在名义上依然是官方首都，但江户已然由一个地方性的权力基地提升为国家政府的所在地。现在这座城的设计师们已然规划出一个发达的护城河系统，从城堡往外延伸，城堡俨然像一个蜘蛛卧在网的中心。这些水道减轻了散装货物的运输，充当着防火墙和防御壁垒的同时也帮助解决了防洪的问题。从河道挖出来的泥土用来填埋沼泽地带。在道路系统的中心,架起了一座新的桥梁——日本桥(在所有被测距离中它始终位于坐标的起始点)。对于它的防御,这座新的城市依赖的不是城墙,而是一道纵深防御系统,曲折的道路、交错的路口,加上封闭区、警务站以及死胡同一起迷惑和抵御任何外来的侵入。

1617年,一个幕府公认的红灯区(吉原——日本第一花柳街)在日本桥附近建立;后来迁至浅草(东京又一处名胜,也是有名的娱乐场所)附近,那里有3 000多名获特许的妓女分布于200多个住宅区。这里仅设一道门——为了防止姑娘们离开,同时也为了阻挠那些不给钱试图潜逃的嫖客。1619年设置时钟鸣钟报时。1624年设计并布局了一个戏剧院区域。

社会空间和物质空间是密切相关的。大名(日本封建时代的大领主)在山手线(东京的通勤铁路路线之一)地区的山上建了几套带有宽敞花园的住宅。新大谷酒店、赤坂王子饭店以及日本东京大学今天所占据的场所都是以前的大名住宅。为武士干活的那些商人、工匠和劳工们都集聚于低洼水边的下町(老城区的中心)——现代东京的市区,也是江户人的老家——他们都是这个都市丛林之中带有那种本地腔调、爱耍小聪明的快活幸存者。

1657年,一场大火烧毁了这座城市的大部分。重建时,规划者们优先考虑的是灾害预防,建立土墙屏障,留出空地作为防火墙,加强楼房管理要求屋顶用瓦平铺而不是茅草屋顶。同时还有一份精确的有关大都市的新近调查支持未来城市规划。然而,1772年和1806年却又发生了几次重大的火灾。

世界上最大的村庄

1725年,江户人口大约有130万,其中一半是武士,占据着整座城市(70平方公里)的三分之二;有5万是僧人、祭司和寺庙仆役,他们占据着整座城市的六分之一。另外5%是开放的空间,这就意味着60万的平民仅仅挤占整个地区的八分之一。寺庙地区的人口密度是每平方公里5 000人,武士居住区是14 000人,平民区则是7万人——是现代东京丰岛行政区居住地最大密度的三倍还要多。

目前，江户已经超过了任何其他城市。拥有40万人口的京都面积仅有21平方公里。作为奢侈品的制造中心，它一直以来的重要地位并不是由于无力的朝廷的相助，而是由于教育和宗教地位的确立。拥有30万人口的大阪面积为14平方公里，排名第三，它的繁荣得益于对全国大米及相关产品的商业掌控，例如日本米酒、酱油等。人口超过5万的城市还有名古屋、金泽、仙台以及鹿儿岛。

社会阶层

儒家原则

社会秩序，至少在理论上，应该是有序的。日本饱受了一个多世纪的混乱，德川统治就是要基于儒家文化来维护和平和稳定，尤其信奉中国宋朝时期的哲学家朱熹的解读。

当时的社会共分四个阶层，按地位的高低和价值的大小可以分为武士、农民、手工业者和商人。一些职业，比如医生、教士，根本不能简单地被划在这个系统中。其他人在某种意义上也不在这些之列。而那些演员、艺妓（多才多艺的人）和妓女们也只能待在属于他们自己的那个小小的伪装的世界里，表面上看起来很迷人而实际上却令人痛苦万分。

流浪者

乞丐、强盗以及地痞流氓都是不遵守法律和习俗的人。有很多流浪人员，例如那些从仪式上被认为不洁的贱民和"非人"。人们剥夺他们正常的社会地位作为对那些像弑父一样令人深恶痛绝的罪行的惩罚，并强迫他们劳动，或是做一些不体面的活儿比如搬运尸体或病人。

对贱民的惩戒大多是让他们做制革工人或屠夫之类的工作，这些在日本神道教看来都是污秽的职业，而佛教则认为这些职业大为不敬。他们的出身是很模糊的；也许他们是战败之后幸免于被杀戮的战俘。大家对他们多有偏见,认为他们的体型是畸形的,比如有六个脚趾。残疾人和丑八怪被社会抛弃,被迫进入这一行列也是极有可能的。这些贱民住在不同的贫民区,受制于宵禁令,还有各种各样的规避礼节迫使他们远离普通人群;他们这种受人排斥的情形直到1871年才正式取消,之后被划分为新的平民之列。而实际上,他们被称为被歧视的“部落民”(特殊的“哈姆雷特分子”——大家鲜少提起的敏感词),教育、住房、就业和婚姻方面依然受到社会的歧视,虽然这些不合法。他们的后代人数有300万左右,聚居在6 000个左右隔离区内,大部分都是从事皮革加工(鞋、鼓以及棒球手套)和建筑行业。

理论上,每个人出生到死亡都是待在和父母一样地位的人群里。而实际上,事情并不是完全这么条理分明的。武士也可能会丧失他们的社会地位,尤其是当他们的首领遭到贬黜时。一些人迫于贫困也可能会放弃他们的地位。而商人则可能被授予当兵的权利,也就意味着可以成为勇士。“非人”也可能由于立功重新被社会接纳,比如救了大名的性命等等。

天皇和幕府将军

社会的最顶层是天皇,一直立于世俗事务之上,他似乎根本不属于这个世界。德川幕府表面上对天皇恭恭敬敬,每天都给他们安排礼仪活动和高雅的娱乐,其实是在对他们进行严密监视。他们的行动举止都会受到限制,交往也会被掌控。他们的社会圈子限制在居住于皇室区域的140个宫廷之室,拿着中等而不是非常丰厚的收入。实际上,他们只不过是宫殿里的傀儡。整个江户时代,天皇的生活非常孤立,许多来日本访问的外国使者或者以为天皇是某种意义的教皇,或者根本没有意识到他的存在。

因而,江户时代幕府将军实际上才是最有权势的人。这个说法到第五代将军德川纲吉(1646～1709)那里好像就不合适了,他养了很多狗,非常宠爱它们,要求他的臣民都得称呼它们为“狗先生”,禁止以前那些利用它们练习射箭之类的娱乐活动。由于是出生在狗年,牧师告诉他之所以没有子女很可能是因为前世曾经杀死一条狗,因而他便开始弥补——为流浪狗提供避难所和免费狗食。据说，姓名成为公正代名词的历史学家兼大名德川光圀(1628～1700)，曾送给这位幕府将军20张狗皮，以示他对这些古怪想法的反对。

大名

直接对幕府将军负责的是统管全国250个部落领地的大名。他们分为两大类，谱代大名和外样大名，内部与外部之分，主要取决于关原之战之前或之后他们是否声明效忠于德川。外样大名首领受到驱逐，不再侍奉幕府。土地拥有的自然模式可以用来反映政治秩序的现实基础。很多外部领主的土地财产确实是在国土的边境，在遥远的北方和西部。在江户，一天行程范围的土地，或者直接被德川所拥有，或者分配给他们的家臣、他们最信任的亲信诸侯。幕府将军不仅是最大的地主，拥有四分之一还要多的耕地；同时还掌控着主要的交通路线、港埠设施以及贵重金属的供应。

为了能够具备大名的资格，封建领主不得不占有足够多的土地以生产出每年一万石的大米，一石大米是一名成年男子一年的口粮。最厉害的大名收入超过一百万石；大约有50位大名，其土地产量是十万石以上。未满一万石的授予旗本地位，可以出现在将军出入的地方。17世纪中期，大约有5 000个旗本。收入在260石或以下的武士，被称为御家人，适合做个小官吏；1800年，御家人的数目大约达到了两万。对大名的控制是通过间谍和人质系统运作的，婚姻状况、桥梁建设以及防御工事都要受到幕府的严格监督。除此之外，大名可以随心所欲地管理自己的领域。除非他们的统治显示出他们非常无能，或者压迫平民以至威胁到了国家的安全，幕府是不会直接干涉的。事实上，继承权的争夺才是幕府干预政治最常见的原因。在17世纪前40年里，70位大名遭到罢免或贬黜，三分之一以上的耕地进行了重新分配。

德川家康建立起来的管理制度的一个重要特征就是“参勤交代”(又称“参覲交代”)。大名一部分时间可以呆在自己的领地，但是必须定期返回江户亲自辅佐幕府将军。参勤既限制了大名的财力，也

“剥削”了他们大量的时间，要在首都拥有一处名望不错的住所肯定要花费不少开支，与此同时，参勤途中来来回回也会浪费不少时间，组织浩浩荡荡的随从队伍陪同领主更是一个大麻烦。这些行程都要严格按照特定的路线和时间，还要有定期的检查，以确保没有任何枪支走私进入首都也没有任何脱逃的人质。

武士

武士在社会阶层中位居第一，因为他们防御国家免受攻击的同时，还要实施制裁。他们应兼备勇敢、忠诚、恭顺及俭朴的美德。领主去世时，很多高级随从都会自杀以示对他们的忠诚和热爱，这种做法直到1663年才被官方禁止。1912年，明治天皇去世时野木将军就是这样自杀的。

在德川家康去世前不久颁布的“武家诸法度”里，他要求武士培养技能要文武兼备。不像欧洲的军事贵族那样，他们需要精通武器的同时具备文化素养；而这并不只是一个形式，而是一项专业技能。大部分武士花大量时间进行管理，这就会牵涉到记录的保存和对应问题——虽然一些顽固分子用数字来判断能力，并且对商人的专长深表怀疑。军事技能是要通过正式的指导、练习和训练来提高的。有时，也会要求他们严肃认真起来。德川统治时期，曾有2 000次左右的农民起义打破和平，而这些起义通常都是由艰苦岁月里的苛捐杂税所激起(当时的俗语把农民比作油菜籽——压榨得越狠，得到的就越多)。一般程序就是处死罪魁祸首，然后减免税收直到农村经济充分复苏才可以重新征税。

俭朴好像是对武士的要求，他们敬重这条原则的同时，一半在遵守一半在违背。妓院的招摇、大城市的浮华打开了诱惑的大门。很多武士通过抵押自己将来的生活津贴筹钱，继而负债累累，使自己处于那些他们所鄙夷的商人的怜悯之下。

武士清醒地知道自己身居高位，他们有权即刻处决那些地位更低却侮辱他们的人来保护自己。这并不是无意间轻易就会犯的错误；武士很容易被辨别，不仅仅是他们自信的风度，还有他们携带的两把刀以及他们颇具特色的发型。武士长刀是用来防身的，而短刀则是砍头或是自杀用的。武士的头发都是用绳子扎起来绑在光秃秃的脑门后，眉毛和头顶都刮得精光。

《叶隐》——江户时代传诵日本武士道精神的修养书，编纂于1700年左右，敦促武士时刻都要自制、自尊。每天都要过得像是最后一天一样，因为一个真正的武士时刻都要准备着牺牲自己的生命。樱花象征着他们对待死亡的理想态度，就算是要凋谢，也要傲然怒放，而不是枯萎在枝头。武士占到全国人口的5%，远远高于欧洲贵族和绅士的人口比例。虽然他们是一个具有排他性的社会团体，并且主要集中在城堡小镇里，但是他们却在整个社会传播了军事价值，使得这些家喻户晓。

农民

理论上讲，占据全国人口80%以上的农民，地位仅次于武士，位居第二。儒家思想建立在对一种人本思想的追求上。而实际上，农民很少能够吃到自己种的大米，经常不得不用大麦或小米来填饱肚子，而且通常情况下农民不准喝米酒，不准抽烟，甚至不许喝茶（可笑的是，穷人的代用品——麦茶，现在却被所有阶层的人当作夏天的一种冷饮）。农民应该具备的美德是恭顺和勤劳。一般都会要求他们不要浪费任何东西，落叶应该收集起来做堆肥，粪便应该回流到菜园地里重新利用。

在农村每个家庭都必须加入五人组，相邻的五家编成一组，大家相互监视彼此的行为，成员负有连坐责任。如果有人没有缴税或是犯罪了，其他人应该督促他按时缴税或者坦白承认然后承担后果。如果没有做到，就会受到惩罚。现代像二战期间也有类似的组织形式，大都是用来动员民众的。

不幸和机遇

对大部分农民来说，生活还是相当艰辛的——收成不好就会挨饿。从生态学角度讲，日本江户实质上是一个孤立封闭的系统。虽然剩余的大米可能会通过沿海航运从国家的一端贩到另一端(例如从新潟到大阪),但是糟糕的年月里大批量进口食物是不可能的。有时,杀害女婴就成为了一种不可避免的残忍行为,美其名曰"间苗"——除掉稻田里多余的稻秧。1732～1733年、1783～1787年,以及1833～1836年间,由于连年的惨淡收成,出现了大规模的饥荒,暴动和起义此起彼伏。但是这些仅仅是不幸遭遇的爆发,还算不上革命的失败。

农业与丝绸生产场景

江户时代的经济扩张的确给商业提供了机遇。大城市周边的村庄通过供应食物以及人们需要的原材料,比如棉花、丝绸等,逐渐繁荣起来,一些农民家庭无疑变得相当富有。二宫尊德(1787～1856)的生涯可以很好地证明社会前进的可能性。二宫尊德小时候是一名孤儿,洪水泛滥夺走了他家的农场,但是他却不辞劳苦地努力工作,光复了家业,当时他年仅24岁。他的朝气蓬勃和积极心态使得小田原家族注意到了他,在他们的领地里组织工程项目、开垦新的土地帮助复兴了农业。他走访了大约600个村庄,不停地教导大家勤俭节约。并且他还要求管家要满足于自己的固定收入,把盈余继续投资到对农民有益的工程当中去。最终,他受到了德川幕府的提携,死后他的哲学理念被他生前所建立的报德社广为流传。在20世纪30年代那个军国主义时期，他的事迹和教义因仍然值得仿效而被推崇。虽然这种“不寻求联盟”的观点对于战后一代来说可能是玷污了他的声誉，但是所有派别的日本人依然非常尊敬这位坚持反对不和、大公无私地把大众的利益置于自己利益之上的老人。

至少在某些方面，农民的状况要比武士好一些。武士的婚姻一直都是包办婚姻，不容他们选择。而农民，只要父母赞同，婚姻便可以自己做主。任何阶层的婚姻都会受到尊重，家庭联姻总比单身好。不能生育的女子很可能会被抛弃。有些地方，怀孕四个月以后双方才去正式登记。而且，新媳妇如果不顺从婆婆的话，不论她的丈夫有什么看法，都会被遣回娘家。

手工业者

城市里的人不能自给自足地生产粮食，使得他们还没有农民富裕。而实际上，他们也制造一些有用的东西。由于地位和所生产的产品息息相关，所以手工业者当中，打造刀剑的铁匠地位最高，精细陶瓷生产者次之。制造这些东西需要很高的技能，而且买这些东西的人通常地位也比较高，而那些为普通百姓制造日常用品的人的地位则相应低下。

商人

由于儒家经济思想认为商人本质上是依人而生，所以商人处于社会的最底层。他们不生产任何东西。荒谬的是，很多商人非常富有，他们在大阪过着奢华的生活（当地依然流传这样一句问候语：“发财了吗?”）。使用金、银、铜币这些复杂的货币制度使得商人有效地操控了兑换率。他们贷款给武士或是控制地方财政，虽然有损名誉，但却能够从中牟利。传统观念认为商业在本质上是腐败的。日本武士文化把贸易看作一种争夺，胜利者是不光彩的。商人被比作折叠屏风，除非他们弯曲着，否则是不可能站立起来的。考虑到当时社会这样一种敌对态度，江户时代的经济扩张和发展还是十分显著的。

当然,如果没有那些管理流通和营销的人的帮助,生产高品质陶器和纺织品的地方性特色是不可能形成的。

1811年左右,瓦斯里·高乐宁,一名俄国海员,不幸被俘,在日本被关押两年,他曾敏锐地发现:

> 商人阶级是非常广泛的,也特别有钱。虽然他们的职业不被尊重,但不得不承认他们的富有。无论是城镇还是农村,日本的商业精神随处可见。几乎每个地方都有一家小作坊。考虑到秩序这一问题,日本人倒和英国人很相像,他们也爱干净,讲究精确度。日本所有的商品,像英国的那样,也都有印刷的小单据,上面标有价格、用途、商品名、生产商,以及对产品的赞誉等等。甚至是香烟、牙粉还有一些微不足道的小东西,都用包装纸精美包装。

商业巨头

大富商里不乏气派不凡的个人,像纪伊国屋文左卫门(1669～1734)这样的人几乎成了传奇人物。他最有名的商业妙举是在新年来临之际,当时一阵暴风雨把江户从南方那种适合橙子生长的温暖天气一扫无余。按照传统习俗,达官贵人肯定会在新的一年就职典礼仪式上出席。狡猾的商人看到了赚大钱的机遇,便租了一条船怂恿船员们冒着生命危险去交货并答应给船员一笔奖金,就这样他猛赚了一大笔。更可靠的赚钱渠道来源于时常侵袭这座城市的大火,美其名曰“江户之花”。纪伊国屋文左卫门木材生意确实做得很好,为灾后重建提供了大量木材。据说他非常有钱,节日里户主一般都要撒干豆以便从家里驱赶恶魔,而他则使用金币;大部分家庭都是每隔几年更换一次榻榻米(铺在地板上的稻草垫),而他家则是每天都要换一遍。

18世纪时,大约有200个商户的财富估价超过20万黄金两(日本以前的货币单位)。一两大约相当于一石,也就是说数量上商人是财富相当的大名的10倍。但是当时的幕府却从来不解决如何利用商人的特长促进经济扩张的问题，即便这样可以增加税收直接带来更广泛的群众利益。增选商人做官员，结果往往是加快了腐败的进程。

江户企业的一大遗产就是目前非常强势的日本三井，这一国际商业公司在17世纪只是江户的一家绸缎店。薄利多销、严格坚持使用现金而不是信贷，为以后的发展奠定了基础。号称“日本哈罗兹”的三越百货，前身也不过是一家商店。同样的，住友集团的前辈也只是京都的铁器和药品的经销商。

描绘过去

版画和浮世绘

彩色印刷的木版画是江户时代最具特色的产物之一，精美细致，令人陶醉，引人探其根源。印刷艺术家开始专攻描绘浮世绘，作品中展现的有妓院、娼妓以及那里的演员。这种展现她们性格特征的绘画就是文中提及的浮世绘（虚浮的世界绘画），而通常的说法则称其为版画。浮世绘中描绘的场景有观赏身着华丽的艺伎表演、小货摊上射镖吹管的竞技赛、夏夜船舟上人们享受的吃喝之道，也有观看歌舞伎表演或是相扑的，更有欣赏樱花盛开等乐事。

木版印刷可以追溯到764年，当时孝谦天皇引入了大批佛经分送到国内各个寺庙。木版是后来才被用作刻画佛教神灵的图像，这些神像图供人们敬奉或作为朝圣的纪念品。1346年，第一本书完整地用这种木版画技术印刷而成。

用木版技术刻画而成的世俗主题的绘画作品源于17世纪。起初，只有一种色彩绘制而成，通常是红色或黑色。与江户后期的杰作相比而言，虽然看起来略显粗俗，但由于其时代价值和稀有罕见程度，极具收藏价值，是最珍贵的收藏品。确切地说，所有江户后期真正的版画都极其珍贵，可是日本印社当初没把这些木版画当作一回事，而且根本没将它们归为“艺术”之列。木版画曾被用作故事书和日历的图解，也曾用于剧院、妓院、餐馆的宣传，更有甚者，用于印刷贺卡、廉价礼品及纪念品等等。

工艺精湛之师

第一位最重要的画家是菱川师宣(1618～1694),起初他培养自己当纺织设计师,而后创作了24集春宫图作为色情图书的插图(1722年政府禁令这类作品的出版,而无形中却刺激了它们的需求量)。鸟居清信,歌舞伎艺人的儿子,首创剧院画主题并为版画复制匠们开创了新时代,也为鸟居清长(1752～1815)——山水画版画的创始人开辟了他的版画创作生涯。铃木春信(1724～1770)在1765年创作了第一幅真正意义上的多色彩版画,比英国运用套色印刷术首次印刷的多色彩版画早70多年。早期的彩色木版画只用3块木版,用黑色在其中一块木版上勾画出简略图,用另外两块填充有色之处。随着艺术家和雕刻师们的技艺能力和创作热情的提高,使用的木版的数量开始增多,数目多达15块,这些木版必须以绝对的精确度互嵌,版画的标准规格是38厘米×25厘米。

虽然铃木春信绘制过诗人画像、欢庆日和花开植物画集,但他还专攻那些身材苗条的年轻女子的小画像(28厘米×20厘米)。他的成功创作唤起众多临摹者,但却能凛然维持自己的专属权,在人生的最后6年他还创作了成千上万幅木版画。喜多川歌麿(1754～1806)则是另外一位善画美人画的大师,也是"头肩部"塑像的创始人,其早期作品多以动物、鸟类、昆虫和植物为主。同时,这两位大师还绘制了大量春宫图。富有创造力的春宫画创作者还有东洲斋写乐(活跃于1794～1795年)、胜川春章(1726～1792)和歌川丰国(1769～1825),相比而言,他们以善画演员像而著称。东洲斋写乐在1794年5月至1795年2月即兴创作了145幅戏剧演员像;有关他此后的其他信息资料几乎无从得知。胜川春章在其艺术生涯的后期成为了颇有建树的绘画家。歌川丰国造就了江户后期最著名的两位艺术家,歌川国贞(1786～1864)和歌川国芳(1797～1861)。歌川国芳的作品包括高度离奇的传奇勇士画像和极具特色的风景画,风景画的绘制受西方绘画风格的影响较深。当逐渐意识到西方国家试图摧毁日本传统的孤立主义政策之时,歌川国芳开始转向对军事主题创作的热爱，也正反映了德川幕府试图重振传统武士美德的努力。

葛饰北斋、歌川广重

葛饰北斋（1760～1849）和歌川广重（1797～1858）是日本西部著名的木版画大师，作品广为人知，二者都以风景画为主题。荷兰商人带来的普鲁士蓝颜料在日本面市之后，艺术家们大幅度使用蓝色和绿色颜料绘画，田野风格的风景画急剧增多。葛饰北斋师从胜川春章，但最终突破剧院主题画，譬如《忠臣藏》，转向创作反映民族自然特色的景观版画集——《富岳三十六景》。《神奈川冲浪里》是他创作生涯的一部巨作，也是日本为数不多的艺术作品之一，确立了日本西部地区视觉铅版印刷的地位。葛饰北斋，这位出色的漫画家对幽默的观察很有天赋，他为自己署名为“绘画疯狂老人”。他那份不安的好奇迫使他在毕生的创作生涯中不断搬家至少 98 次。与葛饰北斋齐名的歌川广重出生在江户，创作了 1 000 多幅江户风景画。他最著名的作品《东海道五十三次》系列画，描绘了江户到京都之间大东方路线上的旅行生活，很多雪景美不胜收。除了描绘京都和大阪的系列画之外，他还创作了 20 套东海道的风景画。他的毕生作品估计有 1 万多幅，包括平面设计图、油画以及图书插画。

浮世绘画师葛饰北斋《富岳三十六景》的深川万年桥

1853年西方人的到来，促进了印刷学派在横滨的发展，记录了初来乍到者的不凡外表和举止，以及被日本人企图模仿后它们(行为举止)的变化。这个流派最重要的代表人物是歌川芳虎(大约活跃于1850～1880年)和歌川贞秀(1807～1873)。这一流派的后继者曾尝试用西方工业化学中明亮的新颜料，一些鉴赏家则驳斥这是优良传统的退化。

日本风(受日本艺术影响的西方美术)

19世纪中叶，木刻版画在西方家喻户晓，当时都用于日本外销瓷的包装纸上。1862年，英国第一位驻日公使卢瑟福·阿礼国爵士，在伦敦展览了他个人收藏的版画。1867年巴黎国际博览会展出了100多幅类似的版画，1890年美术学院举办了一场展览会，仅喜多川歌磨的版画就不下89幅。

木刻版画对法国印象派有着直接和深远的影响，1872年法国艺术评论家波提称之为"日本风"。众所周知，莫奈拥有一套安藤广重《卡美多水上紫藤花》的摹本，他那幅著名的吉维尼花园的小桥和莲池的手法与之十分相近，被视为对日本大师的敬仰。德加、毕加索和凡·高都是热心的收藏家。按照绘画视角和前景，图卢兹·罗特列克也许是最能捕捉日本浮世绘风格与精髓的人，他对卡巴莱歌舞表演以及风流社会的深谙给他提供了创作的主题。

詹姆斯·惠斯勒，这位长期居住在英国的美国画家，早在1864年，日本版画就支撑着他的整个绘画生涯。他的作品大多数属于日本木版画，主要作品《蓝色与金色的夜曲：巴特西老桥》与葛饰北斋绘制的江户桥有很多相似之处。艺术家对艺术的热情和收藏家颇为相似，法国作家左拉就是一个最具热情的收藏家。结果，大多数著名的版画并没有收藏在日本，而是收藏在英国、法国和维也纳，真是让人啼笑皆非。

1931年，日本版画协会的成立巩固了木刻版画在日本的传统。最典型的现代代表人物就是栋方志功(1909～1975)。

绘画

由于对彩色版画的入迷，西方人可能容易忽视江户时代的画家们的成绩。“严肃”艺术关注于风景和自然博物学方面，例如：鸟和花。人物画只是用于讲述一个故事或显示一个场景或气氛，而不是作为主题本身。这类画总是简单化、样式传统化，甚至刻板化。正如美术史家奥利弗·英佩所说的：

> 在浮世绘人物中，实现了一种新的突破，但是，即使这样，兴趣点仍在场景和被描绘的人物对场景的反应上，而不在人物。轮廓优美的歌伎肖像……真的是时装图样，正如图像，大部分江户时代的绘画风格多是人们的着装而不是人物本身。

垂直挂轴和水平画卷依旧是小比例主题创作的典型版式，而大比例主题创作的版式则是拉门与折叠屏风。从某种意义上来说，画家实际上也是插图画家和室内装饰设计师。另外，尤其是在日本，画面是折扇状的纸质或丝质的，这就给艺术家们不同寻常的挑战。在中国，像那样的透视画法仍旧被人们熟知，但西方人的观点不是这样——垂直而多样化，而不是几何而固定化。一个物体在图上显示得越高，就意味着越远，不要认为观察者是静止的，他们在观察着单个的正在消失的点；更准确地说，他低头看画的最底部，然后再看上面的其他部位，因而在日本绘画里，缺少阴影部，因而它越来越引人注目。到江户末期有一群被称为兰学者的画家，在数学家司马江汉(1747～1818)的领导下，尝试运用西方传统进行创作，但是直到19世纪末期才得到大家的认同，当时日本画家在许多方面都争先恐后地追赶西方绘画。

狩野派、土佐派和琳派

绘画的两个主要流派是狩野派和土佐派，前者在幕府将军和大名的赞助下工作，后者为皇室工作但是也接受富有商人的委托。与土佐派有关的是琳派，琳派专门研究惊人的装饰效果，扎堆于鹰峰的艺术村，多被有辨识能力的京都贵族保护。它的创始人本阿弥光悦(1558～1637)是一个复合型人才，他以专业的军刀鉴定谋生，同时也是优秀的书法家和工艺美术家。画面绚丽多彩的“鸢尾”(根津美术馆，东京)和“红白梅花”(MOA博物馆，热海市)是他的继承人尾形光琳(1658～1716)所画，这两幅画是当今日本最著名的艺术作品。也有一些杰出的画家并不属于任何流派，而是独具自己的风格，例如“双手剑兵”宫本武藏(1584～1645)、佛教居士伊藤若冲(1716～1800)以及古怪的长泽芦雪(1754～1799)等。

狩野探幽(1602～1674)，四岁就开始画画，被公认为古典学术技艺里最显赫的代表人物。然而生活于同时代的土佐光起(1617～1691)在一句话里总结了这个时期的美学智慧——“绘画的本质可归结于一个词：轻盈”。即便需要使用绚丽的色彩，也要轻描淡写并有所克制，这也是对真正的技艺精湛的画家的要求。绘画训练就是要临摹那些名师名作10到20年。崭新的创意和新颖的题材都是不被允许的。结果表明，这种形式化的训练就像公式一样呆板，最终不可避免地走向衰亡。

工匠艺术家

鉴于欧洲读者对日本的印象——日本人认为在工艺与制造业方面，他们自己的文化是最先进的，恩格尔伯特·肯普费毫不犹豫地告诉大家他们是错误的：

> 至于各种各样的手工艺，或者是稀奇的或者有用的，他们缺少的不是合适的材料，也不是工业和应用，而是从国外引进大师的机会，在手工艺品的创新性和简洁性上已经超过了其他国家。

幕府统治带来和平与繁荣的同时，也激起了一类暴发户，他们组成了一个蒸蒸日上的市场，市场上叫卖制作精巧的各式各样的商品，像陶瓷、漆器和优质纺织品等等，甚至是衣服上的配件，例如：木雕的衣服项链套扣和衣服上的口袋，都是精细加工的辅助艺术作品。

陶器

茶道的流行刺激了对优质陶器的需求，之后，朝鲜的制陶工匠来到日本（这是野心勃勃的丰臣秀吉妄想征服朝鲜的图谋失败了的副产品），带来了令人兴奋的新颖技术和风格，这些也激起了模仿和竞争。对质朴的崇拜意味着对未上釉的陶器欣赏就像对精致瓷器的喜爱那样狂热。大艺术家渴望与陶器制造者合作。尾形光琳为他的弟弟尾形乾山（1663～1743）做釉底的画，才华横溢的书法家本阿弥光悦也制造了一些特别的优质茶碗。在这个时期，陶瓷也成了出口到欧洲的重要货物。陶瓷制造的核心地是九州的有田。在这里生产的瓷器以伊万里而著称，得名于它们装船所在的港湾。1644 年，中国明朝的瓦解影响了荷兰商人使用青花瓷器的正常来源，而伊万里瓷器的出产恰巧弥补了这一缺口。这一技术很快就在欧洲被代尔伕特所模仿，正像柿右卫门的以鲜亮的釉色而著称的赤绘瓷器那样，随后在麦森、切尔西、鲍河被模仿开来。

漆器和兵器

盛宴和古代贵族妇女的卧室一类带来了对漆器的需求，漆器耐用、耐高温，并且适合作各种各样的装饰处理。为了创作以泥金画著称的效果，盛放食品的桌子、托盘和碗、化妆盒和化妆柜、药盒或文具盒都尽可能雕刻得很精美或者镶有大量的金色或云母碎片。

奇怪的是，德川幕府的统治竟丝毫没有降低对武器和盔甲的需求，而事实上当时生产武器的重点已明显从实际用途转向了豪华装饰，因为打造这些武器和盔甲并不是为了战争，而是为了阅兵和打猎之时的炫耀。大名和他们的手下乐于向那些地位低下的人炫耀他们华丽的装备——从头盔到马镫。为了回溯那段封建时代无政府的日子,甚至故意打造一些完全不合时代风格的盔甲。就连那些严格限制携带个人短刀之外武器的商人,也像鉴赏家和收藏家那样狂热,而实际上,他们更加感兴趣的也只是复杂的枪套和剑鞘,而不是刀本身的实际质量。

纺织品

江户时代的纺织品所采用的原材料种类甚广,从价格低廉的蜡印棉布或拒染的棉布,到专为贵族制作的手绘的或绣金线的丝制品。日本和服平整的表面,加缀一些富有想象力的装饰是再合适不过的。当时社会森严的等级制度也需要设计专门的衣物来区别人们的社会地位和职业,男女衣着不同这一点在这个等级森严的社会也已经模糊了。歌舞伎表演者(通常是男性)精通扮演女性角色,通常是一个时代服装潮流的引领者。宽阔的束腰带做工尤其精巧。

设计师们迫切地从中国、欧洲甚至是葡萄牙和印度的印花棉布中提取精华。1682年幕府颁布了限定个人费用的法律,并于1683年再次颁布此法,但还是没能够制止衣着铺张浪费的现象。一些害怕受到指责的商人们看上去平淡无奇,却用精致的织物缝边的衣服来显现其低调的奢华。能剧华丽的戏服和人们大胆的寻欢作乐行为无疑不断挑逗着人们自我放纵的情绪。

文化和文学

日本人从中国学习到儒家文化,对那些成功掌握复杂的书面语言的人士极为崇拜。有一手赏心悦目的书法往往是所有成就里最令人羡慕的成就之一。江户时代的代表人物有后阳成天皇(1571～1617)、禅宗白隐禅师(1675～1768)和著名的画家、诗人与谢芜村(1716～1783)。他们被广泛模仿。据说,仅江户时代就有超过800位书法大师。

然而,这个时期的特色是基本掌握读写能力的普通市民的数量的增加。据估计,这个数字高达40%,他们共同构成了一个新水平的读者群。他们要求直接、现实甚至粗俗的娱乐活动。日本人为他们写的小说叫做“戏作”（为娱乐而写的故事）。迎合这种需求的第一批人中的一个是小说家井原西鹤（1642～1693）。他迅速写成的故事虽然文字优美，但浅显易懂。很明显，他对文字有非凡的天赋。有一次，他进入一个诗歌马拉松，连着 24 小时不停歇地写作。其作品《好色一代男》是一部描写从 7 岁到 60 岁的艳情奥德赛，全书 54 章。最后以这个双性的男主人公带着一船的春药航行到日落，开往一座只住着女人的岛屿这样一幕结束。《好色五人女》则充斥着野蛮的讽刺，女主人公为了和她的情人在一起，就放火打了个掩护，却因纵火被活活烧死。《日本永代藏》这本书充满了对商人关于如何将每一个机会转换为有利条件的实用建议（是日本工薪族至今仍然热切地阅读的成功手册）。

江户时代其他的广受欢迎的经典鬼故事包括上田秋成（1734～1809）的《雨月物语》和十返舍一九（1765～1831）的《东海道徒步旅行记》讲述了两个中年伙伴离开他们的妻子沿着东海道徒步旅行的故事。另一个文学里程碑《南总里见八犬传》，因其长度而尤其突出，它是曲亭马琴（1767～1848）花费长达 28 年的时间写出的一部小说，共 106 卷，包括 300 个人物。

俳句诗

俳句诗是江户时代最重要的文学创新。俳句是有 17 音节（也就是 5－7－5）的诗，松尾芭蕉（1644～1694）对其进行了革新。俳句是一种短诗，双关语和内部前后呼应十分丰富，而且总是通过参照一些时令的植物或动物来暗示季节。正如科尔塔滋简练地说，“与其说重要的是他们所说的，不如说是他们所表达的”。松尾芭蕉一些最好的俳句出现在他的旅游日志《奥州小路》中。当他行到源义经去世的地方的时候，他将他的悲伤归结如下：

唯有夏茵，
残留着
勇士的梦。

小林一茶(1763～1827)开创了在俳句中加入俚语的先河。他悲剧的一生鲜明地反映在他 2 万首诗之中,诗里行间充满着对小生物和贫困者的同情。

川柳是俳句的一种变体。它也有 17 个音节,但它取材于对人类困境的嘲讽而省略了季节的暗示。这个时期最好的川柳都收入于川柳集《俳风柳多留》中,全书 24 卷。

《47 个浪人的故事》

这是在武士时期最著名的英雄传记故事。它为至少 150 部现代小说、电影和无数的电视节目提供了灵感。其中一些将它精心制作为永恒的数十集史诗剧。这个故事的概况如下:1701 年,当时的播磨国(现在是兵库县的一部分)赤穗郡领主浅野长矩被命令作为将军的代表去面见特使,并带去京都的新年祝福。为了使准备充分,他要接受贪婪自负的吉良义央正确的礼仪指导。不幸的是,浅野长矩(一些版本说是他的管家)没有向吉良义央献上丰厚的礼品(贿赂)。因此,吉良义央对浅野长矩十分傲慢无礼,愤怒的浅野长矩拔剑砍向让他难堪的人,另一个朝臣迅速挡开剑锋,吉良义央受轻伤逃跑了。但由于在将军的宫殿拔剑,浅野长矩已经签了死亡书,并被判处切腹自杀。他的遗产被没收,他的随从被解散而成了浪人四处漂泊("浪人",字面义就是没有目标,没有领袖),而吉良义央却没有被处罚。

浅野的总管——大石良雄忠实地监察遗产的移交问题,希望房产能交由浅野的弟弟掌管。当他了解到这不可能实现的时候,他开始筹划复仇,他秘密联合 46 个忠实的武士并立下毒誓,一定要了结此宿仇。认识到吉良会加倍防范可能的复仇袭击,他们忍辱负重,静待时机,以免引起不必要的怀疑。大石本人则以身作则,整日佯装沉迷酒色,忍受其他武士辱骂其软弱无能。

两年后,浪人们判定吉良已经放松警惕,决定发起进攻。他们伪装成一支消防小分队(以便抬着梯子且不引起怀疑),并于 1702 年 12 月 14 日(也有说 15 日)夜里穿过空无一人、大雪覆盖的街道,袭击了吉良的宅邸。将吉良搜出后处以斩首,并将其头颅带到泉岳寺他们主人浅野的坟墓前，然后静静地等待自己的命运。

当时的幕府感到进退两难。浪人们将武士们最可贵的品质展示到了极致，他们忠诚、勇敢，最重要的是，他们有坚持不懈的决心。下至平民百姓，上至幕府将军自己，很多人都敬仰他们，就连看守他们的细川家族也敬之如上宾，视他们如自己的家臣一样。然而另一方面，他们的行为也是在公然挑衅幕府对于浅野的判决，在幕府将军的重要谋臣看来，他们必须要受到惩罚。

过了一个多月，裁决终于下来了。将军甚至史无前例地向上野的住持请教，但考虑到这些浪人现在美誉显赫，如果让他们活下来，总有一天他们之中会有人因为什么不检点玷污了他们当下的荣耀，所以还是决定判他们死刑。最后想到了一个折中的办法：浪人们可以自裁而不用像一般的罪犯一样被处决。他们死于 1703 年 2 月 4 日（只有主税，即大石的儿子，也是年纪最小的浪人，被赦免了）。他们被埋藏在泉岳寺他们主人的旁边，就在东京港区。他们的墓地成为世代日本人向往的圣地，每年都有成千上万的人前去祭拜。

成为传奇

关于这个故事的第一个剧本出现在事件发生后的第 12 天。1706 年，近松门左卫门（1653～1724）写了一部关于这件事的木偶剧本。1748 年，这个故事用一个长达 15 小时的歌舞伎作品《忠臣藏》再一次展现出来。为谨慎起见，剧本扭曲了事件发生的时间和当事人物，以免造成幕府官员的不快，但是每个人都心知肚明当事人是谁。

对于大多数日本人来说，这个故事是至高无上的自我牺牲精神的典型。但是也有人批判这些浪人，说他们缺乏真诚，他们的忠诚太过精明。这些人认为，真正的武士在听到他的主人受辱之后，应当立刻为他们报仇，无论希望多么渺茫。一个令人尊敬的人“绝不能同伤害自己主人或父亲的人生活在同一片天空下”。因此，信守承诺远比行动成功与否重要得多。这才是真正的武士精神。在伊万莫里斯的名作《高贵的失败者：日本历史上的悲剧英雄》一书里已经详细地讨论并分析了这种明知是徒劳无功却还要勇往直前的精神的重要性。

舞台

能剧依然是贵族统治者所独有的娱乐活动,但已经墨守传统,停滞不前。活跃的民间剧作家希望有些更加生动的表现形式,并在两种新的喜剧形式——歌舞伎和木偶戏里找到了这种独特的风格。

木偶戏使用木偶来表演,在木偶剧里,每一个2/3人形大小的木偶被三个戴面罩的人操纵。木偶戏来源于传统的净琉璃剧,也是在音乐伴奏下说唱的戏剧形式。木偶戏通常是一些悲剧性的或英雄主义的场景,但偶尔也有喜剧性的场景。木偶戏在近松门左卫门的家乡大阪尤为活跃。近松门左卫门有一百多部经典的木偶戏剧作,他被称为"日本的莎士比亚"。最典型的就是描写爱与责任的冲突。在他的剧本里,有20部是通过双方自杀来解决这一难题的。《殉情天网岛》(1703)是其中最著名的作品,这部用3周完成的作品来自一个真实的故事,曾多次被舞台和荧屏改编。这些作品引起了很多有相似经历之人的共鸣,以至于幕府统治者不得不颁布命令:写此种剧本的人,活着的将被判以谋杀的罪名;死了的其尸体将成为武士们练刀的靶子。作家们不许以"殉情"作为题目。

近松的《国性爷合战》是写一个著名的海盗的一系列奇遇:与老虎决斗,亲眼目睹一个女子被野蛮地剖腹产以及大量的大开眼界的事情。近松还写了将近30部歌舞伎剧目,但是这些歌舞伎剧目大多是为木偶剧而写,因为他觉得木偶的表演比演员更贴近其剧本。

歌舞伎

歌舞伎的始祖据说是漂亮的京都巫女出云阿国。她的成功激发了一些游女组成游女歌舞伎,但是她们的表演却大多为娼妓做出了宣传。1629年,当时的日本德川幕府取缔了这一活动,结果剧团很快变更办法,宣扬年轻美貌的男子更适合演歌舞伎,这种歌舞伎被称为"若众歌舞伎"。幕府于1652年命令禁止"若众歌舞伎"演出活动。野郎歌舞伎(现在歌舞伎的原型)仍然全部是男子出演,但更侧重演技而非其美媚之貌。市川团十郎(1660～1704)开启了歌舞伎演员的辉煌时代,他的直系后代一直沿用这个名字,现在已经是第12代市川团十郎。他夸张的姿势和手势(暴力动作)已经成为典型的表演风格。他的死也极具戏剧性,因嫉妒其表演天赋,他被一个对手刺死在化妆间里。

饰演武士的歌舞伎演员

经过发展的歌舞伎大量采用极夸张的服装和大胆的风格,妆容华丽。通过精致的布景、旋转舞台、舞台陷阱区以及其他一些令人瞠目的舞台效果,歌舞伎迅速繁荣。鼓、笛子和响板也经常被用来使气氛达到高潮。花道通联观众席后方左侧的休息室至舞台的表演区域,除了是演员登场的重要通道之外,就演出而言,和舞台一样属于表演空间,它可以使两个场景同时上演。许多歌舞伎戏剧来自于木偶戏。源义经这一悲剧人物成为了经典的话题。另一个受欢迎的节目是关于法官大冈忠相(1677～1751)的职业生涯。他最为人所熟知的,还是那些对原始刑法的补充和一些经典的案例判决。他曾经出色地解决了两个女人争夺孩子抚养权的问题。歌舞伎也塑造了鼠小僧次郎吉(1832年被处死)这位不拘礼节的英雄人物。它主要讲述的是关于一个有名的盗贼的故事。他因动作敏捷善于逃脱追捕而被称为"鼠小僧"。由于他偷盗的目标常为有钱的商人,因此他常被赋予和罗宾汉一样的劫富济贫的民主的慷慨的形象。实际上,他的盗窃行为不足以减轻社会上酗酒和赌博这些无底洞似的贪欲。

文乐木偶戏和歌舞伎在今天仍然可以看到,而后者更受欢迎。

学术和科学

随着儒家思想逐步成为统治阶级的正统官方哲学思想,这些专业思想家逐步拥有了权力和威望,由于这些世袭和严格等级制度所带来的利益的驱使,圣人对英才教育的热情被逐渐忽略。然而,这一现状下纷纷出现了其他的思想流派,正是这些思想流派也逐渐孕育出对当下盛行的正统思想挑战的种子。国学运动(全国性学习)最初是作为一项学术活动试图重新评估日本古代诗歌。在平田笃胤(1776～1843)的影响下,他传言日本神道教的独特神话是可以用来"证明"日本和它的子民的内在优势。然而这一毒瘤般的思想,总有一天会给他的子民带来更多的痛苦。

此外,另一具有代表性的运动则与以上完全相反。这一学术运动的代表是兰学(学习荷兰,也就是一种西方文化),它是在1722年从对几本重要的危险书籍的解除禁令开始的。作为政治或宗教性的作品仍然被禁止,但是有实用性的文章,特别是关于技术方面的论文,例如农业、导航、测量或射击是允许出版发行的。在日本,第一个科学地解释人体解剖学的是一本医疗图册,已经超过一个世纪的历史了,它被杉田玄白(1733～1817)翻译成荷兰语,并成功克服了当时无字典的障碍。1811 年，幕府专门成立了一个翻译研究所。尽管对应用科学具有相当大的实用性，但对于如医药、弹道学或制图这一类的纯科学是有限的。

然而，许多辉煌的学术成果都是纯粹的个人努力，而不是一些机构的赞助。第一个准确地考察绘制出日本全图的人是伊能忠敬(1745～1818)，这一工程的完成花费了他将近 17 年的艰难岁月。这 17 年是在他从干了一辈子但并不成功的清酒生意退休之后。发明天才平贺源内(1726～1779)设计过手摇电力发电机、温度计和开发石棉等，但世人对他的发明表示漠不关心、熟视无睹而愈发使得他显得古怪和愤怒。

由于缺乏真正意义上的“科学精神”，这也许被视为一种时代性特征的知识的不足。但是另一种对宗教的狂热精神却在一定程度上弥补了这种匮乏。当日本遇到西方先进科学技术的碰撞时，这些依附于旧教条的反启蒙主义者就会全力以赴地去接受这种先进的影响。

黑暗时代的曙光？

历史是对胜利者光辉事迹的宣传。新的政权很少能抵抗住立即否定过去这一愿望的诱惑，往往拿自己的光辉理想与已经下台的统治者的无能与腐败作对比，以证明他们自己假定的权威。充满现代化的明治时代(1869～1912)使日本迈向与西方同一起跑线的“文明启蒙”，并谬称江户时代的日本是一段愚昧的停滞不前的黑暗时期。1950 年，日本哲学家和辻哲郎发布的一份分析报告原题目为“锁国：日本的悲剧”。

自那时开始，又出现了一种“发展理论”，导致了对这种悲观看法的复议。在 1868 年取得一系列技术进步和体制变革的成就之后，修正主义者认为，由于经济扩张速度的减退，江户时代这一时期的特点恰恰为日后的经济腾飞奠定基础。并且他们把一些感兴趣的因素罗列出来，有利于今后的改革。在德川幕府统治下的这一时期，日本的耕地面积增加了一倍以上，棉花、丝绸、茶叶、靛蓝染料、甘薯和烟草发展成为主要作物,取代了之前丝绸之类的进口产品,这些都为未来进口技术而提供了重要的外汇收入。由于汇集了大量的农业百科全书般的智慧,日本的农民在当时可称得上是全亚洲最先进的农民。陶瓷、纸张和纺织品的制造技术的提高,使得他们理所应当地构成了"勤劳革命"的主要部分。改善采矿技术,使得日本由一个金银货币金属的净进口国转向成为一个重要的出口国。构建一个紧密的道路网络,积极建立沿海航运航线,并使大多数城市居民达到能够识字读解的中等水平。兰学家们也构成了一个小的战略型的智囊团,为开发技术的精英们提供知识的来源。

另一方面,德川政权无疑日益遇到严重的结构问题,在黑暗中困惑挣扎。人口的大量增长使粮食供应处于紧缺的边缘,而这一状况又可能导致食品供应价格的大幅上涨和备受谴责的饥荒。政府对税收系统不断地改革、完善,并采取措施发行一系列限制人们消费奢侈品的法律来规范社会行为,但事实证明这些修补都是无济于事的。德川吉宗严格规定禁止婚礼之中超过十台轿子。他的继任者一再试图努力驱赶那些在城镇谋生的农民,使他们回到自己的村庄从事农耕,并通过颁布法律来抑制通货膨胀。这一系列的措施对于日本的经济体制来说并没有达到其极限的潜力,因为它严重承载着巨大的特权地位根深蒂固的日本军事阶层,正如比斯利所强调的,"在一时期之末,即使武士的价值观只被当作是讽刺或辩论的对象的话,其作用仍然重要而不可忽视"。

在19世纪30年代的大阪,由于农民的收成损失惨重,导致了1837年的大规模起义。更糟的是,这一起义正是由当时幕府统治下的将军们率领的。1839～1842年,鸦片战争见证了傲慢的中国蒙受英国远征军践踏的耻辱。日本一位儒学家预见性地指出:"我们怎么才能知道,笼罩在中国上空的阴霾是否有朝一日也会扩散到我们日本来?"1852年的爱丁堡评论也断言道:"日本的闭关锁国不仅对日本自身是一种损失,对世界文明来说也是一种缺憾。"1853年,在一次决定性的对抗中,日本的锁国政策最终受到了挑战。当时的幕府或许依然期望可以继续维持传统的锁国政策,但随着时间的推移,这种企图却日益显得苍白而无力。

京都二条城，中国式大门

第七章

革命与现代化(1853～1912 年)

1853 年,日本的长期锁国由于外部力量的介入而结束。经历了 15 年的政治混乱,1868 年,一场短暂而血腥的内战结束了日本的幕府时代,建立了新政权。“明治维新”,名为“维新”,实则一场彻头彻尾的革命。为了增加国家军事力量与经济实力,抑制西方大国的帝国主义野心,日本新政府推行了一系列使国家迅速现代化的措施。这些极为成功的措施使日本跻身世界大国之列,而非成为他们刀俎上的鱼肉。

日本从“落后的封建锁国”到“强国”地位的确立,仅经过了半个世纪。这种猛然转变通常被归因于民族团结和民族意志的胜利。当然,这种转变也有黑暗的一面。反对变革的力量被强制性扫除或粉碎。日本的第一次“经济奇迹”也带来了诸如对劳动力的残酷剥削和环境污染之类的副产品。西方国家的人们对这种变革看法各异。大部分人理所当然地认为他们自身文化有其独特优越性,因此认为日本学习和采用西方文化令人愉悦且不可避免。一些有先见之明的人对维新的结果充满恐惧。还有一些人因变革导致“安乐乡”般的日本的毁灭而表示遗憾。英国作家拉迪亚德·吉卜林在日本待了一段时间后,变身为温和亲日派。他曾幽默地说日本美如梦幻,应放入玻璃盒展示。东京大学首位教授巴泽尔·霍尔·张伯伦尖锐地回应了这一态度,指出“维新前的日本就如一个牡蛎,打开它就意味着它的死亡”。

蛮夷的到来

日本锁国期间，为寻求避难场所、生活物资或致力于与日本建立长久的关系，外国船只多次擅自进驻日本海岸。日本政府用礼品或是炮火挡回了所有的到访。但当时刚刚拥有加利福尼亚州、精力充沛的美国出征日本的决心却没有被打消。作为太平洋国家，美国此后觊觎于日本利润颇丰的捕鲸业及其与中国的贸易。正是基于这种扩张的美国船只闯入日本海域。美国认为日本向美国船只提供淡水、生活物资、修理设备等是理所应当。他们深信，打开日本国门，他们将给日本带来不可否认的益处：美国商人为美国传教士开路，给日本带来耶稣基督的福音及自由贸易的信条。由此，美国的入侵披上了实用和道德的双层外衣。

"北美共和国"舰队总司令佩里漫画像(1854 年木版画)

1853 年 7 月 8 日，美国东印度舰队司令马修·佩里率领四艘军舰开到东京湾(旧称江户湾)口。由于荷兰提前透露消息，幕府知道马修·佩里率舰闯关一事。但是，当地渔民却毫不知情，像遭受了突然袭击的野鸟一样逃离海岸。当天夜里曾有一颗火焰般的彗星划过天际。佩里解释说这预示着"也许不需要杀戮，我们试图把一个孤立的民族带向文明国家之列的努力就能成功”。这隐含着佩里司令会先恐吓日本政府,但如有必要,流血冲突一定会发生。佩里最终决定上岸会见幕府官员代表。两名身材高大的黑人船员和海军陆战队士兵为佩里保驾护航,随行的还有一支喧闹的乐队。日本官方记录称,这一切只为制造声势。美方讲明了要求,日本幕府保证第二年给予答复。于是佩里率舰队离开。

第二年,美国舰队带着给日本幕府的礼物,更重要的是开着7艘军舰,如约而至。美国送给日本将军的礼物包括一段长350英尺、轨距宽18英寸的微型铁路,带有3英里长电线的电报机一台、两艘船只、一个铁质火炉、一个望远镜,还有大量沉甸甸的历史、法律、国会会议记录等著作,以及足够放满一个酒窖的饮品和装满武器装备的一个小型军械库。美国还赠送每个日本官员最能代表更高级文明的产品,如:时钟、剑、步枪、左转手枪,还有五加仑威士忌酒。日本以诸如青铜艺术品、漆器、陶瓷制品和纺织品回馈美国。美国认为这些东西太廉价,加起来也值不了1 000美元。为了凸显其优越性,美国继而展示了他们的紧密队形操练和作战能力,对一艘军舰进行模拟袭击,并用他们的重型机枪连续进行舷侧发射。随之而来的是美国极其铺张浪费地款待其海军,香槟酒、马德拉白葡萄酒、樱桃甘露酒、鸡尾酒、威士忌……还有他们似乎很享受的番茄酱和用醋调制而成的饮品。活动以黑人游吟歌手的演出圆满结束。

通过美国的这次炫耀,日本对美国文化的先进性作何理解,史上并无记载。但可以肯定的是,日本最终与佩里签订了《日美亲善条约》。几年之后,其他的西方大国也尾随而来。在西方国家的压力下,最初签订的旨在保证对国外旅行者的友好相待的条约不久后便逐步扩大到西方获得更大利益的贸易协定。

这种外交政策从两个方面显示了幕府的无能:其一,在同意签订条约之前,幕府不曾与大名(大领主)或皇室商议;其二,幕府隐约承认其不能与佩里率领的军事技术精湛的“黑船舰队”抗衡。以日本皇室的名义掌权,被称为“征服蛮夷的最高统帅”的德川幕府,最终被证实只是摆设而已。

第一印象

英国第一个常驻日本的外交代表是卢瑟福·阿礼国爵士；在任期间的记录《首都大亨》虽然长期为本国人所敬重，但是也激起了同事米特福德（一位更有才能的人）用带有敌意的眼光去观察阿礼国爵士，并说："如果他没有写这样一本关于日本的书，他可能是一位更伟大的人，因为他既不了解日本也不会读或者写日语。"尽管如此，阿礼国爵士对日本这样"乱七八糟"的地方的描述依旧在西方读者的心目中保留了一个长久的印象：

> 从本质上来说，日本是一个充满矛盾和反常的国家，在那里，所有的东西，即使很熟悉，也都改头换面，发生让人难以理解的转变。除了他们不是用头而是用脚走路，很多事情都是受某种神秘的律法推动，向一个完全相反的方向和顺序发展。他们写字从上到下，从右到左垂直书写而不是水平书写；他们的书的起始顺序和我们的相反，于是提供了这些完全对立的、引起人们兴趣的例子。他们的锁，虽然是模仿欧洲的，但在锁门时却是从左到右转动钥匙。所有尘世的东西看起来都是本末倒置的……我把这些留给哲学家去解释——我只说事实。那里孩子们观看老人放风筝；木匠用刨子把它刻画出来，裁缝进行缝合；他们从后边骑马，马在马厩里站的位置跟我们通常的相反，马具上的铃铛经常系在后腿而不是在前腿……最后，公共澡堂里两性混浴的极大混乱，这在西方是令人感到吃惊和不合礼仪的，这是一个迄今仍未解决的问题。

日本人渴望了解西方，就如西方人渴望了解日本一样。在《蛮夷国家的著名景点概要》（1862）中，对伦敦的描述避开阿礼国式的幽默诙谐，转而以乐观的热情去书写适合日本人喜好的事实和数据：

> 这里建筑物繁多，整个国家繁荣昌盛。有一条长 1 800 英

> 尺、宽40英尺的大型桥梁横跨的河流……河岸被一个气势宏伟的要塞所占据……河口到处都是船，以至于有人相信自己在陆地上。这个国家人口众多，且通常上大学的人数不少于数万人。女人极其淫荡，但男人却精明而狡猾。为了满足其雄心壮志，他们建造巨船带领他们驶向世界上的海洋。他们用各种各样的商品进行交易，并因此获得了巨大的利润。有28 000位商人和185 000位官员在船上。君王的船上有40门大炮，还有800艘甚至更多的船，每条船上有120门大炮……

如此朴实的表述从中尉斯里从英国公使馆的海军陆战队服役归来后出版的《日本的礼仪和习俗梗概》中得到了英方的印证。他的书从学术角度而言，没有任何的矫揉造作，当然也没有任何的逻辑问题，以“节日和假日”开始，以“花之恋”结束，“火灾和消防队”和“天皇的宫廷”得到了同样的关注。令斯里更震惊的是公共澡堂的混浴而不是残忍的公众处决，他直言不讳地评论什么是令他惊奇或惊讶的。身为那个时代最健康而且对运动非常热衷的年轻人，他发现日本的民族体育非常古怪：

> 他们最主要的体育娱乐活动是摔跤……一群成双成对的肌肉发达的家伙经常傍晚在城镇和村庄的郊外见面，要么采取试探的态度蹲下，这就如愤怒的斗鸡；要么就是彼此前后的拖拽，这就如青蛙在奋力地觅食。这项运动实际上就是牵引拉扯的活动，最主要的目的就是迫使对手超过一定的界限……
>
> 专业的摔跤选手通常都是力大无比且身材比例协调的人。通过不断的练习，他们的肌肉得到锻炼，这就使得我们的获奖选手相形见绌；但他们笨重的身躯和迟缓的动作使进一步的比较成为不可能，因为他们既不练习也不欣赏我们所谓的训练。在表演空间有限的舞台上，身材和体重得到比敏捷度更多的重视；所以，他们在努力地增加肌肉而不是通过散步减掉过多的肌肉……

如果相扑选手如斯里所说的那样是一个矛盾的集合体，那么崇拜者的行为就不是那么的令人愤怒：

> 雷鸣般的掌声为英雄的这个时刻而欢呼，他在成千上万人面前进行巡回，由仆人收取礼物，人们慷慨地回报他的努力。如果没有钱，就经常给些衣物——有时也随意，因为对男女双方来说它通常是剥夺他们自己在这些展示中一半的参与权，让她们的男性朋友去摔跤手那里赎回衣服，这是女人最喜欢开的玩笑。

幕府的危机

发生在1853年到1868年间的政治事件证明是复杂的、充满矛盾的和让人感到困惑的。许多武士和一些在德川幕府失势的人站起来呼吁“尊皇攘夷”(“尊重天皇，攘除蛮夷!”)。这些“不平等的条约”不仅允许外国人有居住权和财产权，而且他们还约束日本不准向外国的货物索取保护关税和允许外国人在他们自己的领事法庭接受刑事犯罪的审判。这些削减主权的行为对日本人来说是极大的耻辱。对幕府绥靖政策的反对开始于联合京都的朝廷，这是谋反的关键点。德川幕府内部对采取什么样的最佳的方案有了分歧，为了保留对局势的控制，他们在让步和镇压之间进行了权衡。在1862年他们为了获得“参勤交代”放宽了对大名的债务；可是当他们再试图征收时，他们的命令却难起作用。无能的幕府在设法激怒外国势力的同时，又采取疏远自己的同盟和未能压制住批评家的措施。尽管被德川幕府长久排斥在局外的萨摩和长州的外样大名相互之间进行着长久的竞争，但他们逐渐显露头角，成为反对派的领导人。他们在远离传统政治生活的中心的西南部拥有财产，自从袭击了西方的臣民和船舶以后，他们就遭受着西方势力的严厉的攻击。经过这次血淋淋的教训以后，他们确信日本有必要跟随西方进行军队和工业的现代化。他们自己也立即着手进行现代化。在他们的封地上的激进而年轻的武士不仅迫切地希望加快改变的步伐，而且迫使国家下定决心从危机中解脱出来。慢慢地他们的不满就开始具体化为一连串的革命纲领：推翻幕府的统治，从而建立一个以天皇为首且能推动国家改革的新政府。

1866 年，德川幕府为了巩固其权力试图做最后的奋力一搏，派出一支军队去镇压长州和萨摩联军，但这支军队战败了。同一年幕府将军德川家茂殁了。他的继承者德川庆喜(1837～1913)决定不冒险参战并听从土佐阁下的建议，主动辞职。他相信巨大的财产能够保证他东山再起，但他的对手令庆喜措手不及。1867 年，仅 15 岁的明治天皇(1852～1912)继位，他身边的臣子支持萨摩和长州的联军。离职的庆喜，同样也面临着失去财产的可能，他把军队开进了京都。长州、萨摩和土佐的这三股联军以帝国的名义打败了庆喜，并不费吹灰之力地占领了江户。1868 年 1 月，大名的领导人被召回了京都并被告知恢复天皇的统治。这个新时代的"统治者的尊号"(皇帝死后的谥号)是"明治"——开明的统治。

明治天皇(1852～1912)

同年 4 月，天皇占领了江户并给它重新命名为东京("东部的首都”)。日本北部零零星星的战斗一直持续到1869的夏天，于是就结束了德川的统治——这个日本历史上最长的幕府时代。

宪章誓文

1868年4月，由复辟的领导人精心起草的宪章誓文以天皇的名义发布了。它主要的目的是赢得政治阶层的支持；人民大众只是像往常一样被简单地告知去遵守乡村告示板上的命令。非常简洁的誓言烘托了它庄严的氛围，但含糊的措辞给宣传者留下了回旋的余地：

(1) 广兴会议，万机决于公论；

(2) 上下一心，盛行经纶；

(3) 官武一途以至庶民，各遂其志，人心不倦；

(4) 破旧有之陋习，基于天地之公道；

(5) 求知识于世界，大振皇基。

作为一个宣言，它承诺的多，但兑现的少。

这个新政权为了确保其他人对天皇的顺从，一开始不仅小心谨慎，而且在很大的程度上也服从天皇的旨意。一个处在萌芽期的行政部门按照西方的形式建立。它建立一个铸币厂来发行帝国的钱币，允许普通人采用家族的姓名，原先的封建领地被废除，被府衙取而代之(一开始边界差不多都是一样的，就连领导者也是)。

富国强兵

1871年，以宫廷贵族岩仓具视(1825～1883)为首的大型使节团出访欧美去重新谈判由幕府签订的“不平等条约”。这些大使们被粗暴地告知这完全是不可能的，但是“岩仓代表团”的结果具有更多的积极意义而不是消极意义。

萨摩的大久保利通把伦敦上空充满烟雾的天空当作是“英国国富民强的充足解释”。当他得知“这些城市的贸易和工业的巨大发展竟然都发生在过去的50年里”，但是在40年以前还没有铁路、蒸汽机和电报，于是他确信通过努力和教育，日本能够及时地“赶上”。日本的使者们对自己在西方的亲身经历感到极其震惊，他们下决心以比往常更快的速度来推进全面的改革。

现代化政策的整体口号是富国强兵(使国家繁荣富足、武装力量强盛)。它们的改革包括如下:从使用阳历到修建铁路,从义务教育到义务服兵役,从允许不同阶级通婚到取消武士在公共场合佩剑的权利。这些革命性的变化注定遇到阻力。农民怨恨义务教育和义务服兵役剥夺他们儿子的劳动;武士对这个政权下身份的缺失感到不满,在这个政权下只有少部分人能够找到工作,如老师、警察、官员和新的西式军队的军官;严重的通货膨胀加重了人民大众的不满。

暴乱开始出现,更严重的是还有叛变发生。最后一次也是最严重的暴乱发生在 1877 年。具有双重讽刺意义的是它不仅发生在萨摩,而且还是复辟时的英雄西乡隆盛(1827～1877)领导的,他坚信全面的西化将威胁国家的道德核心。他领导 4 万名不满社会现状的人给政府的军队有力的一击,但最终被他们眼中杂牌的农民军所打败。经历一系列徒劳的英勇抵御之后,西乡自杀。1891 年,西乡在死后获得了特赦,并确信他的行为是由愤怒的忠诚所激发,而不是由于个人的野心。"伟大的西乡时至今日仍是日本的英雄"。

教育家

福泽谕吉(1835～1901)被认为是明治时代日本最具有影响力的人,尽管他一而再地被邀请去政府任职,但是都被他拒绝了,因为他相信国家最需要的事情之一,是知识分子应保持独立并脱离官方资助。他对此做出了巨大贡献,不仅建立庆应义塾——日本最著名的学府之一,而且还创刊了最具有影响力的《时事新报》,创作了百余本著作。福泽为了"扫除对过去封建习俗的盲从"和对西方文明和科学理论的全面采纳,他期望日本完成改革和增强国力,据此他推断出:

> 学校、工厂、陆军和海军仅仅是文明的外部形式。他们并不难创造,所需要的就是政府用钱来资助他们。然而还需要有非物质的东西,要有不能看见或听见的东西,不能买卖、不能借用或租赁的东西。它不仅遍及全国,而且影响力还如此之大,如果

没有它，学校或者其他的外部形式就没有丝毫用处。对这个极其重要的东西，我们须叫做文明的精髓。

福泽出生在九州一个贫穷的武士家庭，作为家里的小儿子，他从很小的时候就意识到必须靠自己的力量在世界上闯荡。1854年他去长崎学习荷兰语这种同西方交流的既定语言。后来他发现英语是西方国家的官方语言，他就果断地去掌握英语。他对外来文化的乐观热情不仅使他遭人嘲笑，而且还使他暴露于危险之中，这种危险是由佩里强行进驻日本而引起的仇外情绪所导致的。虽然晚年作为“西方事物”的热衷者，他获得了荣誉，但他很多年不敢晚上外出，害怕遭到暗杀。

福泽的强烈求知欲和语言技能使他能够陪伴早期的日本代表团出使美国（1860年）和欧洲（1862年）。在《自传》中他是这样记录他见到奢侈和怪异行为时的惊诧：

这儿到处都有大量的铁被浪费。沿着海岸有成堆的垃圾，我发现到处都有旧的油锡罐、空罐和损毁的工具。火灾之后，成群的人在废墟之上寻找铁钉，这在江户是闻所未闻的事……

富丽堂皇的旅馆大厅又引起他的震惊：

我们注意到……在日本只有更富有的人才能从进口商店买来制作钱包或烟袋包的贵重的方寸毛毯，在这里铺满整个房间——更令人吃惊的是——我们这里的主人穿着上街时穿的鞋子在这昂贵的毛毯上走来走去。

当福泽询问乔治·华盛顿的后代时，令他同样也感到疑惑的是，要么没有人回答，要么就是别人对这个问题感到很困扰：

我知道美国是共和政体，但是我禁不住地感觉到华盛顿的

> 家族得到的尊敬将超过其他的家族。我的想法是依据这样的事实：在日本，人民都对建国者无比的尊敬……所以我就牢记得到这个偶然答案时的欣喜……

在英国，福泽对于猎户、交谊舞和“忠诚的对立”的概念也感到疑惑。尽管外国人试图以小发明或最强劲的发动机给他留下深刻的印象，但是他最感兴趣的是事业机构。福泽想知道医院、银行和邮局是怎样运作的。回国之后，他写了三卷《西洋见闻录》(1866～1870)。简洁明快的文字风格使这本书成为畅销书，他也因此成名。“福泽的书”就成了渐进式学习的同义词。这些书籍帮助普及了“权利”和“自由”这些国外的概念，因为在这些书里，福泽和西方文化的热衷者创造了等同的日语词。如不常见的概念(经济)竞争就是融合汉字“(跑)步”和“打仗”而形成的。

争论和幻灭

福泽是明六社的主要成员，这个派系主要是通过讨论和出版书籍来促进公众对西方文化和改革方案的理解。因此他是在日本公开论断非常规艺术的先驱者。1875年他出版了《文明论概略》，把日本刻画为一个“半文明的国家”，跟中国和土耳其在一个标准上，但在文学、艺术、商业和工业等方面，无论如何都不如西方。他主张采用议会制政府、推广大众教育、实现语言的现代化和提高妇女的地位。尽管他是一个热情的积极分子和强烈的爱国者，但是他没有看出国家主义和国际主义之间的矛盾：

> 日本和西方国家拥有相同的天堂和地球。他们被同样的太阳温暖，人民有相同的人类情感……因此国家之间能够相互学习，为彼此的幸福祈祷并能相互融合……为了正义，一个国家无须害怕反对英国和美国的战舰……即使全世界都充满敌意，但是为了抵御干涉，一个国家也不应该因为捍卫自由而恐惧。

晚年的福泽不仅对西方列强的侵略成性的帝国主义不再抱有幻想，而且认为西方“文明传播”的主张是种族主义和阶级剥削的一种虚伪的遮羞布。西方居民在通商口岸的粗鲁举止激起了他愤怒且带有侮辱的驳斥：

> 他们告诉我，所有的外国人都相信来世的生活，但是根据我在几个为数不多的通商口岸的调查，我发现很少人能上天堂。他们吃喝，但没有付钱就离开了……他们接受货到前预付款……但是却没有把货送到……他们不仅向附近的居民开枪，而且还在小道上强行穿过和在路上骑马奔驰……

至于自诩“法治国”，福泽清楚地意识到：“它仅适用于基督教国家……因为无论西方人在东方国家犯下什么样的滔天大罪，没有人敢动他们一根手指头。”

在一系列《劝学论》的小册子里，福泽认为“人生来是平等的……聪明和愚蠢的区别实质上是教育的问题”。在庆应私塾，福泽旨在倡导“实际学习应该贴近日常人的需要”。他抛弃传统的教学，认为那时的学者是无用的“只会吃饭的字典”，他完善了一种教育制度，这种教育制度培育一代又一代的商业领袖，但却很少是优秀的官僚主义者。福泽在《自传》中总结了他的职业生涯，他谦虚地总结道：“我的成功不是由于我的能力而是我生活的时代。”

文明与开化

日本官方对西方风俗的认可始于1870年。1871年东京市政府从西方文明追求稳重的理念考虑，不允许在公共的场合赤身裸体。1872年宫廷抛弃传统的丝绸，改为欧洲君主喜欢的哔叽和金色条带。几个世纪以来受人尊敬的已婚妇女都剃掉眉毛，用醋和铁末的混合物来加深牙齿的颜色；1873年，皇后在公共场合炫耀她自己的眉毛和白牙齿。19世纪80年代，明治维新(文明与开化)的狂热达到高潮。流行和炫耀充斥于不常见的奶制品和牛肉，尽管后者被忸怩地称为“高山上的鲸鱼”。1883年政府开放了鹿鸣馆(鹿鸣的展示馆),这是一个西式建筑,在这里明治政府的官员和心腹接见西方的外交官和访问者,带领他们欣赏这些娱乐活动,如交际舞、音乐演奏会、台球、义卖和慈善活动。更严肃的是在1883年采取西式刑法,它是参照法国的刑法而制定的,1884年形成西式贵族,1885年建立内阁政府。更令人恐慌的是板垣退助(1837～1919)和大限重信(1838～1922)领导的“大众权利”运动,板垣退助是乡村的自由党的奠基人,而大限重信则是以商人为基础的改进党的创始人和后来早稻田大学的创立者(这两个人不仅都遭到过暗杀,而且还在日本第一大党任职过,板垣退助是首相,而大限重信是内务大臣)。

反抗

一个年轻的学者在日本报纸上声称需要一个更为深思熟虑的改革方案:

> 我们认同西方文明的长处……我们尊重西方哲学和道德……总之,我们推崇西方科学、经济和工业。然而我们并不能认为只要是西方的就全盘吸收,我们仅选择那些能为日本造就福利的。

如果一个人认为“福利”是“国力”时,那么政府的想法就回应这些观点。把轻浮和激进主义的反抗都载入政府政策。1887年《治安维持法》保证了警察广泛地监督政治活动的权力。教师、学生和公民被禁止参加政治会议。1889年颁布西式宪法,由伊藤博文——这个天皇最信赖的顾问和俾斯麦的狂热的崇拜者根据德国的宪法而制定,它由一个力量薄弱的议会、一个强大的行政部门和一个对军队有特殊影响的部门组成。它非常明确地表明这个新的政治构想是至高无上的天皇陛下恩典的礼物,而不是人民主权论的表现。差不多八十分之一的日本男子有权投票。

天皇对宪法的创设极其热情,他亲自参与宪法草案各章节的起草。他同样也非常关心教育敕语的创设。当1890年颁布实施时，宪法建立了日本学校制度的基本原则，延用至1945年。它的规劝词包括儒家孝道的方面，对父母、长者、老师和警察等等的尊重，友爱邻居，还特别强调公民的责任："促进公共利益和推进共同利益；遵守宪法和法律；若有紧急情况发生，要勇于为国家牺牲。"

这些武士的美德如忠贞不渝、绝对服从、坚定勇敢和享有特权时的特殊义务等就变成了全国的典范。

经济发展

官方的箴言"富国强兵"就意味着国家富强这一政策的两条线之间最亲密的关系。日本需要通过经济现代化而使国家富强而不是使人民富裕。明治政府从早期就注意构建经济发展的框架，于是在1871年建立了西式邮局，1872年建立了国家银行，建立的模范企业后来又卖给了私营部门。有些产业，如制造玻璃、水泥、火柴和纸就是旨在促进进口替代政策。1872年在法国的指导下建立的丝绸织造厂就是为了创立一个出口行业，这个行业是日本重要的外汇来源和支付进口外国技术必要的费用。政府特别重视这次的投资，而且一开始就从武士阶层招募女工。虽然在政府管理下没有任何收益，但是它确实是这个行业一个重要的培训中心，最后占据日本出口的三分之一。到1882年有差不多2 000家工厂，尽管差不多都是小规模且总共雇佣的工人只有6万人，中日甲午战争(1894～1895)为日本重工业的发展提供了契机。这场战争的胜利就使得由政府投资的巨大的八幡制铁公司的建设和国内第一个铁路机车的生产。

对工业的极大热情并不意味着对农业的忽视，农业到目前为止依旧是最大的用人单位，是人口快速增长的食品供应商和原材料如丝绸、棉花的出口带来的产业的供货商。茶不仅是重要的经济作物，而且还是第二大出口项目。土地税依旧是政府收入的重要来源，现在甚至比封建时代征收的还要多。新的政权能够经得住从国外借钱的诱惑，只从伦敦市场募集两笔大的贷款：一笔用于国内首条铁路的修建，横跨东京和横滨，长19英里，由一个因劳累而死的29岁的苏格兰人修建;而另外一笔是用来稳定萨摩反叛时摇摇欲坠的财政状况。国家承诺财政上自立就意味着农民支撑日本的工业化,因为为了鼓励创业精神和实验精神,政府故意降低税收。农村对税收、教育或者征兵的抵制被无情地粉碎了。另外一面就是为了帮助农民企业,无论是在改进传统技术,还是在成功地推出新产品如奶制品,国家都提供了农业咨询计划并设立了杰出成就奖。

企业和抗议

由于废除对封建土地买卖的限制,人民的活动和选择职业的自由使得各方面都欣欣向荣。塞缪尔·斯迈尔斯的《自我的救赎》早在 1871 年就被翻译过来,它是这个时代的福音,没有人比这个来自小城市的男孩涩泽荣一(1840～1931)更推崇这个信条,他后来不仅变成国家银行的第一任行长,而且还帮助建立 500 家不同的工厂和贸易组织。他自觉地避开江户时代那具有自私和欺骗特性的商人形象,他鼓吹自己活动的爱国主义价值。另外一个白手起家的百万富翁就是被流放的武士岩崎弥太郎(1835～1885),他的航运公司,也就是日本邮船会社,后来一跃成为三菱商业帝国,包括造船业、采矿业、仓储业、房地产和银行业。

知名公司并不愿意让新进入者引领市场。三井在倒幕时代为双方提供经费,后来从政府资助的示范企业的私有化收益很多,他收购了造纸厂、纺织厂,于 1883 年在东京建立的第一个灯泡厂和机器厂,即现在的东芝电子公司的前身。1876 年设立了专门的分公司来处理对外贸易,它在煤矿业上遭遇了瓶颈,但却提供了国家一半的进口机械并发展了自己的运输公司。它就是今天的三井物产,世界上最大的贸易公司。1894 至 1895 年间,三井集团认同、支持战争的行为让三井物产位列前茅。

过分地追求经济增长几乎使得工人和环境不受立法保护。无所畏惧的田中正造(1841～1913)既是一位反叛者又是一位因循守旧者,他还是少数反对虐待和剥削的人之一。身为一位自学成才的农民儿子,他坚持不懈地努力反对污染食物、水源和开采社区地下的铜矿。他大胆地宣称“谋杀人民就是谋杀国家”,他创造了现代世界第一个自然资源保护论者的口号“关爱河流是上天的旨意”。

外来者

西方文化和技术的引进必然包括以指导者的形式引入的西方的专家。这些专家在人前被称作“值得尊敬的外国专家”，在背后被称作“活机器”。这些外来者（外籍员工）中的一些人本来就在日本，一些是从西方雇主那里挖来的，一些是自愿来的，但更多的是被有目的地招募进来的甚至是“猎头”猎获的。根据令人敬畏的英国首相巴夏礼爵士（1828～1885）的传记记录，早些年日本人发现他们被骗了（体面的骗子），这些骗子“属于那一大群无法归类的人群，他们像流浪者一样在各个港口游荡。他们直接从酒吧、妓院和赌场来……他们把那些地方的优雅、语言和行为举止带到学校……”

在 4 000 名外籍员工中，差不多一半来自于英国，其余来自法国、美国和德国等地。一半以上的员工在公共工程的项目工作，剩下的在海军和运输部门工作。然而英国人差不多都是工程师和海员，法国人是官僚主义者和士兵，德国人是医生和警察，美国人是老师和农业家。这些人很多都是年轻人，有能力、乐观热情、勇于承担责任和值得信赖。根据乔治·布凯斯这个第一个被司法省雇佣的律师所言：“美术专业的年轻学生建造宫殿，银行职员处理大笔的业务，陆军军官担起压在将军身上沉重的职责……”

日本对外籍员工的政策是付给他们很高的薪水，让他们努力工作，然后再尽快地解雇他们（只有一个在官方记录中以“不可或缺”而被提到，他就是英国铁路部和电报部的主任卡吉尔）。正如英国急于避免依靠国外贷款，它也就意识到在技术和行政方面需要自给自足。因此很多被开除的外籍员工的余下的职业生涯处于低潮。亨利·戴尔在很年轻还能承担几十个有价值的项目和事业时回到了他的故乡苏格兰，回去之后他却发现没有东西能够像在日本设立了东京大学的工程学院时那样吸引他。

在外来人员计划鼎盛的时期，他们的工资高达教育部总预算的百分之十。1874 年有 500 个外来人员，到 1879 年其人数是 1874 年的一半，到 1885 年其人数是 1879 年的一半。最后一次以大学的标准英语讲述的课程——在战略意义上是重要一门的造船学课程于 1910 年停办。在过去半个多世纪里，日本已经吸收并本土化西方世界的差不多全部的技术遗产，并发展到了一个很高的水平。

大师和导师

有很多为日本这个现代国家的发展奠定基础的西方人依旧得到人们的敬畏和尊敬；但在他们的祖国他们的名字却不为人知。在札幌，来自美国的、农业大学的奠基人威廉·克拉克，尽管他在日本仅待了 9 个月，但人们却雕刻了一个英姿勃发的骑马雕像来缅怀他，这个雕像称得上是卡斯特，在雕像上刻着他离别时的箴言——“孩子们，要壮志凌云啊！”下面一些例子就足以证明这些先驱者的非凡事业和巨大的影响。

第 17 块石头雕刻的是北爱尔兰人威廉·威利斯博士，他是英国使馆的官方医生，他深为很多日本人所敬畏。在推翻幕府时的内战中，他不仅为双方数以百计的伤员治疗，而且还用西方的外科技术来指导日本的医生(他注意到很多的伤口都是枪伤，很少是剑伤)。他的专业领域同样也涉及霍乱、痢疾、狂犬病、天花和花柳病的爆发，这些疾病深深地折磨着英国的外交团和驻军，因此外交部门命令他对这个问题起草一份特殊报告并提出补救解决的方法。威利斯后来在鹿儿岛建立了医学院，在此之后他去泰国倡导西药。

格里非斯

威利斯旅居日本长达 15 年。美国人格里非斯在老师的合同突然中断之前在日本仅待了 4 年；但是在半个多世纪以来由于娴熟地自我宣传，他依旧是美国一流的“日学家”。他最初去日本的动机是好奇和贪婪参半，因为一则他希望可以将教学和研究结合起来，二则他希望也可以同时为写书积累素材和积累储备金。福井，越前的首府随之而来的是有益地打击(“……终于看清了事实……我被这里人民的极度贫穷所震惊……”)。他勇敢地为自己设定了高目标，从写一本化学书到戒酒和去除"男女混浴"。他的年轻武士学生的渴望、理想和勤奋使他最初的虚荣心变得谦逊并导致他以规劝的口吻写了《科学美国人》这本书：

> 日本只是简单地想要帮助者和指导者。他们一直是主导者并使权力在他们自己手中……差不多每个来这里的履任者都试图改革他的部门，但是日本人不想那样。他们想让外国人进入到他们至高无上的公司所能容纳的轨道……如果一个人想努力地工作……并分文不取地愿意帮助，让他来日本试试。如果他期望日本人推举他做国务卿……他最好呆在家里……

不到一年的时间格里非斯就在东京取得了工作。对于短暂发生的在乡村流放的事情，他感到犹豫不决：

> 我几乎不能认识东京是一个如此现代化的城市。没有乞丐、没有警卫室、没有哨兵……穿裤子的时代已经到来……数不尽的马车……穿统一制服的士兵……横跨运河的新桥梁。着统一制服的警察……流通的金币和银币……旧江户时代已经永远地消失了。

格里非斯不仅在日本教授了地理学、生理学、文学和法律，而且还编写了教科书和旅游手册，并在横滨的联合教会进行传教，回国之后他写了《天皇的帝国》这本书。这本书已经成为美国了解日本的标准性著作，已印刷了12次。在书中他斥责西方列强对待日本的傲慢无礼和表里不一，但是他对祖国的热爱并没有使他盲目地偏袒自己的国人——"为了自己的利益热爱真理、贞洁和节欲并不是典型的美德"。1908年，格里非斯获得第四等旭日章。

巴塞尔·霍尔·张伯伦

在英国跟格里非斯地位非常接近的人就是张伯伦，他长时间旅居日本,担任的职务从海军学校的英语指导员到东京大学的日语教授,他是研究早期日本历史、诗歌和语言的先驱者。他认为大学课程太过拘泥而没有在英国完成学业,他是1873年在试图获得财富的环球旅行中的一个偶然的机会到达日本,在这里他一直呆到1911年退休。由于环球旅行图书的出版使得张伯伦大受刺激,这些书的作者仅在日本逗留了6周就吹嘘自己是速成的"专家",他决心把自己百科全书式的知识融入到一个可爱的、字典式的、可以随身携带的书《日本事物志》中。这本书在1890年出版,以后改版6次,现在仍在印刷中,还依旧是深入学习和讽刺幽默的巅峰之作。这在下面的引用中可以得到证明:

> 【相扑】尽管摔跤手既不矮小又不精致,就像很多日本的东西,但却是他们日本最具有特色的景观之一。他们……有成堆的脂肪和肌肉、俗不可耐的面孔和低级的肉欲的习惯……他们的力气清楚地表明构成其食谱的筛选的"训练"是多么徒劳。

日本人"赞美情景,而非风景";"……茶和仪式是完全无害的,这比茶和闲谈更能确定";"清洁是几项为数不多的日本文明……日本有裸体,但没看过"。

张伯伦重新修订了《日本旅游手册》,由著名的外交官欧内斯特·萨托(1843～1929)首次起草,约翰·默里出版。这本书里的大部分建议是明智的——"对于靴子,它提供的方法是可取的,穿或脱都是很容易的";"官员收取小费,不应被侮辱";"这个国家旅行条件不适合复杂的安排";"随身携带明信片,你不熟识的日本人期望跟你交换明信片";"总之,你的行为举止要一直保持礼貌与和谐";"很多旅游者用语言和行为激怒日本人,他们似乎认为日本以及它的风俗习惯只是某种让外国人目瞪口呆惊鸿一瞥的展品……"。

欧内斯特·费诺罗萨

美国人欧内斯特·费诺罗萨(1853～1908)为日本艺术所做的贡

献就如张伯伦为日本文学所作的巨大贡献一样。他一开始是被东京大学的动物学家爱德华·莫斯邀请去的，爱德华的《日本家庭和环境》(1886)向西方读者介绍了日本建筑未知的精妙之处。费诺罗萨一开始是经济学和哲学的老师，慢慢地他把精力放在重新评估艺术的困境。当对“西方事物”的热衷达到顶峰的时候，费诺罗萨表现出超然的文化态度，他利用在文部省的职位去重新建立日本学校里的绘画课程，并提醒政府预防包括很多外籍员工在内的外国收藏者对文物的批发出口。他也帮助建立东京大学的美术系和音乐系(音乐学院)。费诺罗萨在工作上跟冈仓觉三(1862～1913)关系密切，冈仓觉三是一位现代博物馆管理方面的先驱，在《茶道》(1906 年)这本书中他阐释了日本的美学。费诺罗萨客死异国他乡，但很快就被埋葬在伦敦的海格特公墓，在那里现在还能看到他的墓石。他得意的日本门生又把他重新安葬在三井寺，在那儿能够俯瞰到琵琶湖。

约翰·米尔恩

约翰·米尔恩(1850～1913)以采矿专家的身份来到日本。1876 年他抵达那一天，日本正巧发生了地震。尽管他的教学任务分散，他还是准确地完善了地震仪，监测地震、组织了世界上第一个地震学会和建立了日本地震学会。他被天皇表彰了两次并被授予荣誉教授的称号。“约翰尼地震”践行了他对日本的承诺并和一个佛教徒的女儿结婚。

外国人

外国人在日语中的说法是知识渊博的观光者(从字面上讲意为“非本国人”)；现在通常简略为“外人”；虽然这个术语原来带有贬义的意味，但是已经被外国人自己广泛地接受，它已经进入了广泛的流通领域。19 世纪 60 年代，那时的外国群体包括外交官和“商人”，很快就有空想家、机会主义者和平凡无奇的乌合之众的加入。就如外籍员工，很多外来者对文化间的交流做出了显著的贡献。

詹姆斯·柯蒂斯·黑本(1815～1911)在去日本传播福音之前，

他在纽约行医并在中国传播福音。当他到达日本时,官方仍然在禁止基督教,他以完全正确的观念编撰日英词典,在有些时候这本词典被证明是一本对日语翻译有价值的工具书。黑本在他妻子所教的小学英语课堂上找到需要的信息提供者。在他的努力下,书于1876年在横滨出版。之后他又把《圣经》翻译成日语,创立了后来著名的明治大学。黑本式罗马字在今天仍然被广泛地应用。

作为传教士成就是比较受局限的。日本人在很多方面急切地吸纳西方文化,在天主教和新教的积极努力下,基督教只赢得了少数的信徒。1907年,虽然经过30多年福音传播,但是日本才只有14万名基督徒。黑本以一位受过教育和自信的专业人士的姿态到达日本。他的同行约翰·巴彻勒(1853～1944)是一个只受过小学教育的苏塞克斯小伙子,然而在阿依努人的眼里他是世界的权威,他在阿依努生活了60年并编纂了第一部阿依努英日字典。他死后被葬在阿克菲尔德墓地,以前在阿克菲尔德他被一个园丁照顾过。约翰·莱蒂·布莱克(1816～1880)来自苏格兰、澳大利亚,在1861年他成为初期外国群体主办的英语周报《日语先锋》的主编。1872年他创建了日语报刊并以值得信赖的《日新真事志》(值得信赖的新闻)命名。布莱克的书《年轻的日本人》是以新闻记者的方式而不是外交官的口吻叙述的;一开始在横滨出版,后来在伦敦和纽约出版。

日本与日本人的解释者

外国人没有比拉夫卡迪奥·海恩(1850～1904)更认同他的第二故乡。他具有一半的爱尔兰血统和一半的希腊血统,为了寻找人间天堂他从英国到美国,然后继续前往西印度群岛,他完全呈现出一种无根性。1890年到达日本后他就知道找到了梦想之地。在他的散文“我到东方的第一天”表达出毫无原则的痴迷:

> 日本的东西每件都是精致的、精美的和令人羡慕的……纸币和最普通的铜钱都是美好的事物。即使是店主为了拉拢生意而附赠的一条彩色的头绳也是非常引人好奇的……另一方面,

不论哪个地方只要你睁开眼睛，就会发现数不尽的、令人惊奇而不可思议的东西。

在短短的数年内，他就为这个新发现的庇护所发生的无情的转变表示惋惜："……过去的日本完全是死气沉沉的，现在的日本变得如此不堪。"在这里，其他的外国人把排水管和电线杆当作是想更好的发展和令人鼓舞的证据。海恩对他们在"这个讨厌的日本……数平方公里内充满难以形容的污秽……在这个完全浪费和混乱的状态下，想起艺术、时间或永恒是困难的"。海恩是为数不多的西方人站出来承认他不仅不表扬日本的现代化，实际上还谴责它。

最后他起了一个日本名字叫小泉八云并加入了日本国籍，还娶了一位日本妻子。他痴迷于日本的神话、传奇和民间传说并着手记录其中的濒危遗产。他的书如《灵的日本》、《陌生日本的一瞥》和《佛土的落穗》在西方找到了知音，在他死前 10 年，他是把日本文化介绍到其他国家的最有影响力的翻译者之一。他把最后一本书谦虚地命名为《日本：一个解释的尝试》。海恩的浪漫主义和张伯伦的"当一个人被迫居住在逍遥乡时，那里就不再是逍遥乡了"这样粗暴的咆哮形成了鲜明的对比。实际上海恩的日语并未好到能够看懂报纸，更不用说古典诗词，然而张伯伦却慷慨地赞扬海恩的"天鹅之歌"，他的创作不仅仅是出于喜爱，也是源于其学识渊博。如果海恩有生之年能够读到对他的赞扬，那将使传记者备受尊敬和深受感动，这个传记者把他赞美成一位日裔作家："……已经被人们遗忘很长时间的古传奇又在人们耳边窃窃私语，已经被尘埃埋葬在地下的古典美以一种不熟悉而重新辉煌的方式再次崛起。"

在海恩死前，日本已经开始有了本土文化的翻译者，其中最重要的是新渡户稻造（1862～1933），他的《武士道：日本的精髓》是用英语写的，并于 1899 年发表。新渡户认为武士道德为日本的社会秩序提供了道德秩序。身为武士的后裔，他有这样的观点是合情合理的。大规模的教育和征兵这种新颖组织的建立，流放的武士老师和陆军军官可以说是具有荣誉社会地位的"武士的"农民阶级，新渡户的写作就是开始于这个时期。不管新渡户论证的有效性是什么，在过去的6年中它取得了巨大的成功，这本书经过10次英文改版和9次日语改版，然后又被翻译成捷克语、挪威语和马拉地语。新渡户毕业于札幌农业学校，然后又去美国和德国学习并娶了一位美国妻子。他杰出的生涯，包括在京都帝国大学和东京帝国大学的教授以及最后的国际联盟的副秘书长。

全球旅游者

1889年，鲁迪·吉卜林写道："在一块净土上居住感到奇怪，在一片小住宅区走过感到更奇怪。日本是小人物的安心之地。"1889年的日本已经成为维多利亚人全球旅游者循环往来必经的中转站。很多人在神户和横滨的通商口岸猎奇、去京都或者日光的神殿做短暂的拜访。也许用这种方式他们很明智地满足了自己的雄心壮志。据维多利亚的曼索普记录：

> 对很多旅游者来说，樱花节、富士山、寺庙、神社和这个民族栩栩如生的人物是他们所想看到的。毕竟可口的食物是难求的。一个人需要一个翻译或导游，或两者都需要。冬天和夏天的气候完全相反。即使你能在大城市找到西式饭店，但是如果你冒险去角落里，你就会发现茶室四周都是纸墙，没有供暖、没有家具和没有私人空间。如果你去太偏僻的地方……你有可能发现环境会更加的恶劣……

冒险与审美

勇敢的人蔑视这样的问题，把它们当作是鸡毛蒜皮并接受张伯伦的观点，这个观点就是"真正的日本"只能在没有铁路的地方找到。这当然也适用于伊莎贝拉·伯德(1831～1904)。然而这些勇敢者中的另外一个人将要通过环球旅行去修正一个微弱的信条，她已经攀爬过夏威夷的火山，在偶然到达日本之前她已经在冬天横跨过落基山脉，在那里她动身去探索遥远的北方——"……我的路线完全远离人们常走的路，它之前从来没有被欧洲人横跨过。”伯德小姐的史无前例的奥德赛式记录《日本的罕迹》中充满了尖锐的批判：“日本人是我所见过的最没有信仰的人，他们的朝圣是去野餐，宗教节日就像展销会”；“可以预期的是女人的自杀现象比男人更普遍”；“横滨并没有增进人们进一步的熟识”；“没有比东京的景象……更引人注目，这里确实是劣等的单调之处……它是一个‘宏大辽阔的’城市但是却不曾‘宏伟’”；“虾夷（北海道）是日本的主岛，就如蒂珀雷里之于英国……来到这里的人都会遇到稀奇古怪的事和摔一两次跤”。

通过对比，艺术家乔治·里特对日本传统艺术过分的喜爱和伯德小姐强烈的怀疑主义有相似之处：

> 世界上没有哪个国家比日本更具有艺术性……如果小溪不能和大山融洽相处，那么它就得改变路线；如果一棵没有艺术感的树厚颜无耻地长在遍地是紫红色和白色的杜鹃花的山腰上，它是要被砍下来的……所有的东西可能都格格不入。

对于美国传教士的影响，吉卜林做出了一些严厉的批评，他提出“剪贴板修建的教堂……这些教堂的丑陋没有信条可以补偿”。里特严厉批评他的同胞作为观光者——“我相信美国人为日本艺术的衰退负有很大的责任”。

如果里特溢于言表的表扬或者偏见经常演变成十足的错误，那么他绝对是那方面的最坏的冒犯者。有经验的旅游作家道格拉斯·斯莱登写的《日本奇异之事》并不像题目所暗示的那样可怕（它的成功导致了《更奇异的日本之事》的出现），但是在《日本的三个滚石》中长期存在且具有冒犯性的愚蠢达到了非常显著的程度：

> 即使乞丐是快乐的人并且以非常不专业的快乐对我们微笑，被一个滑稽的驼背的人搭讪并向你展示他的驼峰，好像他是世界上最好的笑话，这种感觉很古怪；每一件事好像都是故意让人发笑似的。

一本日语日记

具有讽刺意义的是，即使是对日本人的琐碎的印象，在西方读者中也能找到现成的市场，最吸引人的第一手记录在作者理查德·戈登·史密斯(1858～1918)死后60年才出版。史密斯极热衷打猎，是一位自然学家和收藏家，他的体格和他的意志一样强壮，他把旅行当作是对无爱婚姻的逃避。他那八大本用皮革捆绑的日记里面塞满了手写潦草的便笺、手工着色的草图、照片、明信片和从压花到电车票中每一种在短期内有用的东西。可能令人吃惊的是，对于一个爱好狩猎、射击和钓鱼的人会变成日本神学的忠实学生并忠实地记录了民间传说，委托当地的艺术家去查证它们。这些东西又增加了五卷并形成了他的《日本的古老传说和民间故事》，这本书由布莱克出版。维多利亚的曼索普花费大量的精力整理史密斯在日本的经历，以精装本的形式出版了《理查德·戈登·史密斯的日本日记》(1986年)。

帝国之路

日本的扩张主义慢慢地苏醒了。直到明治维新，现今北海道北部的超过国家领土20%的岛屿，并不是真正意义上的日本的一部分。除了他们出于同一个氏族，这片岛屿留给了本土的阿依努人，它至少在理论上易受俄国的侵略。因此明治政府急忙把它纳入到国家之中，并在包括大部分美国人在内的外籍员工的帮助下建立了开发机构以便于在那里定居和开发。

1874年，日本派出一支远征队进军中国台湾去惩罚当地人，借口是他们“谋杀”了来自琉球群岛的渔民；日本以有责任保护冲绳居民为借口，实际上这也暗含着索取琉球群岛主权的阴谋。它们几个世纪以来(1609年萨摩人侵琉球)都处在萨摩松散的控制之下。1879年，不顾中国反对，日本吞并了它们。

1874年，明治政府由于外交政策的问题遭遇了国内第一次大危机。军事分析家认为朝鲜半岛是“一把指向日本心脏的匕首”，人们对此言论感到震惊，以西乡隆盛为首的集团迫切要求抢先吞并朝鲜半岛。西乡甚至自告奋勇去担当使臣这个差使，期望由此激起朝鲜人对他的暗杀，从而为开战找到借口。这些建议采取紧急行动的人得到刚刚回国的岩仓代表团的支持，代表团的经历使他们相信在去海外冒险之前，日本注定要经历一场影响深远的军事现代化革命。谨慎的观点占了上风，西乡无奈地退隐并回到萨摩去致力于传统武士道的复兴。

中日甲午战争

朝鲜在历史上不仅曾是中国的附属国，还是朝贡国，在过去的几个世纪以来它承认"天朝上国"的文化霸主地位。由于日本武器装备大规模的改良，中国开始采取积极的态度保卫附属国领土的完整和独立。日本不愿意冒全面开战的危险，在1882～1884年的冲突问题上作出了妥协。1885年两国达成协议，在没有告知另一方的情况下两方都不能向朝鲜派兵。这次协议清楚地表明，中国认可日本是一个完全独立的国家，与中国平起平坐。1894年，朝鲜向中国请求支援和派兵镇压起义。日本迅速派兵但随后却赖着不想退兵。之后中日军队在陆地和海上进行开战，但战争持续不到一年。1895年4月双方在下关市签订条约并承认朝鲜的独立。中国被迫把台湾、澎湖列岛和辽东半岛割让给日本并同意赔偿日本大量军费，向日本商业提供一系列经济利益的让步。

宪法和法律改革之后，日本又重新协商不平等条约治外法权条款，于是就通过强加给原先她尊敬的导师更严苛的侮辱，来表明它的先进。由于德国、法国和俄国不愿意承认日本在帝国主义的游戏中占据优势地位，于是他们联合起来强迫日本把辽东半岛归还给中国，面对巨大的联盟压力日本没有别的选择，只得同意。但是它向三国屈服激起了东京大规模的暴乱和天皇的训诫"承受难以忍受之事和遭受难以忍受之痛"。好似向伤口上撒盐，1898年俄国强迫中国把辽东半岛租让给它并在那儿开始建造不冻港海军基地——旅顺港。

尽管有些不尽如人意，但是这场战争不仅宣扬"日本——打败强者的杀手"这个国际形象，而且在中国台湾还为日本国内市场的发展抢夺重要的资产、为过剩的人口提供生路，从长远的意义来看它还提供了大米和原材料。胜利能提高军队在形成国策时的作用。日本的军事力量在1900年中国“义和团运动”之后进一步提高，此时日本的军队在国际军队中起着重要作用，这支国际军队被用来解救被围困在北京大使馆的外籍人士。

日俄战争

由于签订《英日同盟条约》，1902年日本的国际地位得到很大的提高。双方达成协议，倘若一方与两个或两个以上的国家有冲突，那么另一方需提供帮助，倘若一方只与一个国家开战，那么另一方须保持中立。英国对于布尔战争期间的外交孤立政策感到沮丧，因此觉得需要重新部署其在中国沿海的海军力量，以对付德国在欧洲水域日益增长的海军威胁，日本确信倘若日本同俄国发生战争，由于英国的干预将会阻挠法国来帮助沙皇。

日本能够采取更为强硬的态度来反对俄国势力在朝鲜和中国东北的继续存在。由于已经做好了充分的准备，最后他们放弃了冗长且毫无结果的谈判，这个谈判就是双方找到一个能接受的利益均衡方案。1904年2月，日本的军舰偷袭并严重破坏了停靠在旅顺口的俄国太平洋舰队。伦敦时报并没有把这当成是日本的正式宣战，而是当作“一次大胆的行动”。接受过英国训练的日本舰队随后又歼灭了远征半个地球前来参战的俄国波罗的海舰队。东乡平八郎(1848～1934)领导的舰队，即所谓的“日本纳尔逊”在不到一个小时的时间里就在对马海峡击沉敌舰。由于战场处在物资供应贫乏且绵延数千里的荒野尽头，俄国也未有效地占据巨大的人力优势，但是他们在这个区域的反击也使日本人的实力急剧地削弱、军队的军官严重地匮乏、国内的经济到了崩溃的边缘。双方都渴切接受美国总统西奥多·罗斯福的调停，1905年9月在新罕布什尔州的朴次茅斯签订和平协议。俄国承认日本在朝鲜的重要地位，移交给日本它在中国东北南部(包括最具价值的辽东半岛)和萨哈林岛(即中国库页岛)南半部攫取的非法的经济利益。

在日本公众的眼里，没有战争赔款给这次的协议带来了污点。但是亚洲强国对欧洲强国的胜利鼓舞了从亚洲的一端到另一端的独立运动领导人摆脱列强殖民统治。具有讽刺意味的是，通过降低朝鲜的保护国地位和迫使其国王退位，日本很快地暴露了自己对殖民主义的态度。新任命的统监伊藤博文在 1909 年被朝鲜的爱国者(安重根)刺杀，这表明朝鲜人民不愿意驯服地接受日本殖民统治。日本在 1910 年完全地吞并朝鲜，从而开始了两个国家半个世纪的对抗。这竟然没有遭到一个西方列强的反对。1911 年，日本在不受“不平等条约”约束的情况下，再次强加了关税。日本得出这样一个结论：作为一个完全与西方列强并驾齐驱的“文明”国家，日本必须表现出具有侵略性。

第八章

黑暗峡谷时期(1912～1945年)

1912年,明治天皇逝世。那些生于世纪之交的日本人,虽然那时年纪不大,但现在一定还能清楚地回忆起当时举国哀悼的情形。倘若一个人活过40岁——和明治天皇在位的时间差不多,那么他一定亲眼目睹这个国家逐步变为强国,并获得举世认可,目睹这个国家艰难地熬过那次空前大地震带来的巨大破坏,目睹这个国家的政体从立宪制滑向军国主义,目睹它强占随即又失去偌大个亚洲地区,忍受着核战争带来的痛苦,并且有史以来第一次被外国占领这样的屈辱。

时代的尾声

明治天皇的送葬队伍具有丰富的象征意义,这一点即使是西方人也看得出来。队伍里有祭司和朝臣,他们身着消失了数百年的民族服装;有一队队大步前进的陆海军士兵,他们身着天皇过去40年里始终如一穿着的西式制服;与之并驾齐驱的是来自英国皇家海军的500名士兵组成的仪仗队,这代表了英国对日本天皇的悼念,以示两国的亲密友好关系。1913年日本开始建造明治神宫,纪念已逝天皇的精神。环绕神宫的是绿荫如盖的大公园,直至今日,神宫都可称得上是喧闹的东京城里的一片宁静绿洲。

新起点

共同为天皇送葬后的两年里,英国和日本一直以联盟姿态出现在世界大战中。日本迅速占领了德国在中国山东半岛强租的条约口岸——胶州湾和青岛，还夺取了德国在北太平洋地区控制的岛屿，这些都是日本在英日联盟早期取得的“胜利”。

受到“胜利”的鼓舞，日本接下来开始寻求提高在中国的影响力。1915 年 1 月，日本政府向成立不久的中华民国提出“对华二十一条要求”，共分五项，第一项要求在山东半岛重新划分日本势力范围，第二项要求中国承认日本在中国东北的“权益”，第三项事关矿山开采，第四项表达了它对中国向其他外来势力妥协的不满，第五项是“希望”中国当局答应聘用日本“顾问”来帮助军事和经济部门的核心官员。由于中国拒绝接受，再加上英国的施压，第五项条款遭到废除，其他条款也略有修订，这才被勉强签署。

在第一次世界大战结束后举行的“巴黎和会”上，日本作为“五大国”之一的地位得到认可。由之占领的德国太平洋岛屿也得到承认，但前提是，这些岛屿必须作为日本受国际联盟委托而管辖的地域。日本提议在国际联盟盟约里添加种族平等宣言，这遭到了美国、英国和澳大利亚的阻挠而以失败告终，因为这些国家担心其中隐含着放宽移民条件，坚称公民身份地位这样的问题应由各个民族在其内部自行解决。日本移民在加利佛尼亚所受的种族歧视已经让日本痛苦万分，这次没能取得来自国际方面对停止种族歧视的保证更使日本痛上加痛。

然而，在国际舞台上日本仍然保持合作态度。1918 年，日本军队接受派遣参加远在西伯利亚的联盟远征军，试图镇压布尔什维克革命（日本分遣队直到 1922 年才撤出西伯利亚，这次干涉一无所获，且耗资不菲，还遭到了国内的强烈反对）。1921～1922 年，日本参加了“华盛顿海军会议”，会上针对太平洋问题重新框定了安全协议。条约规定，美、英、日海军主力舰总吨位的比例为 5∶5∶3，作为让步，美、英两国同意太平洋西部区域主要由日本掌控，英国势力范围不得越过马来半岛末端的新加坡，美国不得越过夏威夷岛屿的珍珠港。

尽管这次协议结束了英、日两国 20 多年来的联盟，但两国依旧希望继续保持密切关系，这一点从双方皇室之间的往来访问可以看出。1921年,裕仁亲王以个人名义拜访乔治五世,并在白金汉宫短住,还被授予英国“嘉德勋章”。1922年,威尔士王子回访日本,逗留月余。期间,他游遍日本,每到一处都受到热烈欢迎。官方记载了这次漫长而又刺激的旅程:一张照片上王子穿着日本的上将军服,另一张照片上王子及其随从全都穿着和服,这些和服是裕仁亲王赠送的告别礼物,通过说明文字可以知道,后面的一个高个子年轻人是路易斯·蒙·巴顿勋爵。20年后,他将作为东南亚联军指挥官在这片土地上接受日本军队的投降。

大正民主

明治天皇的儿子继承了皇位,采用“大正”作为在位年号。从他即位到20年后民主统治的颠覆,这一时期通常被称为“大正民主”时代。单从表面上看的话,“大正民主”一说很容易误导人。因为事实情况是,日本政治继续由传统的精英阶层即皇家顾问、军阀和官僚所控制。民主化,就其本质而言,意味着在政治议事日程上优先考虑大众所关心的问题,意味着让步,即允许各大政治党派领袖参加相关政策的制定。而“大正”时期的议会政治特点却是:选举期间幕后暗杀、恶意诽谤频频发生;辩论中也不顾体面地争吵不休;更有借执政的机会行贿受贿,暗箭伤人。

上任天皇的去世让日本政府失去了一位傀儡,他至少代表着稳定,代表着处理公共事务时的家长式作风。他的继任者患有遗传性的精神疾病,连最基本的小事务都不能处理,于是1921年裕仁亲王(1901～1989)开始摄政(他于1926年即位,采用充满友好意味的“昭和”为在位年号)。与此同时,那些曾经参与明治改革并且矢志不渝地维护明治政体的政界元老也随着时间的流逝相继去世。随之而去的还有他们身上那谨慎处事的精神。从那以后,正如比斯利那富有代表性的客观又相对保守的言论中所言,“日本进入了一个新局面,统治界一片混乱,难以使之有序,相较而言,人民群众的秩序要容易维持得多”。

由于国内深受第一次世界大战的影响,日本能否过渡为更加民主的社会尚无定论。好在日本长久以来的贸易赤字状况开始发生转变,历史上第一次出现贸易盈余。另外,工业尤其是化工业和轮船制造业也迅速发展,日本深获其益。但是伴随这些变化发生的还有迅猛的通货膨胀,物价波动不稳,最终爆发了1918年遍布全国的"米骚动"事件。就在这一年,能干多谋的原敬成为日本史上第一位平民首相。第一次世界大战中民主主义取得的胜利鼓舞了日本的民主主义运动。如果说战争推动了工业的发展,那么与此同时,它也刺激了工厂罢工现象的发生。战前的10年里平均每年罢工20次,但在1919年,仅一年的时间里罢工次数几乎接近500次。1921年,原敬首相被火车站的一名员工暗杀,说是作为对他腐败的"惩罚"。

1922年,日本共产党成立。与此同时,各种各样激进的派别,比如女性主义和社会主义(其中包括基督教社会主义)也开始出现,一起加入到这个漩涡似的意识形态中。它们规模不大,主要成员是知识分子和一些没有一技之长的人。两类人彼此敌对,丝毫不了解普通农民内心的忧虑和盼望。相较来说,还是佃农运动更能确切表达农民的心声。1926年,佃农运动合并成为日本左翼农民党。

鉴于大部分居住在乡村地区的日本人都具有彻底的保守性,日本政府本来并不需要冒这么大的风险。1925年日本政府规定,所有超过25岁的公民都可以参加选举。政府还制定法律,给公民提供健康保险,为公民调解纠纷,保障公民的工业安全,以安抚劳工组织。从内阁的"社会问题部"所实施的这些措施,可以看出统治阶层的担心,因为当时工会主义在工厂的工人间正日益壮大,而马克思主义在学生与教授间也渐渐盛行起来。

1925年还通过了"治安维持法",规定成立"特别高等警察"来镇压这些"危险的思想",并广泛动用一切力量搜捕可疑的危险分子。仅在1928这一选举年中就逮捕了1 600名可疑的共产主义者。这一年里,连提倡废除私有制以及号召重新制定宪法的行为也都成为重大罪行(到1941年,又有74 000名所谓的"危险分子"遭到逮捕,其中被实实在在囚禁的有约5 000名)。与此同时,乡下出现了一些爱国联合会,会员主要是退休老兵和一些在公共事业中小有名气的校长和邮政局长等。这些联合会开始招募乡下的年轻人，对其进行常规强化训练，比如让他们参加健全的辅助军事活动，提高他们的谈判能力等等。这些社团不仅在精神上积极支持军队，还在经济上提供支援。怪不得，当军队的高级官员看到东京街上的摩登男孩时是那么的震惊了：这些摩登男孩仅有的兴趣就是穿西式的奇装异服，听喧闹的西方音乐，追求衣着性感的摩登女孩。这些爱国社团不仅招募退休的官员，还充当一种代理机制。军方可以借此对那些新近获得选举权的人施加影响。早在1925年，也就是所谓的"政党政府"如日中天的时候，"中立派"的陆军部长歌垣大将在他的日记里就坦露了他的希望：

> 希望军队里的20多万名现役军人，社团组织里的300多万名老兵，学校里的50万或60万名初高级中学学生，以及地方单位里的80多万名实习生，所有这些人都听从军队的指挥，他们将成为无论在和平时期还是战争时期都义无反顾地效忠天皇的核心力量。

他还颇带预示意味地说："一旦遇到危急情况，军部对天皇军队随意支配的权利将不必仅仅限于军队，还可以拥有支配人民的权利。"

文化逆流

社会及政治上的不确定性经由相反的艺术倾向反映了出来。"职业"作家们反复讲述的主题皆与"无产阶级"和"民族主义"相关，但这个时期的大部分有影响力的作品却和政治无关。志贺直哉(1883～1971)是"自省式小说"的首要代表人物之一，因给"先锋派"的月刊《白桦》撰稿而受到大众关注。芥川龙之介(1892～1927)用实力证明自己确实是位写作奇异惊悚类小说的天才，可惜在35岁那年自杀。1935年以他的名字设立了文学奖，通过这个，就可以知道他在日本文学史上的地位。芥川龙之介的朋友菊池宽(1888～1948)是一位戏剧家，创办了日本最具影响力之一的文化期刊——《文艺春秋》。太平洋战争期间，他被任命为“日本文学爱国会”的主席。

在两次世界大战的间隔期间，出现了两位值得一提的重要女性作家，不过她们却风格迥异。与谢野晶子(1878～1942)主要创作性爱题材的诗歌，还出版了备受好评的《新译源氏物语》。山田和香(1879～1957)为了逃离由家人安排的失败的婚姻，不惜沦为妓女，甚至流亡到美国，后来受到基督教传教团的庇护，嫁给了一位虽有才华却十分贫困的日本语言教师，才结束流亡生涯。回到日本的和香成了女性主义杂志《青鞜》的撰稿人，并因给《朝日新闻》的“女人建议”栏目写稿蜚声全国，还成功地发起制定了“母亲保护法”。

造型艺术领域里最持久不衰的成就是日本民艺运动的发起。主导人物是柳宗悦(1889～1961)，他还是《白桦》杂志的奠基人之一。因为他与英国陶艺人伯纳德・利奇相识并交好，所以接触到了英国雕刻师创作的神秘的《威廉・布莱克》以及设计师威廉姆・莫里斯的作品。此外，他对朝鲜民艺怀有浓厚兴趣，并因受到禅学家铃木大拙的启示，对禅宗有了新的推崇，这些本土文化都对他的艺术理念产生了影响。民艺运动中还有其他一些同样重要的艺术家，比如陶艺人滨田庄司(1894～1978)和木版画艺术家栋方志功(1903～1975)。这个时期的绘画领域里有两个主要流派：日本绘画和西洋绘画，它们彼此对立，其中后者深受印象主义的影响。不用说，西洋绘画流派的艺术家自然都被吸引到巴黎去学习。例如，藤田嗣治(1886～1968)于1913年去了巴黎，之后以伦纳德・藤田的名字加入法国国籍，并终老于那里。和他势均力敌的是英国人牧野义雄(1869～1956)，他是一位行为古怪却富有魅力的水彩画家和插图画家，他从1897年直到1942年被驱逐一直都居住在英国。

动荡不安时期

日本经济的发展也许可以说得上十分迅速，但绝对称不上是稳定。有些地区的经济快步前进，而另有一些地区则远远落后，这几乎已成为不可避免的现实。城乡之间的差距日益显著，不仅表现在生活水平上,更是表现在生活方式上。由于从朝鲜和中国台湾进口的大米比国产的便宜,国内的生产者日渐减少。这导致战后日本的经济繁荣现象很快消失,1920年开始陷入萧条状态。1921年的一场激烈争论甚至导致国内码头瘫痪。

1923年发生了关东大地震,几乎摧毁了整个横滨市,也摧毁了大半个东京城。地震和随即而来的大火使10万人失去生命,5万多人受伤。整个关东平原上有300万个家庭受到摧毁或者严重损坏。接踵而来的混乱中流言四起,说朝鲜移民正对幸存的家园和人民实施抢劫和掠夺。恐慌中,人们对朝鲜人大肆屠杀,死者多达6 000人。弗兰克·劳埃德·赖特在地震前一天才开张的气派的帝国酒店是地震中几乎保存完整的少数主要建筑之一。这时被派上了各种用场,既充当医院、临时厨房,又充当救灾指挥部,还成了许多无处可居的外交官和新闻记者的住处(颇有讽刺意味的是,在太平洋战争时期虽受到轰炸却得以幸存的帝国酒店竟在1967年被拆毁)。尽管地震带来了不少间接的好处,例如电车轨道系统由于被毁,故而加快了摩托化运输的运营,但这同时也给经济带来了巨大的倒退。1924年政府缩减预算开支,军队方面裁减了四个部门,公务员中削减了2万个工

关东大地震后的破坏场景

作岗位。这些措施本身也许不是什么坏事情，但当时却极大地惹怒了正因西伯利亚战败而十分沮丧的军部领袖。

1927年，就在震后恢复工作不断取得进展的时候，爆发了银行危机，这对信心不振的国内商业界无疑又是一击。由之引发的恐慌使政府倒台，还有37家银行被迫倒闭。接着，1929年发生的华尔街股灾以及由其导致的国际贸易的萎缩都进一步影响了日本的国内经济，一年之内生丝的价格就降了2/3，这使乡下人民丧失了主要的经济来源，失业人数达到300万。毋庸置疑，接下来的10年中农民们为了生存不得不把女儿卖给艺伎屋，他们所忍受的苦楚绝不亚于20世纪30年代不可抗拒的疾病导致的40%死亡率所带来的痛苦。

寻求和解

面临这诸多困境，日本的外交政策在职业外交家币原喜重郎(1872～1951)的领导下发生了倾斜，日本开始寻求和西方势力取得和解，尤其是在棘手的中国问题方面。对日本而言，中国意味着一个潜力巨大的市场，意味着有日本急需的丰富的原材料(比如，国有公司八幡制铁厂需要的矿石)，而这时的中国，政治上一片混乱，战乱频仍，这不免给日本提供了可乘之机。美国方面依旧奉行“门户开放”原则，即将所有外国势力置于平等地位上。日本分析家对此种情形越来越感到愤恨，因为对外贸易对于美国经济来说并不重要，但对日本却是相当重要。美国的战略利益主要取决于美国所在的半球，而日本的则在于与之相邻的亚洲大陆。明治维新时期日本的人口总数为3 000万，现今已经翻了一番还多。1924年美国颁布了限制移民的政策，降低了日本移民的可能性。经济萧条所引起的贸易保护主义则限制了日本的出口。于是出现了越来越多的日本民族主义者，其中有来自军队的，有隶属于右翼爱国会的，有来自秘密社团和较保密社团的，有来自经济困难的村子的。军队从中招募到很多士兵和高级军官。这些民族主义者无不呼吁要采取“更强硬的措施”来保证日本在亚洲的利益。俭朴无私、甘愿为国献身的武士精神被很快唤起，和普遍存在的政治家的腐败无能以及商人的自私自利形成对比。

1930年，一场国际海军会议在伦敦举行，试图寻求进一步削减武器装备。日方代表同意让步，这违背了军部领袖的意愿。这年的11月，一位年轻的右翼狂热分子枪击了首相滨口，首相重伤不愈，几个月后去世。此后侵略主义逐渐露头。日本的国际主义分子——具有代表性的是外交使节团、还有大公司的领导人、各个政党，相当大程度上还有海军，他们在制止斗争方面越来越显得无力。

帝国和扩张主义

日本的殖民主义，像同时期的西方殖民主义一样，很快就通过发表有关声明使之“正当化”，尽管在语调上未必很善意，但所达到的结果对其却是有益的。就像殖民主义者所设想和确定的，“发展”，无论这些被殖民国家合作与否，都将会发生。

日本扩张主义政策背后的推动力既有战略方面、经济方面的，还有人口方面的因素。或许战略方面的是最不容易被马上理解的。日本的政策制定的精英中，军人所起的作用是根深蒂固的。日本作为“现代化”的后来者，非常清楚它与其他大国在争取东亚和太平洋地区的利益方面一直以来都处于弱势地位。这就导致日本很容易发生策略上的转变，原来日本通过吞并一些国外的小岛，并使之合法化，进而建立一条“安全线”，这时坚持认为有必要占领大片的大陆，创造出一条“利益线”。

帝国主义的政策还受到经济方面的推动，这就涉及到了日本潜在生产力的供应和需求。日本希望通过建立一个海外帝国，从而获取大量的原材料，吸纳日益发展的工业所生产的产品，并通过强硬的政治手腕永远地牢牢控制着这些利益。而人口方面的因素则来自重新安置日本“过剩”人口的需要，还有就是美国、加拿大和澳大利亚这些太平洋沿岸国家强加给日本的移民限制。就连绝对称不上是人口过剩的北海道也不愿再相信合理化改革。实际上，日本称霸海外的野心不过是要求与西方大国完全平等愿望的外在呈现。与其他国家不同的是，这至少说明了日本拥有在周边国家而不是在遥远的其他大陆发展的“合法”权益。

从最大程度上来看，日本的海外帝国所囊括的领域几乎和日本国土一样大，人数达到2亿。最小的殖民地是多雾的库页岛和阳光明媚的太平洋岛屿，这两处相对其他地方来说都人口稀少，因此日本人自己在这里定居的也不多。最主要的殖民地是朝鲜和中国台湾，这两地特征迥异，命运也大相径庭。

朝鲜

朝鲜，一个与日本文化同样古老的国家，对日本的攻占进行了激烈的反抗。在台湾，殖民政策的“调解者”是工程师、医生和教师，而在朝鲜则是警察和军人，连小学老师都随身携带刀剑。不错，是有一些朝鲜人向命运弯腰，低声下气地充当通敌卖国者的附属，服务殖民政权，但他们的人数最多也不会超过总人数的5%。被殖民了30多年，能够说日语的人数还不过20%。不过，耕地面积几乎翻了一番，当地产业的产量也几乎增长了20倍。

朝鲜还被屈辱地命名为“Chosen”。太平洋战争爆发后，朝鲜经历了更大的羞辱。朝鲜的经济结构被迫深入调整，以满足日本的军事需要。朝鲜人民被迫改用日本家庭的名字。自1942年起，朝鲜人或被征召进日本军队，或被送到日本的工厂和矿井，从事奴役劳动。直到1945年8月战争结束，作为殖民地的朝鲜还觉得痛苦不堪，对日本更是深恶痛绝。这代日本人对朝鲜野蛮统治从此一直成为笼罩在日朝关系上的阴影。

关东军在邻近的中国东北地区的职责是“维护”日本在铁路和矿产方面的利益。他们中有许多扩张主义者认为日本应当开拓一个自足的经济圈。在这个经济圈内，日本可以使自己远离萧条的全球贸易体系所带来的不确定性。中国东北拥有大量的煤、铁资源及其他原材料，这对日本来说很有战略价值。现在看来，日本对中国东北的占领正是试图征服中国的序曲。

日本军事行动的主要目的不仅是中国，而且也是苏联。规模庞大、装备机械化的红军极大地威胁着日本在中国东北的地位。

黑暗峡谷时期

1931年,关东军开始挑起事端,首先做的是蓄意毁坏他们自己佯装看守的铁轨,之后以此作为借口,攻击驻守在当地的中国军队,于是很快占领了土地贫瘠但矿产丰富的东北地区,随后在这里建立了“独立”的“满洲国”,把已被推翻的清朝末代皇帝溥仪立为傀儡领袖。而实际上的统治阶层则是来自日本本土的100万人。1932年2月,大藏大臣井上被谋杀,3月三井物产公司的首脑被谋杀,5月首相犬养毅(最后一位领导政府的政党政治家)被谋杀,这一切使本来反对实施上述军事行动的日本政府不得不表示认可。自此以后,日本政府的主宰权落入军部官员、官僚和朝臣的手中。李顿勋爵牵头的一项国际调查获得了国际联盟的认可,确定日军在中国东北的军事行动是非正义的侵略,并对其进行谴责。然而日本对这些调查结果不予理睬,并于1933年退出了国际联盟。

同来自国际方面的与日俱增的孤立所对应的国内情况,是兴起了我们可以称之为“民族主义式的原教旨主义”潮流,这些因忧虑国家未来而做出的努力旨在重新获得已失去的国内舆论。这表现为多种形式,最为重要的是大力呼吁清除西方给日本文化和语言带来的“堕落”。语言纯化论者努力劝说找酒喝的饮酒者使用新创的“真正”的词语——直译过来就是“大麦酿造的”,而不是借用“biru”一词。对净化的渴望不仅表现在术语方面,还延伸到了个人。才能杰出而高度保守的法律学者见延教授冒失地称天皇为“宪法的器官”,结果他被指控为“大不敬”,还被剥夺了职务。极端的民族主义的积极的一面是促进了各种传统文化样式的复苏,尤其是打斗性的娱乐活动,比如相扑和剑道。另外,还通过教育体系极端地传播民族主义,例如在教科书中盛赞“神国”历史的无以媲美,颂扬天皇与人民之间的神圣团结。天皇与人民就这样紧密联系于一种难以定义的“国体”中。

法西斯主义?

20世纪30年代的日本是法西斯主义国家吗?如果说法西斯主

义蕴含着对古典自由主义的颠覆，那么它不是。日本从来不曾有过非常自由的时候，早已经被遏制得喘不过气来，也就没有多少必要推翻议会政府所代表的自由主义价值观，比如理性探讨，寻求和解，表示异议的合法性等。日本的极端民族主义与欧洲的法西斯主义有很多共同点：视本国的过去为英雄神话，怀有盲目的热爱，陶醉于据说是原始社会才有的对身体和土地的重视，渴望展开激情的行动而不是进行单调的协谈。然而，日本从来没有产生出一名可以和希特勒或墨索里尼相提并论的"魅力"领袖，尽管如此，日本还是在没有任何伪革命党的帮助下就动员起了大众。日本这时候的情形并不需要希特勒或墨索里尼。日本的一位政治学者、老前辈丸山真男教授认为，日本所经历的是"自上而下的法西斯主义"。强硬派们或许会关押他们的对立者，一些狂热分子或许会采取谋杀措施，但从不对他们实施禁止，也不取消他们的社会身份，也不会无视他们的投降抑或拒绝重新接纳他们。

当时的一位重要空想家北一辉（1883～1937）起先是位国家社会主义者，后来在斗争中失败。他撰著的《日本改造法案大纲》一书广受高级军官的欢迎。书中呼吁废除政党制，取消贵族阶级，将重点产业国有化，严格限制个人财富，呼吁日本发挥先锋带头作用，唤起亚洲民族主义者一起推翻西方统治。

还是军国主义？

如果日本算不上欧洲意义上的法西斯主义国家，那么就一定属于军国主义国家了。军国主义至少有两层含义：国策的制定上主张军事优先，然后就是通过军事来全面影响经济和社会。由于海军和陆军之间长期敌对，以及陆军内部小派系之间斗争不已，这些策略实施起来就尤为困难。陆军派系中，"皇道派"与"统制派"之间的斗争可谓是最重大的。前者主张坚定不移地效忠天皇，策略上倾向于使用"精神训导"的方法；后者则认为要先实现大规模的机械化，然后进行经济总动员。

1936 年 2 月 26 日，"皇道派"的少壮派军官带领军部堪称"第一师团”的1 400名士兵控制了雪后的东京街道，进而包围皇宫，企图进行“昭和维新”。这样做的真正目的究竟何在还不好说：这能消灭政府官员以及依靠官员维护自身利益的资本家的腐败吗？能缓解农民大众的劳苦吗？是民族的精神复苏吗？是对共产主义苏联的反抗吗？不管究竟是什么，都可以说是为了天皇的缘故。他们自称是出于效忠天皇，所以至少在自己看来是合法的行动。阴谋反叛者把自己比作19世纪60年代推翻懦弱的德川幕府的那些人，认为自己继承了他们高尚的品格，开辟了振兴民族的道路。叛变事件中，有三名政府高级官员被杀身亡，首相冈田的内弟与他长相相似，叛军误认为是他而开枪打死，冈田得以幸运地躲过谋杀。

这一次连天皇自己也感到震惊，出面清楚地表明他对叛军没有丝毫的同情。于是叛军很快遭到镇压，继之是对元凶进行秘密审判，19人被枪杀，其中包括北一辉，还有70人遭拘禁。尽管“二月叛变”得以镇压，但这并不代表政府拥有强硬的控制力。军部大将很早以前就已经谋划出，他们仅仅需要违反宪法规定，拒绝让军部官员担任陆、海军部长的职位，就能推翻任何不合他们胃口的平民政府。现在，他们更可以宣称，自己也是受了下面官兵施加的压力，能做的只能是带领他们朝他们想去的方向迈进，这样还可以勉强牵制一下部属——领导层的这个理由真是奇怪。

积累财富

尽管两次世界大战期间物价波动不稳，日本还是出现了很多具有持久影响力的公司，有些是新近成立，有些是取得了飞跃性的发展。“马自达”起先是一家生产软木塞的公司，后来生产机械工具，1931年生产了日本第一辆运载工具——三轮卡车。1933年成立的丰田自动织布机厂专业制造纺织机械设备，还开设新部门生产汽车。1937年，丰田汽车公司发展为一家独立的公司（起先被称为“Toyoda”，后来被称为“Toyota”，这是因为公司的注册主管在登记注册时不小心把丰田创始人的家姓“Toyoda”错填为“Toyota”）。到了1941年，丰田汽车的月产量达到2 000辆。不过，比产量更重要的是，丰田汽车公司开始致力于改变公司发展战略，侧重创新研究，生产管理上确立了零部件交货的“准时制”原则，这大大减少了仓储花费。尼桑（Nissan，字面含义是“日产汽车公司”）创立于1933年，到1938年时，年产量达到8 000辆。

富士公司创建于1934年。官营企业八幡制铁厂也是在这一年被改造为新日本制铁公司。

松下电器创立于1917年，开始时只是一家后院大小的会社，生产电灯灯座，1929年的大萧条中险些倒闭，到1937年发展成为制造收音机、电灯泡、蓄电池和加热器的九家公司之一。所有这些现在都是具有全球规模而且家喻户晓的大公司。

战争之路

1936年日本与纳粹德国、法西斯意大利结盟，共同签署了《反共产国际协定》。协定明确规定，这是一个反共产国际的联盟组织，并暗含着在有美国涉入的战争中要互相帮助的承诺。1937年7月在卢沟桥日军针对中国守军挑起的一起捏造事件成为日本发动全面侵华战争的借口。12月，日军攻占了国民党政府的首都南京，在那里对缴械投降的中国士兵和没能取得国际庇护的居民进行了大规模屠杀（译者注：遇难者合计30多万）。

1938年4月，日本政府制定并通过了推行武力扩张政策的《国家总动员法》。该法号召改革经济、服务军事。然而，该向哪个方向扩张在某种程度上还取决于苏联。1938年7月和1939年5月，日军和苏军在中国边境发生两次冲突，结果日本遭遇惨重失败。这期间出兵西伯利亚的日军也没有取得任何快速的推进（在德国的撮合下日本才在后来和苏联签署了《苏日中立条约》，条约一直维持到1945年8月。）

欧洲地区如火如荼的战争把日本的注意力吸引到了南部。法国、荷兰相继沦陷，到1940年夏天，连英国似乎也面临着战败的危险，这无疑给日本增加了征服东南亚的勇气。日本当局发表声明，要建立一个“大东亚共荣圈”，在这个新秩序下，文明进步且工业化程度高的日本将“带领”它那些不太幸运的邻居们取得高度发展，同时摆脱白人歧视,免受白人统治。事实上,由于战争,剥削更加严重,人们所受的痛苦远甚于白人殖民主义所带来的。日本国内,所有的政治党派都被勒令解散,融合成为“大政翼赞会”。

太平洋战争

美国对日本的行径十分不满,于是限制对日出口,尤其是废钢这样极具战略价值的资源,接着又禁止原油的出口。这时的日本因在中国投入了太多的兵力和资金而处于进退维谷的境地。于是,日美双方展开谈判,即使美国政府已经冻结了日本的在美资产,但很难预料能做出什么样的和解。

日本私下估计,美国潜在的战斗力差不多是日本的10倍。但日本之所以“自以为”跨太平洋战争有其“合理性”,是考虑到被爵士风和新闻业败坏的美国不会参战,还有就是如果展开先发制人的攻击,就会挫伤美国太平洋地区的攻击力,这样即使美国想战也没有能力作战了。再加上日本的石油储备严重不足,海军决定应当早作进攻而不是一拖再拖,同时突发奇兵还能取得战争的主动权。

事实上,日本的宣战声明直到1941年12月7日偷袭珍珠港以后还没有发出。显然,这都是由于华盛顿的日本大使馆人员办事能力严重不足导致的。事实上也难以解释,为什么美国外交和军事部门专家们已掌握了大量情报,但最后对日本的攻击还是毫无戒备。有一本分析全面的书透过书名给出了解释——《黎明前的酣睡》。

胜利和战败

日本偷袭珍珠港可谓战术高明,但战略上却损失惨重。罗斯福借此使得愤怒的民众团结起来共同作战。开始的几个月内,日军貌似势不可挡,攻占了菲律宾、印度尼西亚,以及英国在东方的堡垒新加坡,并挥师打到缅甸,直逼印度边境。现在看来,战争的转折点显然早在1942年6月就出现了,那时日本在中途岛战役中损失了四艘航空母舰。

日本缺少了主要的海军攻击力量,不能顺心地抵抗来自盟军的蛙跳战术反击，而且从别处也寻不到更多帮助。而这时的轴心国只是名义上的联盟，但盟军采用的是实实在在的协调作战策略。德国帮助日本与苏联签署中立条约时，从来没有告知日本它的侵略意图。同样，日本也没有通知德国它要袭击珍珠港的计划。两国由于种族主义不能取得彼此的信任。希特勒曾在密友中间公开地称日本为"黄猴子"，而日本的极端分子正陶醉于统一"世界四面八方所有地区于同一屋檐下"（即所谓"八纮一宇"）的"美梦"中，并把纳粹德国称为"友好的敌人"。

1944 年，盟军占领日本的军事基地——太平洋上的塞班岛，在这里可以对日本展开轰炸，直至其投降。1945 年 3 月，东京遭受了长达三天的燃烧弹轰击，死亡人数达到 10 万。日本本土的冲绳岛于 1945 年 4 月被占领，成了有故障的轰炸机的修理场所。冲绳岛守卫战中，整个日本守卫部队的 11 万人几乎全军覆灭，当地居民死亡人数达到 15 万。到 1945 年 5 月，有 1 300 万日本人无家可归。

广岛被炸的产业振兴大楼

1945 年 7 月盟军发布《波茨坦公告》，孰促日本"无条件投降"。公告中保证说，"既不会对日本这个种族进行奴役，也不会对日本这个民族进行毁灭"，但没有明言保证允许天皇政体继续存在（译者注：该公告明确限定了日本主权限于盟国决定范围之内）。日本内阁并不重视这个敦促其投降的公告，试图通过苏联斡旋。日方的毫无反应被视为拒绝投降，于是美国决定于1945年8月6日向广岛投放原子弹。8月8日，苏联向日本宣战，将部队开进中国东北地区。日本现在面临的是，若是苏联占领部分日本本土，这意味着日本领土将会被永久瓜分；若是日本被完全占领，那很可能就意味着天皇政体的废除。8月9日，美国向长崎投放第二颗原子弹。这时日本的官方宣言中依旧信誓旦旦地表示要继续作战，直到取得圆满胜利。但是政府内部私下里已经陷入僵局，不知道要不要为这不可避免的失败低头弯腰。强硬派仍然指望着饿得半死、身配竹矛的平民百姓掀起游击运动进行抵抗，哪怕为维护这“神佑的土地”，还需要付出2 000万条生命。最后，还是天皇出面才打破僵局，选择和平，停止战争。

译者注：抗日战争期间，中国军民共毙伤俘日军155万余人，伪军118万余人，接受投降日军128万余人。中国人民伤亡3 120万余人，中国军队伤亡380万人，总计伤亡3 500万余人，直接经济损失1 000亿美元，间接经济损失5 000亿美元。中国人民对世界反法西斯战争的胜利作出了巨大牺牲和不可磨灭的历史贡献。抗日战争的胜利，结束了日本在台湾50年的殖民统治，使台湾回到祖国怀抱。中国抗日战争成为中华民族由衰败走向振兴的历史转折点，为中国共产党团结带领全国各族人民实现人民解放、建立新中国奠定了重要基础。(引自《辞海》(第六版彩图本)，上海世纪出版股份有限公司上海辞书出版社2009年版，第2973页。)

第九章

改革与复兴(1945～1973年)

> 再没有什么比占领这个国家更有必要的了,不需要占领很长很长的时间,但要占领得能够使我们的胜利和他们的战败无可争辩……具体的路线应该是这样:战败,占领,非军事化,机遇。占领的时间长短应该取决于日本自身的生产能力……一个有着自由观念的政府会乐意甚至渴望与盟国合作……占领军的主要任务是确保这个正在重组的新政府得到保护和帮助……在我看来,任何败坏天皇名誉的行为都是极其糟糕的。我们必须做的,是使日本人民相信他们的天皇是被他的军事顾问误入歧途了。天皇有必要进行全心全意的合作……我们做这一切的目的,是要把日本引导成为一个爱好和平、知道满足的国家,一个国际政治上的友好伙伴,这个国家会有助于世界经济的统一……如果我们想让日本去军事化……那么我们就应当为它的经济能量找到一个释放的出口。

东京大学的前任讲师约翰·莫里斯在1943年写下了这些极富先见之明的文字。他从1938到1942年一直居住在日本。这段文字几乎预见到了接下来的一段时期里日本所面临的全部情况。

战败

1945年8月15日,天皇通过广播直接向他的国民讲话,这在日本史上还是第一次。他那特有的宫廷式语言使讲话内容变得迂回模糊,根本就没有提到"投降"一词。日本人民所听到的是:"然时运之所趋,朕欲忍所难忍,耐所难耐,以为万世之太平。”尽管有人企图阻止天皇的广播讲话,但最终讲话还是得以顺利进行。广播播出后,有 500 名陆海军军官自杀身亡。大部分人的反应先是感到震惊,既而觉得安慰,然后是十分害怕。整个历史上日本从来没有被打败过,更不用说被占领了。占领军会对倒霉的、饿得半死的人们奸杀掳掠吗?

当日本忧心忡忡地等待战胜者到来时,政府初步评估了战败的代价。战争中,日本死亡 185.5 万人,受伤或失踪 67.8 万人。强占的中国台湾岛、库页岛、冲绳以及诸多太平洋岛屿的失去使日占区几乎减少一半。海外帝国坍塌,被遣返回国的日本人多达 600 万,而这时日本国内进口的大米、大豆根本维持不了生计。此外,80%的运输舰队被击沉,1/3 的工业机器和 1/4 的建筑毁于轰炸。只有个别重要城市如京都、奈良和镰仓幸免于难(译者注:梁思成功不可没)。1945 年 8 月下旬胜利之师登陆日本,目睹满目疮痍,也感到十分震惊。他们不想再增加破坏,目标不是复仇而是革新。

最后的幕府首领

理论上讲,占领日本属于盟国的行动,但实际上几乎完全成了美国的占领。盟国在华盛顿成立了“远东委员会”,但这个机构与被指挥地相距太远,仅能给予很朦胧的监督。在东京成立了“对日理事会”,但由于美国断然拒绝了苏联意图占领半个北海道的要求,结果美苏彼此敌对,于是该理事会很快便陷于瘫痪。

占领日本的还有一队队的英国和澳大利亚军队,其中很多人之所以被派到日本是因为他们熟知日语。由于美国占领了2 800个军事基地的大部分,所以他们不过是美国以外的象征性占领军。有效权力集中于一人手上,他就是盟军最高统帅道格拉斯·麦克阿瑟上将。麦克阿瑟上将(尽管有些不切实际)希望利用这个千载难逢的机会将十字军东征的精神和幕府将军的耐力融合为一体,虽然很有远见,结果却是徒劳无功。他所处的位置十分矛盾。他想通过命令的方式使日本成为一个民主国家。可是,日本虽然战败了,但只要他们选择不合作,这次占领的主要目标也就难以达成。尽管废除了审查制度，盟国占领军总司令部（SCAP—HQ）还是积极地审查一切带有军国主义色彩的事物，不管是日本的剑道还是歌舞伎。

麦克阿瑟的傲慢和做作让他在普通民众中有着直接的影响力，这弥补了他的一个不足之处——缺乏会讲日语的工作人员。实际上，他任何策略的贯彻实施都要依赖现存的政府机构。他清除了其中的167 035名军部要员，以及34 892名政治精英。在他看来，日本不需要他们，他也不需要他们。不过公务员里面被“清洗”出去的只有1 809人，商人中有1 898人。不用说使占领地区发生巨大变化了，单要为了使占领工作顺利进行，就非常需要大批的日本职员、警察和邮差的大力配合。为了避免大规模失业和饥饿现象的发生，还需要对商人、农民和店主进行约束和辖制。所有的指令都不得不借助日本的官僚阶层往下传达，这无疑会出现他们有意误解以及错误翻译指令的情况——的确很可能，事实上也确实出现了。美国占领不可避免地也只能成为日式统治。士兵和政治家们失去了权力，与此同时，官僚的权力增加了。

幸运的是，日本也希望合作。一位评论家颇具讽刺意味地说，占领显示出一种很理想的师生关系，世界上最自信的老师在教导世界上最认真的学生。当然，日本人既没有失去他们的干劲儿，也没有失去他们的进取心。在密苏里号战舰上签署投降书后不到一个月的时间，一位熟知美、日两种语言的出版商就出版了《英语会话手册》，该书成为战后日本的第一本畅销书。

非军事化

在天皇的命令下，日本人拿起武器；同样在天皇的命令下，日本人放下刀枪。1945年11月，军队被大批遣散（投降时很多在朝鲜和中国东北的日本官兵成了苏联的俘虏，有的被教导，有的被迫劳役，再也没有回到日本）。1946年1月，盟军下令解散战时的监督和镇压机构，还联合成立了远东国际军事法庭，有25位日本高级军官和政府官员被判为违反人道罪。还有7名（其中包括前任首相东条英机）被判死刑，剩余的被监禁（被囚禁的大部分人在日后都获得减刑）。

几乎所有日本人都称这次审判为“胜利者的审判”，这也算是战败的代价之一。11位法官代表盟国履行了对日本战犯的审判(编者注：中国法学家梅汝璈系远东国际军事法庭中国大法官)。提出这些控诉的时间安排在1946年天皇生日的那一天。死刑的执行时间是在1948年天皇之子生日的那一天。

民主化

对日本有切身体会的西方专家很快就劝告麦克阿瑟上将，如果把日本天皇判为战犯，势必会引起民众抵抗，还要求占领军尽一切力量来维持秩序，丝毫不要幻想着能快速取得建设性的改革。麦克阿瑟原以为“至少也得需要100万士兵……而且占领时间难以预料，应该会很久很久”，这连美国政府都大吃一惊，现在觉得，天皇对变革的认可会是成功的最好保证，并让他远在美国的政府领导放心，因为事实上，“天皇对民主的认识和理解几乎比任何一个日本人都要全面”。

1946年元旦那天发表的“皇室诏书”正式宣称，“说朕是神，日本民族有比其他民族更优越的素质，拥有能统治世界的命运，这种架空事实的观念，也是无根据的……”诏书还号召人民“建立官民平等社会，固立丰富营养之文化气氛，并图民生向上，以建设新日本”。不过，诏书中默认了天皇拥有太阳神血统，同意他继续执行神道教仪式。

值得一提的是，“弃绝天皇的神圣性”不仅有益于日本人，同样有益于西方人。不错，学校是教导过学生天皇是现人神，就是神道教的神在人类身上的化身，但是相信他确实是神的人只有寥寥几个民族主义空想家。对外国人来说，这样的宣告刚好传递出了一种含义，即唯有“神”对自身的明确否定才能让笃信天皇神性的日本人认识到自己的错误。事实上，这意味着，大多数日本人不会再迫于少数狂热分子的威吓而把一个实际上并不存在的事情视为不折不扣的事实。不管怎么说，把神道教的神和“上帝”等同起来就是一个严重的错误，把一个人提高到神道教的神的地位也不意味着把他置于与宇宙造物主同一水平的位置上。日本人习惯性地根据人们的生命价值或者成就价值来评价那些为民族作出了巨大“贡献”的人，并给予无限尊重。学者兼诗人的菅原道真、民族的统一者德川家康和海军司令东乡平八郎都属于这一类，所以人们为他们建造神龛以示“敬意”。

游戏规则

1946 年 3 月 6 日，麦克阿瑟宣布，日本必须重新制定宪法。起草宪法的不是被选举出来的日本国会，而是供职于占领军的美国律师。宪法用英语写成，仅花了一周的时间。具有讽刺意味的是，新制定的政治基本规则在序文里耀武扬威地宣称，国家的主权属于全体国民。正如被替而代之的 1889 年封建宪法一样，“昭和”宪法也像是从天上掉下的礼物。

麦克阿瑟在宪法中重点要做的是：

(1) 确保消灭侵略性军国主义；

(2) 把天皇的身份定义为纯象征性的；

(3) 废除贵族阶级及其他法律上的不平等现象。

新宪法于 1947 年 5 月 3 日生效。值得注意的是，宪法的第一章讨论的不是人民的权利，而是天皇的角色，宪法规定，“天皇是日本国的象征，是日本国民整体的象征”，宪法的第四条又重申：“……天皇没有行使关于国政的权能。”

第二章只有一条，即第九条，很特别的一个条款，这在世界上其他任何国家的宪法内都不会出现：

> 日本国民衷心谋求基于正义与秩序的国际和平，永远放弃以国权发动的战争、武力威胁或武力行使作为解决国际争端的手段。
>
> 为达到前项目的，不保持陆海空军及其他战争力量，不承认国家的交战权。

第三章谈到了“国民的权利与义务”，这是篇目最长的一章。效仿美国的《独立宣言》，宪法清楚地规定了“人民享有人权，拥有保持自由和追求幸福的权利……”就像美国宪法的第十修正案一样，保障了公民的基本权利。第13条规定“全体国民都作为个人而受到尊重”，这等于是间接废除了先前的法律条例，先前的法律规定丈夫的权利高于妻子，家长的权利高于其他家庭成员。第20条不仅规定了宗教信仰自由，还规定“任何宗教团体都不得从国家接受特权或行使政治上的权利”，以及禁止“国家及其机关进行宗教教育以及其他任何宗教活动”，这就使日本的国教神道教与政治分离开来。

其他章节概述了政府各个机构的权力和职能，强调了议会的最高地位、法院的独立性以及地方政府有权利对抗中央等。

是毫无根基的民主制吗?

日本会因命令的迫使就成为民主化国家吗？显然，新宪法属于外来的文件，是由一帮长期为日本宣传家们视为未开化的魔鬼用外星人一样的语言草拟出来的，载入的都是异域概念。肆虐的通胀、忍饥挨饿、犯罪率激增，还有一系列破坏性大的罢工活动，转移了日本人的注意力，使他们深深地感受到社会的错位，他们一直自豪于自己社会的井然秩序，眼下的这一切让他们十分沮丧。

传统的议会制政府或许有缺憾，但却明白易懂。文盲率几乎为零，所以报刊业发展迅速。受到迫害的自由主义者和社会主义者很可能会成为新政治精英中的核心成员。最重要的是，战败所带来的灾难和耻辱几乎使军国主义者颜面尽失。麦克阿瑟在监督新制度的实施方面拥有至高无上的权力，因此他没有必要像盟军对德国的占领那样，和控制分区的同盟伙伴进行商量。实际上，日本完全与世界其他国家隔离了，因为占领军有权利决定哪些外国人可以进入日本，哪些日本人可以离开本土。

吉田健一是战前首相吉田茂之子，作为记者，他总结了美国胜利及其占领给日本带来的政治影响：

> 原来的军队是基于一些过时的原则所成立的，与其相匹配的是过时的心态，现在已遭瓦解……共产主义者被唤起，出现于

> 公众视野之内……现在我们可以和他们搏斗了，无需再担心警察会对他们进行搜捕和迫害……天皇再次成为人民的天皇……如果不是战争，更重要的是，如果我们没有被打败，那么这一切都不会发生。所有这些毫无疑问都是受美国人所赠。我们被打败了，败得一塌糊涂，没有丝毫的怀疑空间。

日本过渡为民主制已成为不可避免的事实。新的政治框架保留了以前的重要元素，同时，也把这个民族放置到以往未曾有过的轨道上，这既是对非常自信和充满理想主义的美国人的赞扬，也是对乐观聪明的日本人的称颂。另外，《昭和宪法》自采用以来从没有改动过。

奇迹发生的根源

麦克阿瑟的简短声明中并不包含创造经济奇迹的打算。官方的观点是："日本所处的困境完全是它自身所造成的，盟国绝不会承担修复战争创伤的责任。"麦克阿瑟在命令中强调："你们不要担负起任何复苏日本经济或振兴日本经济的责任。"

盟国起先的想法是对日本进行"非工业化"，以确保日本永远生产不了任何比自行车更具有攻击性的工具，所以尤其注意解散"四巨头"企业集团——三井、三菱、住友和安田，它们控制了日本1/3的企业，占据了日本一半的资本。占领当局认为，"个体财阀是不是主战论者相对而言并不重要，重要的是，财阀体系为军事侵略提供了有利的背景"。占领当局还认为，财阀压低工资，遏制小型企业的发展，敌视自由工会联盟，因此，它们的瓦解有益于加快民主化的步伐。

战后的若干年里，日本国内物资缺乏，物价飞涨，黑市猖獗。大多数日本人可以说是生存于战败的废墟之中。1946年的工业产量不足10年前的1/3。因此，抵御饥荒主要依赖美国和澳大利亚的食物援助。定量配给食物的国家政策直到占领方才结束。战争的确造成了巨大的破坏，但也有其"积极"的一面：数百万的农民因服兵役而了解到卡车、收音机和电话的奥妙；因军事需要而制造的照相机和摩托车被重新设计，迎合大众市场的需求；敌军所毁坏的工厂和运输系统得以采用新技术来重新修建。综观整个日本史,日本在面对灾难时,无论是火灾、地震还是台风,都显示出了非凡的毅力。

而现在,他们需要做的,不是重建一个村庄,而是一个国家。

土地改革

从根本上来说,美国对日本经济的态度深受政治意蕴的影响。他们首先发起的是土地改革,这部分是因为想要摧毁他们所认为的"封建"压迫,部分是因为想要创造一个新体制下的特权阶级,所谓新体制,就是对共产主义持敌对态度。整个日本劳力中有一半都是农民,几乎一半的日本土地是由租户的佃农来耕种。因此,法律规定,任何人拥有的耕地面积不得多于一公顷,除非所有者亲自耕种,在这种情况下,也不得多于三公顷(地广人稀的北海道可以多一些)。

剩余的所有土地由政府按照 1939 年的地价买下,再转卖给农民,农民购买土地时使用的是 1947 年极度通胀下的货币。失去土地的人把这次地产的转移视为法律掩护下的赤裸裸的充公。一位土地所有者甚至拒绝再看最后一眼他的土地,理由是买一张火车票就把他获得的土地补偿费完全花完了。约有 500 万公顷的农用土地被再分配给 500 多万名租户。租金大幅降低,实物支付消失了,最终由工资劳工耕种的土地只占总数的 10%。改革的负面影响是,土地改革把土地分为若干分散的小块,缺乏灵活性,这浪费了劳力,阻碍了机械化的进程。而且,尽管农民可以拥有所获得的所有利润,生产积极性得以提高,但获取利润的途径并没有增加多少。

教育改革

教育改革被视为新生的民主政治的另一重要支柱。在教育行业任职的狂热的民族主义者被解雇,总人数达到 10 万。左翼分子从此掌管了教师工会,以后再也没有失去过控制。对教科书进行重新编写,清除其中宣扬民族主义的部分。重新修订的课程降低了"道德教育",加强了科学教育,并且再次引入了英语课程。另外,废除了先前的精英中学,代之以美国式的 6－3－3－4 体系,即 6 年的小学教育、3

年的初中教育、3 年的高中教育，和 4 年的大学教育。把义务教育阶段从 6 年增至 9 年，增加了接受教育的机会，还建立新式大学，并保证每县至少有一所。

改变教育体系是一回事儿，改变教学风格却是另一回事儿了。死记硬背式的教学法依然占据着主导地位。通过笔试的竞争压力笼罩在大多数人而非少数未来精英头上。

重新考虑

早在 1947 年 3 月麦克阿瑟就曾表述过这样的观点：由于日本积极地接受改革，所以占领有望提前结束。中国共产党已然崛起，登上执政舞台，而且日本越来越不像是应当受到怀疑和藐视的被打败的敌人，而像是越来越需要给予支持的正在萌芽的“民主”国家，所以美国觉得需要重新估量日本的位置，使之成为重要的政治伙伴。要“遏制共产主义”的想法使美国改变了对日态度，更愿意把日本当作战略基地，当作“不沉的航母”。

驻日盟军最高统帅越来越觉得应当只对日本进行总体指导，而把政策的着手实施留给日本去做。占领当局鼓励重建工业，放弃瓦解财阀。1948 年颁布了限制罢工权利的法律。1950 年，中国出兵朝鲜战争时，日本兴起了“清洗红祸”运动，有 12 000 名被指称为共产党的日本人被逐出工会领导阶层。在麦克阿瑟的要求下，日本成立了一支 75 000 人的国家警察预备队。到 1951 年，首相吉田茂向议会提议：“正是大规模的武器军备使日本战败，所以不能再重整军备了。”

是在培育“弗兰肯斯坦”吗？

站在 20 世纪 90 年代来看，那时候很多美国评论家都认为，占领其实就是美国在创造弗兰肯斯坦式巨兽，这个巨兽注定会起来与他的创造者美国进行竞争，甚至摧毁美国经济。曾参与起草日本劳动法的西奥多·科恩在他的著作《改造日本》中摒弃了一贯的偏执分析，采用了模糊式的分析方法。他讲道：

> 经济民主化，尤其是农民的解放和工会拥有的集体谈判的自由，在日本国内创造了一个广泛深入的大众消费市场，这在日本史上还是第一次。经济民主化接下来会给日本带来的是前所未有的经济发展，以及其他方方面面的发展。而美国的领导者们……一心想要的是，建立起民主的堡垒，借此阻止日本军国主义的复苏。不过，那时的日本也远远没有看到这些。他们正为卸掉国内压迫者的重负而高兴，正憧憬着一个和平的“文雅的日本”……美国得到了他们认为他们想要得到的，日本也是。其实，除此以外，他们得到的还有“经济奇迹”。

科恩还在书中指出，所谓“被解除武装的日本”，就是免除了军备开支负担的日本。美国仅把用作工业上生产性投资的日本 GNP 拨出 5%来承担日本的防卫支出(日本税收也会提供一些)。此外，技术研究被完全用来满足市场需求，而不是军事需求。占领所带来的另一项不期然的益处是设立了一套控制机制来掌控工业重建，譬如颁发许可证、技术买卖和控制外汇等。1949 年后，这些官僚机器归通商产业省管制。这之前被称作商工省，再以前是被称为“军需省”。

“山姆大叔”的阴影

1951 年 9 月 8 日，首相吉田茂拿他的政治生涯作赌注，在旧金山签署了“片面和约”(即只有部分国家与日本签订)，与美国及其盟友达成和解，而把苏联及有关国家排除在外。吉田茂还旗帜鲜明地支持实用政治，反对可望而不可及的“全面和平”，但是日本的反对派坚持认为，唯有“全面和平”才能确保国家的安全。随着朝鲜战争的爆发，“冷战”步入高度紧张的局面。日本实际上已经因占领而被迫卷进了美国阵营。吉田茂作出判定，与其一无所获地一味逃避，不如热情地加入联盟。“非武装中立”在大学的和平主义者那里很受欢迎，但是对于吉田茂这样一位老练的外交家而言，“非武装中立”就像是日本在公开邀请它那军备精良的大陆的邻居过来欺负它。签订《旧金山和约》五个小时后，吉田茂又与美国签署了《日美安全保障条约》。条约的期限没有限制，而且两国所承担的义务也不对等。美国有义务保卫日本，日本则没有这项义务。美国可以在日本本土驻扎军队，并有权力干涉日本国内的大规模动乱。吉田茂的决定造成了日本人之间的意见分歧，这对天生就喜欢追求意见一致的日本也算是巨大的代价。此外，日本和苏联的关系依旧紧张。日本不断宣称苏联占领的千岛群岛为本国领土，作为报复，苏联在日本加入联合国问题上投了否决票。与此同时，日本跟随美国一起对中华人民共和国进行抵制，支持台北的国民党当局。

驻日盟军总司令部于1952年4月28日解散，《旧金山和约》也在这一天开始生效。三天后，左翼抗议者在皇宫外组织了反美集会。有一名学生被杀，1 000人被逮捕。议会内外都对吉田茂的所作所为十分不满。1954年，吉田茂成立了“日本自卫队”，主张自卫的权利是任何一个主权国家所应有的，也是得到联合国宪章认可的，还认为日本的新军备力量并没有实施侵略的能力，所以自卫队的存在没有违反宪法的第九条。

不久，吉田茂下台，接他登台的是鸠山一郎。鸠山一郎决心重建与苏联的外交关系。在回避千岛群岛问题的代价下，这一目标得以实现。尽管没有签订正式的和平协议，但日本终于如愿以偿地加入了联合国。

修订和暴乱

下任首相岸信介设定目标，决心修订《日美安保条约》，建立一个更平等的合作关系。他要求美国在出动舰队之前，在把核武器带到日本土地之前应当征求日本的意见。美国应当放弃干涉日本事务，日本也不再承担美军军事基地的费用支出。日本自卫队和美军应当共同计划，一起训练。另外，新条约的有效期应当限定为10年。

岸信介发现美国愿意重新谈判，但是当他把一致同意的提议递交给国会时，引起了国会内部和外部人民的激烈反对。左翼分子大吵大嚷，对继续疏远苏联和中国表示非常不满，还担心已重建部分

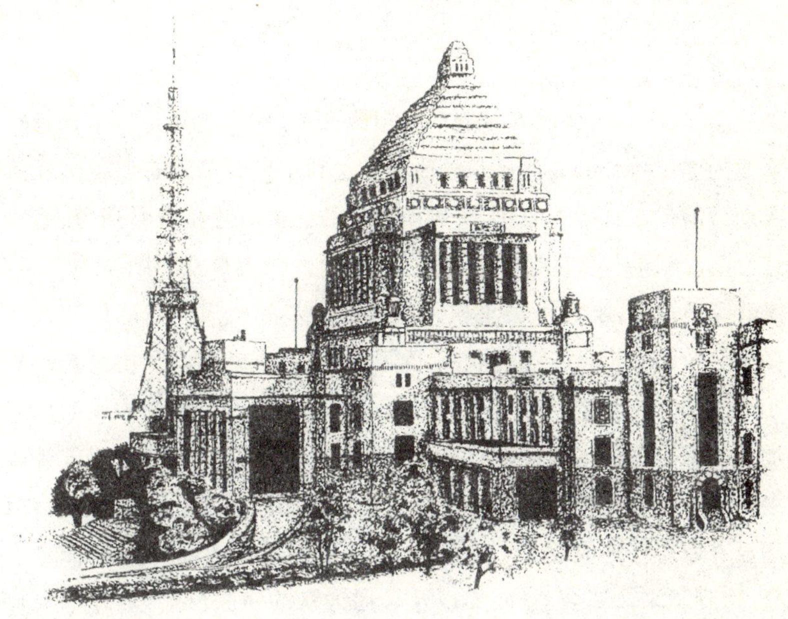

东京国会议事厅

军备的日本很容易完全恢复军备。美国评论员保罗·兰格指出，日本的反美情绪之所以加剧是因为担心共产党会攻来，担心美国方面的帮助会突然转化为威胁，担心一旦威胁产生，日本将会成为核战场，还因为他们对美国军队在日驻扎的反感和对日本渔场所受污染的恐惧，这污染来自于美国进行的原子弹爆炸试验。然而，岸信介完全不顾这些反对，并且表明，只要他赢得议会大多数党派的明确支持，就会强行签订。这完全符合宪法的规定，但绝不是日本式做法。

社会党议员联合抵制议会，反对派更是将议会围得水泄不通。美国总统艾森豪威尔被迫取消早就计划好的“友好访问”。然而，岸信介还是一意孤行，促成了条约的修订，然后辞去职务。社会骚动也就渐渐停歇。日美关系继续向前发展，友好地解决了很多问题。最后的百名战犯得到假释，还解决了日本向占领军提供费用的问题。这些费用则转给美国和日本都有兴趣帮助的发展中国家。先前的防卫联盟现在发展为一股支持和平的积极力量。

逆转进程吗?

事实证明,占领时期发起的各项改革中,那些正好是日本自身所需要的变革持续的时间最长。民主宪法和土地改革没有发生过任何改动。但是在日本人眼里,美国所设想的去中心化是费时费力、违背意愿的。明治时代的维新者早就知道,地方势力会威胁国家的稳定,遮蔽落后现象,唯有中央集权才能保证进步和优质。美国分散警察权力导致的结果是管理的混乱,除了罪犯,没有任何人从中受益。从20世纪50年代起,中央对警察、教育和地方政府的控制力逐渐得到加强。不过,这样的"逆转进程"并没有威胁到占领所带来的重要成果。尽管议会成员对是否需要重新修订宪法意见不一,议论纷纷,但是没有取得任何成效。1958年,政府试图制定新法,抑制劳工激进主义,遭到了来自议会、新闻界以及普通大众的坚决反对,最终以失败告终。对很多人来讲,1959年皇储明仁迎娶平民新娘美智子充分地表现了新平等主义。

机会和雄心

1950年朝鲜战争爆发,美国军队以"特殊采购"的形式从日本购买供应品和补给品,这给日本带来了巨额的经济效益。到1952年,由此获得的收入已经差不多等于日本进口额的一半。还有一些额外收入来自于狂热追求"休闲和娱乐"的美国休假军人。即便在朝鲜战争结束后,驻扎在日本的美国军队的开销以及被派驻亚洲的休假士兵的开销每年都要达到5亿美元。在这样的情形下,美国决定停止对日本的直接援助,到1952年,直接援助金额总计已经达到2 016 000 000美元。到1954年,日本的平均收入回到了20世纪30年代中期,也就是军事需要还没有扭曲并最终打垮经济以前的那个水平。国家经济政策的基本原则已经得到确定。尽管缺乏能源和其他资源,但日本还是很有希望发展成为一个以出口为主的国家,就像它的前殖民地台湾那样,主要生产低科技的轻工业品,比如灯泡、餐具和体育用品。但是,直到占领正式结束以前,日本当局一直认为,要使全国7 000万人口的生活水平达到与西方相匹敌的程度，日本唯一的方式就是全面发展以钢铁和化工为核心的、高科技型的重工业。日本还制定了发展电动汽车业以及旗舰国际航空公司的计划。美国不仅被视为全世界最富有的市场，还被定为高新技术的重要发源地。美国的生产力专家爱德华兹·戴明是将统计学方法用于质量控制的先驱者，早先被麦克阿瑟带到日本，作为工业顾问师。他很快受到日本工程师的崇拜，并拥有一大批坚定而又狂热的跟随者(由他所作的一部手册的版税赞助的戴明奖，直到今天仍然是日本最享盛名的工业奖)。日本还成立了国家生产力中心，招募各个行业的专家团队，派遣到世界各地去记录和报导各自所在领域的最新技术进展。1955年鸠山一郎内阁发布了《经济自营五年计划》，旨在使日本在没有"特殊采购"的帮助下，5 年内 GNP 的年增长率达到 5%，形成一个能独立发展的经济体。

慎重派的迷惑

1955 到 1960 年间，经济的增长速度几乎是预期的两倍。出口和现代化的很多目标都在两年内实现，而不是预想的 5 年。到 1957 年，生活水平几乎比 1954 年时高出 27%。1958 年的一份官方调查结果显示，日本经济已经完全复苏，声明中还发出警告，自此以后增长速度会减速不少。

然而，接下来的情形却使慎重的预言者们感到迷惑。1956 到 1959 年间，随着人民拥有的电视机数量从 165 000 台飙升到3 290 000 台，出现了一种全新的产业。

1960 年，公共财政学的奇才池田勇人就任首相之职。他发布了 10 年内国家收入翻一番的计划。西方的评论家无不嘲弄他的疯癫。但是他做到了，而且只用了 7 年的时间。未来的外相大来佐武郎草拟的"池田计划"大致包括五个重要事项：

(1) 改善基础设施建设，例如道路、港湾设备和供水及排污系统。建造大众廉租房，刺激钢铁和建材工业的发展，以破解进一步发展的瓶颈；

(2) 鼓励重工业尤其是化工业和机械工业的发展,因为重工业的进步有益于带动大量诸如车辆等有潜力的次级产业的发展;

(3) 提倡进口,扩大与发展中国家尤其是资源富足的东亚国家之间的联系;

(4) 进一步公派理科毕业生出国,增加研发开支,加强职业训练,提升日本的"人力资源"素质;

(5) 缩小现代型产业和传统型产业之间的差距,缩小高速发展地区和贫穷落后地区之间的差距。

落后了?

高速的经济发展不可避免地会带来发展的不平衡现象。农村社会学家福武直在1961年出版的著作中提到了农村地区发展速度滞后的现象,引起了广泛关注。的确,机械化程度飞速发展:1939年,整个农业区域使用电动机械的家庭只有9万家,20年后,使用者达到250万家。1951到1956年间,农民的消费水平提升了五分之一还多,但是占据总人口41%的农民单靠这些小农场根本不能获得足够的经济收入。尽管1952年普通农民的所得收入是以城镇为基础发展起来的工厂工人的83%,但到1956年,这个比例降到了67%,而且还在继续下滑。福武直发出不祥的警告,若不加注意,很可能会引发不良的政治后果,因为"一旦人民不得不与贫困作斗争时,在社会活动中就发扬不了民主精神"。他还指出,唯一的解决方法是"减小长期以来的人口压力,促使现代产业吸纳愿意外出工作的农民……这很重要,因为可以为追求经济独立的农民家庭提供更多的机会"。

实际情况差不多就是这样。农村地区为迅速扩张的新企业提供了大量教育程度日渐提高的劳工,这些新企业不需要再花费高额薪水从现有企业中招工。在经济高速增长的20世纪60年代,这无疑是一项至关重要的资产,不仅可以帮助控制成本,而且可以扫清增加产量的阻碍。与此同时,在家耕种的农民得到了大幅补贴,大米和其他国产农作物的价格也不致下滑。实际上,这还帮助了纳税人和家庭主妇。回首战败后的那些饥荒岁月,他们很可能觉得这一切都值得。

1950年,每两个日本人中就有一个是在农业、渔业或者林业部门工作;到1960年,为每三个人中有一个;到了1985年,则是每十人中才有一个。

一切为了增长

"池田计划"的公布并不意味着日本经济已经成为一种社会主义式的"计划经济"。政府和企业之间的关系更类似于法国式的"指导经济"。政府的技术专家从总体上勾画了他们的愿景,他们期望经济得到发展,期望通过使用公共投资计划、免税以及保护性关税这样的方式来帮助实现目标,而不是通过政府的"指导""给出建议",而被提醒的企业就按照政府的建议做事。

日本政府发展国家的重要原则是"经济优先,生产优先,出口优先",事实上这样的安排对环境无益,不过环境问题是逐渐出现并变得显著的。重建的积极性在发展面前不得不让步,因为发展才是最终目的,发展才是获得国际声望的方式。

新干线——日本复兴的象征

1964年,日本取得的惊人成功得到了发达国家“俱乐部”——经济合作与发展组织的认可。日本的年经济产量几乎等于所有其他亚洲国家的经济产量之和。同年,日本举办了奥林匹克运动会,风格独特、办事高效,而且金牌总数排名世界第四,因此受到了全世界新闻媒体的关注,虽然这样的关注日本并不习惯但绝对欢迎。为奥运会新建的东京——京都线“子弹头列车”每小时运行130英里,这让奥运会的观众们惊叹不已。几乎没有人否认,日本这个几乎是从废墟中建起的国家称得上是“亚洲凤凰”。为了强调这点,日本更是选择出生于广岛原子弹爆炸当天、年仅19岁的坂井义则点燃奥林匹克圣火。

超速增长

从1965年秋到1970年夏,日本经历了持续的经济繁荣期,年均增长率一直持续在11%左右。1955年日本生产了全世界第一台便携式晶体管收音机,1965年生产了4.54亿台,到1970年生产数量达到18.13亿台。在这期间,彩色电视机的产量也从9.8万台升至640万台,汽车的产量从69.6万辆增至317.8万辆。国际贸易额的增长率几乎达到8%,出口量也翻了一番。1967年,日本超过西德,成为非共产主义世界里的第二大经济体。1968年,日本的贸易平衡状况首次发生改变,开始出现贸易顺差,而且从此一直都是如此。1969年,日本的外汇储备达到35亿美元,到1971年,外汇储备更是达到了152亿美元。日本的海外贸易结构发生了显著变化,不再大量出口玩具和纺织品,改为出口轮船、钢铁和车辆,进口的产品几乎都是石油、矿产、木浆以及越来越需要进口的肉类和豆类等食品。工资每年增长15%,1967年时人口数超过了1亿。巨大的国内市场也刺激了经济的发展,使得制造商还没有把产品出口国外就已经实现了重要的规模经济。

谁创造了奇迹?

任何“奇迹”的发生都多少需要一些魔力。但是日本那些创造奇迹的企业家们很可能不会承认有任何来自超自然方面的帮助，而是把这一切归因到“维多利亚时代的美德”上，比如努力、不懈和开放。三菱公司的老板简明扼要地作了总结：“我们的国家和我们的企业把劳力、技术、销售能力和得自国外的原材料恰到好处地结合在一起。冲劲也很重要。还有，我们都很勤奋。”

本田宗一郎继续说道：“日本的成功，以及我们公司的成功无不得益于一个重大因素，那就是我们的开拓进取精神。”索尼公司的董事长井深大(Ibuka Masuru)也表达了类似的看法，他说：“要避免跟着其他公司的路子走……新产品才能开发出市场，尤其是那些全世界需要但其他公司却不生产的产品。”1952年井深大远赴美国学习访问，了解到了晶体管，当时他告诉美国人，他打算把它们应用在收音机上，却被告知说从技术上来讲那是不可能的。但到1958年，他向美国出口了这种“不可能制成的”收音机。

本田

本田宗一郎(1906～1991)取得的巨大成功证明了，在一个看似受到寡头公司和政府部门掌控的经济体中，单个企业依旧能通过个体努力发展成为大型的制造业公司。本田是一个铁匠的儿子，22岁那年独身一人创办公司，开始时经营的是一家修理铺，后来开始为丰田公司加工活塞环。战争期间，他的公司被安排提供军需用品，这次经历让他明白，“计划经济”由于标准僵化、价格固定、缺乏竞争力，很容易降低进取的积极性，所以注定是一种失败的经济模式。

战后私人交通工具稀缺，这给本田带来了他一生中的第一个机会。他把多余的小型军用汽车改装为脚踏车，就这样进军了机动车行业。1951年，他推出了轻便且容易操作、排气量为146cc的“Dream”型摩托车，总共售出900万辆。1953年又推出C-100，到1959年，本田成为全世界最大的摩托车销售商。

本田明白，成功的重要秘诀是与最棒的较量，然后打败它。他参加了在马恩岛举行的英国“旅行者大奖赛”，这是为了展示摩托车技术而举办的盛会。这次与会经历让他作出要使本田公司参与世界级竞争的决定，但是他早期参赛的汽车并没有得到认可，甚至还出了丑。由此他开始了颇具耐心的“逆向工程”，就是先购买英国最新出产的摩托车，带着白手套小心地将其拆解，由此他学到了很多。就这样学到的以及通过在赛道上进行试验得到的经验教训——真是昂贵，将会在以后融入日常使用的机动车生产中。本田通过参加竞赛获益不少，比如知道了卓越技术的最准确标准，还使本田成了天下无双的品牌。在那时，日本共有 300 家摩托车厂。最后只有四家生存下来，本田是其中规模最大的一家。本田最大的竞争对手东发公司于 1964 年破产。到了 20 世纪 60 年代，本田把汽车列为下一步要进军的行业，尽管这时阻碍重重，因为据称权力无所不至的通商产业省把丰田和尼桑视为世界级的生产商，所以想让它们与其他制造商合并为一家公司。本田拒绝合并，后来乐于说：“这家公司得以存活至今的原因是通商产业省让我做什么，我就偏不做什么。”1972 年，本田开发出了节能型的“本田思域”，正好迎合了 1973 年能源危机时候的市场需求。这一年本田也正式退休，说要给“基于令我迷惑的价值观的新型管理机制”腾位。

成功的秘诀？

1967 年，伦敦报刊《经济学家》的副主编撰写了文章《升起的太阳》。文中，他尝试分析了日本成功的若干因素。他特别强调的两个因素是政府与企业间的密切联系和较高的平均教育水平（当然，他的看法或许带有先入之见，因为这正是英国表现最差的两个方面）。自战争结束以来，除了 1948 年那不到一年的时间，执政日本的一直是重商的保守党。1955 年，左翼进行改组，不分伯仲的自由党和民主党停止纷争，合并成为自由民主党（LDP），此后自由民主党一直执政。执政的连续性增强了企业做长期投资的信心，而且使得政府的威胁和承诺要可靠得多。教育方面，到 1960 年代晚期，有 70％的日本孩子直到 18 岁还在学校接受教育，这个比例几乎是同时期英国的两倍。参加工作的大学毕业生比例更是差距不小。西方分析家们还另外总结出了一些重要因素：

(1) 没有发生长期性质的罢工运动。每年4月举行的“春季斗争”活动大部分都是些简单、形式化的罢工，一般不过持续几个小时。工人领袖们认为，长期争端会降低公司的市场占有率，这只会有利于自己公司的竞争对手。单说丰田，1958到1974年发生的所有罢工运动中，生产仅仅停止了一个小时。

(2) 高达英国三倍的储蓄率。这得益于鼓励储蓄的税收支付制度和给工业发放贷款助其长期投资的银行结构(这期间成立的日本邮政公社，就现金存款数量而言，是世界上最大的银行)。到20世纪60年代，日本的年资本形成额超过GNP的30%，差不多是美国的二倍。

(3) 良好的国际环境。能源和原材料价格低廉，还有开放的国际贸易，以及越南战争时期得到的采购利益。

这是一个因美德而获得奖励的故事吗？从某种程度上说是这样。但这也是一个因能力而获得奖励的故事，他们不仅具备发现机会、双手抓住机会的能力，而且具备利用竞争者骄傲心理的能力。他们的竞争者完全低估了日本开发推广新技术的能力，于是大大调低了新技术的出售价格。

而日本毫不犹豫地通过各种可行方法维护他们的国内市场。20世纪50年代末期，日本进口的80%都受制于某种禁止或者是配额。剩余的则要越过厚重的法律文件造成的阻碍。

生活水平和生活质量

随着战争和饥饿的记忆逐渐模糊淡化，人们不再青睐简单朴素的传统生活方式，开始欣赏和喜欢小型器具和新颖物品。日本天皇即位时会收到三件珍宝——八咫镜、天丛云剑和八尺琼勾玉——作为他神圣地位的象征。到了20世纪50年代，日本消费者想要的三件宝物是：电视、冰箱和洗衣机。到1964年，90%的日本人可以在自己家里通过电视观看奥林匹克运动会，一半以上的日本人还拥有冰箱和洗衣机。到20世纪60年代末期，消费者们志在必得的是汽车、彩电和空调。更“贪婪”一些的开始渴望拥有录像机、海边别墅以及海外度假。

1968年法国爆发学生骚乱运动，再加上遍布世界的反越战抗议活动的影响，日本国民也开始发泄不满，一流的东京大学校园似乎成了战场，大学生们将汽油弹投向警局。不过日本对这些年轻学生的过激行为一直持容忍态度，一些深度社会评论家还宽宏大量地把这些破坏行为视为对当时物质崇拜主义的批判。此外，在很多西方游客眼里，那些在其他地区存在的、被认为是伴随“富裕”而来的、几乎是不可避免的社会恶习，都没有出现在日本，更不用说毒品问题了。街头犯罪少得几乎可以忽略不计，也几乎没有公共场所乱涂乱画的现象。

是的，日本也有黑帮，总人数达到8万人，是美国黑手党人数的5倍。由于影视对黑帮的浪漫化，他们成了武士的现代象征，宣布效忠所制定的荣誉规则，该规则以某种方式将他们经营妓馆和收保护费的现实愿望与热忱的爱国主义结合在一起（实际上，日本黑帮确实自愿当过便衣警察，帮助正规警察保护外国高官免受示威者的伤害）。日本黑帮共有7个主要组织，他们长期以来都与政界和商界的高层人士保持着密切联系。除了恐吓那些在繁华地带拥有不动产、不愿意交保护费的卖主，以及那些在公司会议上敢于提出敏感问题的股东外，黑帮内部从来不相互使用暴力来解决问题，不把彼此的情绪发泄到普通民众身上。总体来讲，黑帮还是属于非常守旧的一派，战后的数十年来，即使称不上正直，但也算是稳定的力量（最近黑帮开始介入一些合法业务，尤其是房地产开发方面，而且他们的势力日趋强大，先前与警察间的亲密关系开始明显受到威胁）。

1972年，经济计划署发布了一篇名为《日本和日本社会》的报道，其中谈到日本的机制越来越健全，但与此同时的是人们的压力越来越大，自我放纵现象严重。报道指出，从好的一面来讲，日本目前与瑞典一样，有着世界上最长的寿命、最低的婴儿死亡率。营养得到改善，年轻人的身高、体重和体力都有所增加，这是有目共睹的。日本年轻人的平均身高较他们祖辈在这个年龄段要高5英寸。尽管工作不太可能使他们劳累过度而损害到身体，但也不再让他们有时间进行适当的运动，“他们工作强度大，单凭每日的睡眠已经不能轻易消解掉日积月累的压力”。“再加上人们休假的时间甚至不到带薪假期的一半(这个时间要远低于西方国家)”,这都加剧了压力引起的疲惫程度。另外,“人们即使在病情严重的情况下也不愿意请病假……有40%的被调查者承认在接受医疗护理的时候没有请病假”。

奢侈生活,低级趣味吗?

战败后的几十年里,日本经济和社会所取得的发展和进步是不容否认的。但文化方面的成就却不太均衡。高级打工仔(比如经理)的费用账单上夜总会和卡巴莱歌舞表演方面的支出越来越多,青少年和家庭主妇们蜂拥光顾弹球游戏场和咖啡馆。举国掀起喜爱软色情漫画的热潮,这对森林业不能不说是件坏事。与此同时,官方开始支持赞助“人间国宝”,于是若干杰出工匠的手艺得以保留存世。人们对插花和书法的广泛兴趣造就了数百名专业学者和私人教师。社会的繁荣使武士精英们的传统消遣活动更加民主化。

战后还有一项重大的新发展,那就是西方兴起了从未有过的、对日本文化的兴趣。英国陶艺家伯纳德·利奇点燃了他同时代人对日本传统和前卫的制陶艺术的兴趣,作家艾伦·瓦茨则推广普及了古怪的禅宗哲学。热情的信徒们开始集会练习柔道、剑道和花道。还有一些西方人狂热崇拜锦鲤,热衷盆景艺术。

最先满足这些新嗜好的媒介很可能就是电影院了。1951年,黑泽明导演的《罗生门》赢得了威尼斯电影节最高奖项“金狮奖”。日本最大的电影制片厂东宝株式会社的总裁差点儿拒绝发布,担心外国人不太容易理解,因为很多日本人都不能理解。《罗生门》讲述了,更确切来说是复述了一个中世纪时期的关于抢劫和强奸的故事,该故事是从受害者、反面角色和旁观者三个视角来阐述的。为了使本就杂乱无章的故事更无厘头一些,这个故事被嵌在另一个故事中,这个故事是从三个18世纪的旅行者在荒废的京都罗生门底下一起躲避暴风雨说起的。黑泽明选取的这个故事来自于才华出众的芥川龙之介(1892～1927)创作的短篇小说《罗生门》。黑泽明后来执导的《七武士》(1954)被搬到墨西哥,改编为《豪勇七蛟龙》,执导的《用心棒》(1961)则被瑟吉欧·莱昂内用夸张的手法改编为《荒野大镖客》,产生空前轰动，成功地兴起了“意大利西部热片”的热潮。

战后日本最著名的作者不是获诺贝尔奖的、1972 年采取含煤气管的方式自杀身亡的抒情派作家川端康成，而是自我戏剧化了的三岛由纪夫，他于 1970 年切腹自杀。三岛由纪夫是一位多才多艺的丰产作家，艺术般地过着自己的生活。自小由专制的祖母与世隔绝般地抚养长大，害羞怯懦，身体孱弱故而没能服役，后来把自己改造成了一名肌肉强健的运动员。他其中一部佳作——《金阁寺》讲述了一个真实的故事：古老的京都金阁寺奇迹般地存在了 5 个多世纪，却被一位疯狂的僧人故意烧毁。三岛由纪夫自始至终都着迷于那些关于死亡的和奇异怪诞的事物，后来还自编自演了一部电影，在电影中，他扮演的是一位在 1936 年“二月政变”中被捕而后自杀的青年军官。由于对日本战后的道德堕落日渐不满，他成立了辅助军事组织，名为“盾会”，致力于复兴民族精神。有一天，他完成了他最后的作品，四部曲小说《丰饶之海》的最后一部，随后带领 4 名盾会成员，来到东京郊区的军营，以天皇的名义发动政变。他先是高谈阔论，慷慨陈词，但是守卫成员们毫不相信，甚至嘲笑他是疯子，于是他按照日本武士传统的切腹方式自杀身亡。

一些研究日本文化的西方专家们为三岛由纪夫所获得的过分关注深感遗憾，因为公众的注意力全部都围绕着他的生活和工作，这就掩盖了其他一些作家的突出成就。比如大冈升平，他著有《野火》(1951)，书中叙述的是菲律宾丛林中发生的战争惨祸所给人带来的恐惧；安部公房，他创作了以幽闭恐怖为特征的《砂女》(1962)；远藤周作，他创作了描绘 16 世纪时期日本迫害基督徒的《沉默》。此外，还有战后的前辈文学家谷崎润一郎(1886～1965)，他的第一部小说面世于 1910 年，代表作是《细雪》，描绘了太平洋战争前的上流生活形态，他的最后一部小说《疯癫老人日记》刻画的是一位爱慕自己儿媳的脚的老人。

日本作家创作的喜剧小说和讽刺性小说中，很少有被认为是“重要”到值得翻译的，因此，西方读者很容易形成日本文学几乎全是关于忧郁、病态或者说是受虐的印象。

悠着来

占领时期日本国策的主要目标是重新获得制定国策的权利。20世纪50年代，日本很少主动外交，顶多就是尝试重新加入国际组织，和先前的被占领国家协商赔偿协议。但是在1964年，为了和东京奥运会精神取得一致，日本长期限制私人海外旅游的条条框框终于得以放宽，举动虽小，但意义非凡，因为它象征着日本拾起了重新登上国际舞台的信心。1965年，日本恢复了和其前殖民地韩国的外交关系，尽管关系并不友好，但却为更加广泛的、互惠互利的经济合作开辟了道路。

日本对中国的态度要复杂些。日本一方面忠实地追随美国，承认中国台北的国民党当局，通过与高速发展的台湾岛开展贸易而获益，另一方面又通过由同情共产党事业的左翼党派挂名支持的贸易商行，谨慎地与中国大陆保持着间接往来。到1970年，这方面的贸易往来占日本出口的2%，占中国进口的20%。即便是日本右翼分子也不得不对中国表示尊重，因为中国不仅是日本文化遗产的源头，还是核能的来源，更是潜力巨大的未来市场。

日本对待苏联的态度依然十分消极。1971年的民意调查显示，人们对苏联的憎恨要远甚于奉行孤立主义和军事化的朝鲜。这部分是出于反共产主义，部分是因为还没有忘记在俄日本战俘所遭受的不良待遇，还有部分是因为苏联一直占领着日本坚定认为是属于本国领土的南部千岛群岛。20多年后，“北方领土”之争持续未决，成为日俄经济技术合作的障碍，这本可能会给双方带来巨额效益。

军事实力被剥夺、外交手段不成熟的日本最感到自信的是自己处理国际经济和技术问题的能力，因此政府做出重大努力支持大阪世博会，要向世界展示日本25年内取得的重大成就。然而，1971年发生的一些事件却使日本严重受挫，痛苦地意识到自己还不该沾沾自喜。作为日本国际政策基石的美国作出了两项行动，这完全出乎日本政府的意料：一个是承认“红色中国”，另一个是开始对包括日本在内的所有进口商品征收附加税。日本并不是不能承受政策规定征收的附加关税，而是这个政策太突然，突然得让日本感到震惊，觉得这几乎是一种侮辱。幸而美国不久就向日本保证，不会和中国达成任何不利于日本利益的协议，甚至同意将冲绳县还给日本，才摆平了日方的不满。但是，通过此事，日本不得不承认，它与美国的“特殊关系”依旧是一厢情愿。

经济滑坡

凡事都要付出代价，日本的经济“奇迹”也不例外。化学公司和造纸公司造成的水污染使毒素进入食物链，引起了农民和渔民的身体畸形与过早死亡。当日本人获知水银中毒和哮喘的可怕后，“污染”一词很快变得家喻户晓。以前各个城市争相竞争吸引新工厂的入驻，现在开始联合起来进行抵制。到 1971 年，成立的反污染组织超过 450 个，仅在东京就有 100 多个。这时的首都则在忍受着富裕所带来的新型副产品——光化学烟雾。1971 年，东京市政府正式宣布：“现今东京的人们呼吸着已被污染的空气。水源也受到污染，他们不得不忍受令神经紧张的高强度噪音。脚下地面塌陷。动物、植物和海洋生物都受到工业废料的污染，面临灭绝的危险。”

同年，一个成熟的“环境保护厅”姗姗成立，领导者是一位内阁首领。到 1973 年，政府不得不发布官方警告，任何人不得在一周内吃六个以上的对虾，或者一磅以上的金枪鱼，还建议孩子、孕妇和乳母不要吃任何贝类食品。

拥有汽车的人越来越多，道路建设还远远落后。1945 年后的 30 年里，日本死于交通事故的人数远多于死于广岛和长崎原子弹爆炸的人数之和。所谓的城市风光不过是阴沉灰白、由混凝土砌成的办公室和公寓。森林和海岸线又被破坏。1973 年，政府面对公众抗议承认了自己的不足之处：

> 政府将财政资金过多地花费在生产性投资上，忽视了社会公益服务。政府没能制定出合适的分区规划，将居民区和工业区分离开来。直到危害显而易见之时，政府才开始对污染企业

作出调整,这在之前做得实在很少。

然而就在同一年,九州的一个渔民因为抗议建造另一家石油化工厂的提议而被捕,他的观点没有什么不同,但更加骇人听闻:

> 日本就像是在吃自己大腿的章鱼。我们的财富主要来自于我们的海洋、河流、良田以及人们的精神……这样一个追求越来越多经济增长的民族,正在做的却是毒化我们的土壤、河流和空气,还有我们自己。我们的国民生产总值排在世界第三位,但我们的国民污染总值却排在世界第一位。

这次污染危机的潜在解决办法很快出现,这来源于一场十分意外的战争。中东战争的爆发促使阿拉伯发起了"石油制裁",油价翻了两番,日本作为最大的石油进口国,经济将严重受到拖累。

第十章

国际化和民族特性(1973～20世纪90年代)

1973年"石油冲击"发生后的20年里，日本的经济结构发生了重大变化。钢铁和化工之类的能源密集型重工业逐步退出"飞速增长"的时代，继之而起的是以电脑、机电和生物技术为核心的高科技型制造业。社会上，不断提高的富裕水平所带来的长期影响引起了人们对一些潜在负担的担忧，比如人口快速老龄化问题，还有年轻一代不再像他们的父母那样看中传统的价值观，而是把自己标榜为"新人类"。政治上，可谓动荡易变，自由民主党的执政地位由于流言丑闻而不时有所动摇，但他们仍然掌握着执政大权，并努力疏远与那些特殊利益集团的关系，摆脱被施予的压力，结果却是白忙一场，最终还要依赖这些利益集团的意愿、赞助和选票。

"国际化"变身为关键词，成了强加给企业和学校的制度性要求。每个人都应当这样做，但没有人很确切地知道应该做些什么。政府热情地提倡把"国际化"作为一件可取宜行的国家大事。后任的首相们意识到，日本的经济影响力促使它担任更广泛、更积极的国际角色，于是承诺日本会更加积极地应对全球问题。但日本对1990年海湾危机的反应却是迷惑茫然，缺乏热情，手足无措。美国政治家迪安·艾奇逊曾经说道，失去了帝国的英国迄今还未找到自己的位置。这话用在经济上的和事佬、外交上的旁观者——日本身上也无不可吧?

不确定状态

日本并没有把1973年的石油禁运算作危机，只当作一次"冲击”。政治分析家高坂正孝向本国人民强调，这种情形下，日本不能再抱冷眼旁观态度。这是 1945 年以来日本首次陷入不可逃避的重大困境。战后的整个历史被迫进入一个新阶段：

> 回首过去……我们得承认日本经济的高速增长……不仅取决于日本人民的才能，还取决于有利的国际环境，尤其是取决于一个事实，这就是：它几乎能够无限地扩展对外贸易，自由购买资源……

到 20 世纪 70 年代早期，石油占据日本能源需要量的四分之三，其中大量的石油进口来自政治动荡不安的中东地区。日本一周需要的石油量几乎和 1941 年因石油禁运而袭击珍珠港时候所用的一样多。接下来的几十年中，日本从国际环境中受益极大，但这国际环境并不是它亲手创造的，现在突然变得对它不利，而它几乎没有什么能力来做出改变。正如高坂慎重地说道：“众所周知，日本此刻正面临一场考验。但是，日本却不大清楚这场考验的本质。”日本政府不久后发布的抚慰性政府声明，表示对巴勒斯坦事业的支持，除此以外，日本政府还不得不集中全力整治国内。

1972 年首相田中角荣出台了一项雄心勃勃的计划，旨在“改造日本列岛”。该方案涉及了各种事项，比如重新安置工业，远离过度拥挤的南部和东部，迁到欠发达的北部和西部，还提出要把 10%的年经济增长率再持续十年。这次石油冲击使这样的构想看起来很荒谬，因此计划很快就搁浅了。另外，各种企业争抢石油，家庭主妇们也在挤来挤去地争夺清洁剂和卫生纸，于是政府出台了一系列紧缩措施抵制通货膨胀，减少能源消费。不管是政府办公室还是学校，都严格禁止使用过多的供暖、用电和空调装置。囤积燃料的行为甚至被定义为刑事犯罪。银座还调暗霓虹灯——最起码是周期性的。

1974 年是一个不安定的年份。经济空前增长了十年后，开始走向收缩。企业利润下降，失业率上升。由于法律禁止解雇终身雇佣的全职员工，企业裁员现象并没有立即发生，但是招工很少，还有很多兼职工被解雇。管理者同意减薪，工人也接受调任和提前离休。据估计，有三分之一的企业停工，消除了任何通过增加投资振兴企业的可能性。那些依赖低价油进行生产的企业所受的打击最重。最受打击的应该是化工业，当然还有水泥业、木材业、制纸业、钢铁业和轮船制造业。这些行业无不通过节省开支和合理利用资源才使境况有所缓解。供应方面，开始努力增加进口石油的渠道，比如阿拉斯加州、墨西哥、尼日利亚和其他非阿拉伯地区的产油商；努力发展非石油供应品，例如煤、液化天然气和核能源。需求方面，强调减少能源集中型企业，扩张那些需要较少能源的技术密集型企业，比如电子工业。这些都大大增加了劳动力、能源和原材料的有效利用率，提升了企业的生产力，1975 年到 1978 年间生产力平均每年提高 8.4%，从而恢复了日本的国际竞争力。尽管国内投资止步不前，但出口再次腾飞，从 1975 年的 560 亿美元增长到 1977 年的 800 多亿美元，其中增长的 80%来自汽车行业和电子产品。到 1975 年，收支平衡再次回到贸易顺差。到 1979 年，运营的企业总数回归到了石油冲击前的 90%。

接下来又发生了伊朗革命和第二次石油危机，不到两年的时间里石油价格增至原来的 3 倍。1973 年得到的教训现在结出果实了。通货膨胀从 1980 年的 17.7%降到 1981 年的 1.4%。1979 到 1982 年间，石油的进口量减少了四分之一。日本再也没有出现过 10%的增长率，但是也不再可能出现经济瘫痪的情况。

党内角逐

20 世纪 60 年代，一个重要的新党派——公明党成立，而且越来越多的人们愿意把票投给共产党，但从国家层面来看自民党的执政地位依旧没有受到严重威胁。在市、县级层面，左翼党派拿环境问题做文章来参加竞选，本来能够也确实可以当政的，但是自民党最后得到暗示，决定更加认真地解决生活质量问题，绕开了这次威胁。这时的首相佐藤荣作已经执政近 8 年，1972 年退休时因反对核武器而获得了诺贝尔和平奖。现在看来，他执政的这一时期可谓是保守党的黄金时代。

佐藤的离职敦促自民党选举新一届政党领袖,这个领袖需要是议会中多数党的领导者,这样才能水到渠成地就任首相。有四位候选人,每个都是执政党内的派系领袖,他们分别是:田中角荣、三木武夫、福田赳夫和大平正芳。每一位都在 20 世纪 70 年代任过首相之职。

1972 年,胜出的是田中角荣,之所以赢得选举是因为他对北京进行高调访问,恢复了与中华人民共和国的外交关系。在任期间,他选择了极其独断的口号"果断和行动"作为座右铭,但他绝对称不上是位典型的喜欢操纵党派的自民党政治家。田中的大多数同事都是出身富裕家庭的大学生,唯他是通过艰苦努力才获得目前的地位。他先是在建筑行业谋生,后来逐步获得了关于中标和签订合同的实用知识。起初给媒体和公众的印象是一名吃苦耐劳、世故精明的干将形象。他那雄心勃勃的"改造"计划导致了螺旋式上升的通货膨胀,因为投机商们争相购买地皮,他们认为很可能会从政府支持的发展项目中获取利益。接下来发生了石油冲击,日本显然就要坠进无底深渊了。1974 年 7 月参议院举行选举,为确保选民支持参议院,田中公然滥用政党资金,为示抗议,三木和福田同时离开内阁。接着,享有盛名的《文艺春秋》杂志刊载了《田中角荣研究——他的财源和人缘》,文中对田中进行了详细解剖。面对公众的愤慨,田中主动辞职。不过他的支持者仍旧始终如一地拥护他,还再次选举他为议会成员,就这样他直到身患重病,行动不能自理,身处幕后时还依然深刻影响着派系的忠诚。

1976 年 2 月田中所涉及的另一件丑闻被公之于众。有人揭发,购买飞机时他收受了美国洛克希德公司的贿赂。不知是基于原则还是为了以示惩罚,田中被逮捕时,三木拒绝为他的前辈辩护。三木后来被迫离任时,有 6 名自民党成员招摇地自动退出自民党,成立"新自由俱乐部",实际上是另一个派系,只不过形式上是在政党框架之外。1976 年的普选中,自民党没能获得 50%的选票,自 1967 年以来这还是第一次。福田以最微弱的票数差接替被迫离任的三木,成为新任内阁首相。

福田任职期间开创了未来每两年选举一次自民党领袖的新制度。可笑的是，在这个新制度下的第一次角逐中，福田就败给了大平正芳。派系间的恶意内斗使自民党在1979年10月的普选中损失惨重，1980年甚至失去了信任，导致了第二轮选举。丑闻和口角之争持续了近十年，自民党的前景实在暗淡，竞选举行到一半时，大平正芳突然与世长辞，这把自民党猛地拉向表面的统一。借着大平逝世所产生出的同情票，自民党以压倒性优势胜出大选，铃木善幸作为折衷候选人出任首相，他的竞选口号是"和谐政治"。

到20世纪80年代，日本的自民党已经执政了20多年，地位看起来比以前更加稳固了。这作何解释呢？评论家们指出其中一个原因，就是尽管自民党有如此多的不足之处，但毕竟给选民提供了他们想要的，即不断提高的生活水平。另一些评论家认为，选民们没有可供替代的选择，或者说是理论上有很多选择但实际上却一个也没有。日本社会党——日本最大的反对党，影响力实在太小，根本赢不了民众的支持；尽管选举基础扎根于工会运动，但工会势力不仅有限，而且随着重工业的重要性逐渐降低而日益减弱。此外，工会的领导层中大部分是信奉马克思主义的知识分子，制定的相关政策又不够实际。社会党执政的唯一方法是通过选举协议，但若是倾向左派以赢得共产党的支持就会疏离它同样离不开的中间党派——反之亦然，这种情况使自民党即便没有特别的优势，但还可以勉强执政。

国防困境

1950年日本应麦克阿瑟之要求，成立了一支7.5万人的"国家警察预备队"，它很快就发展成为多达10万人的"国家安全队"。1954年，又改名为"自卫队"，共计14.6万人，划分为海、陆、空三军。1957年，日本政府在战后首次发表关于国防政策的官方声明，倡导"逐渐提高国防能力，务必使之在必要的自卫限度内更加有效高效"。由于还没有摆脱掉战败、饥饿和屈辱所带来的深刻影响，政府的态度仍然极度谨慎。左翼党派依旧坚决反对任何企图要改动宪法第九条的动向。大多数左翼分子更愿意选择保持完全的“非武装中立”立场，即便是右翼分子也觉得，这样大规模的重整军备只会使日本的周边国家忧虑恐慌，破坏东亚地区的稳定，而不会使本国更加安全。所有人都认为，国防支出越多，企业投资就越少；于是会议规定军事支出的上限为 GNP 的 1%。

1970 年出炉的《国防白皮书》向国人和周边国家这样保证：“日本是经济大国，但绝不会成为军事大国，而是要成为一个致力于追求社会福利和世界和平的新型国家。”

但是，就在这一年，新上任的防卫厅长官中曾根康弘提议重新彻底思考国家的军事情形：

> 城镇的一隅一旦无人居住，就杂草丛生，长蛇出没，蚊蝇乱飞，很快变成个垃圾堆。军事上的真空就很容易导致出现这样重大的危险情境。从这个意义上来说，当今世界任何民族都有国际责任和义务在本国外围建立并维持最低限度的军事力量，以阻止来自其他国家的侵略野心和战事强迫。

那么日本的“外围”在哪里呢？中曾根指出，在远远超过“海岸”的马六甲海峡处。马六甲海峡是日本从遥远的中东地区进口石油的必要航道。中曾根本人就是战争时期海军下级军官，他提出加强日本的海军和空军力量，争取能够实施前沿防御战略。如果这意味着需要修订宪法，那就修订吧。

议会的强烈反对遏制了中曾根的这项提议。但是关于国防的辩论并没有就此停歇。1973 年以来，美国把军队撤出越南，不动声色地扩大孤立主义的应用范围。美国这把“保护伞”会在需要的时候出现吗？这时，苏联继续强化武器装备，尤其值得注意的是，在濒临日本北部的海参崴建立了规模相当大的海军基地。1976 年 9 月，苏联的一架米格-25 战机突然降落在北海道，寻求庇护。日本的监视系统竟然一度完全追踪不到这架飞机。这再一次暴露出了令人不得心安的脆弱的国防现实。

1978年7月统合幕僚监部的幕僚长桐秀在接受新闻采访时说，若情势危急，自卫队的前线指挥官可以先采取行动，然后再通报国内政治领袖。激进分子再次提起20世纪30年代军部失去控制所造成的梦魇，公众纷纷义愤填膺。桐秀辞职。首相福田下令修订相关的法律条令。

是的，日本十分清楚自己不想要什么样的军队，但却不太明白他们需要的究竟是什么。1978年《朝日新闻》的民调显示，57%的被调查者希望自卫队保持现状，有71%的被调查者反对修改宪法，不赞成自卫队扩大规模。但被问到什么可以最好地保障日本的安全时，42%的人认为是和平的外交政策，只有2%的人对自卫队持有信心。54%的人认为日本不会受到外国势力的攻击，56%的人认为一旦被攻击，美国会赶来相助。这时，日美联盟依旧是国家的基本政策，自卫队的规模已经扩增至24万人、150艘船、1 000架飞机。"非武装"的日本已然成为全世界的第九大军费开支国。

新日本人

1977年5月日本政府宣布，战前出生的人口占总人数的一半以上。信息技术专家增田米二不禁想定义一下那些战后出生的日本人的独特特征，他最后总结道：

> ……这代日本人完全不同于他们的前辈……他们属于西化的日本人，强调个人主义，运用科学观看待事物……既不了解战争，也不了解饥饿，最重要的是……不了解官方的压迫。

增田把这些30多岁的半美国化的日本人概括为MEC代：M即摩托化(motorisation)，意味着富裕和流动性；E代表英语(English)，指的是有机会接触英语以及说英语的民族的文化；C表示计算(computing)，指的是熟悉高科技，能够进行批判性思考。增田认为他们比他们的父辈、祖辈更加开放、乐观和灵活，还保留地指出，他们可能"缺乏渡过国家危机的精神力量"。

性别差异?

日本丈夫和妻子之间是从属关系吗?还是彼此分离的?市场顾问安倍洋子在1979年出版的书中把中年妇女定义为日本的新型“有闲阶级”。她选取了35岁到43岁这一年龄范围的近30名家庭主妇做抽样调查,结果显示,她们的娱乐活动有爬山、打网球、骑车、瑜伽、诗歌、西方和日本的古典音乐、制陶、书法、舞蹈、烹饪和制衣,当然还包括参加函授课程、驾驶课程、做业余工作、举办惊喜派对、做自己的生意等。而她们丈夫的消遣活动顶多就是栽培花木、玩棋盘游戏、听唱片、逗宠物玩。结论是显而易见的:

> 男性的休闲娱乐本质上都是室内的独处活动,与他们妻子室外活跃的休闲活动形成鲜明的对比……日本经济的高速增长主要得益于这些家庭主妇。她们的丈夫牺牲节假日,也不积极插手家庭事务。那么谁是获益者呢?女性。

传统神道婚礼

安倍发现，只有不到三分之一的丈夫提出管理家庭财务的要求。只有不到5%的男性承认对孩子的学习和训导负主要责任，超过40%的人承认，是他们的妻子独自承担责任。至于家长——教师联谊会举行的会议上，五分之四的出席者是妻子，当地的社交聚会中妻子占了五分之三。相较而言，丈夫则不到五分之一。安倍直陈：

> 总之，在房子、家事、家庭、孩子和民事的料理上，妻子远比丈夫有发言权……中年男子不再成为一家之长。他们的妻子，因为拥有长期的消费经验、大量的空闲时间，照管着他们的资产和收入，现在犹如日本家庭的指挥经理。

代沟

那么年轻人呢？调查结果显示有失也有得。1948 年到 1978 年间，14 岁孩子的平均身高竟然增长了 17 厘米。他们比他们的父辈更高，更重。但是测试结果表明，他们却不如父辈强壮、灵活、敏捷。毋庸置疑，青少年在物质上富裕了：70%的 14 岁孩子拥有手表、收音机或盒式录音机，30%的有相机，20%的有价格昂贵的业余爱好设备如吉他、望远镜或显微镜。他们的生活丰富多彩吗？大部分居住在城市，只是把乡下当作旅游的地方。没有开放的玩乐空间，白天被逼着呆在学校，晚上则被迫呆在电视机前。随着小型企业日渐萧条，在兼作工作场所的家里长大的人越来越少，越来越多的孩子只在周末时候才见到他们那作为通勤工人的父亲。小家庭越来越多，这意味着大部分孩子只有一个兄弟或者是姐妹或者是一个也没有，同时人口流动性越来越强，这意味着大多数人和祖父母分开居住，只是偶尔见个面。一些有着传统思想的社会评论家担心，这些富裕的生活方式会使年轻的日本人缺乏那些前代人引以为豪的品质，比如适应力强、脚踏实地而且无私。看看东京的“青年文化”中心——原宿的那些“知名度”高的朋克，就知道为什么这些预言家们悲观失望了。

如果说年轻人的情形引起的是焦虑的话，那么老年人的前景带来的还算是正面的警报。并不是说他们过得很差，而是每年都会增加很多老年人。1980 年,日本成立了“高龄老人居家赡养协会”。同年,首相办公室为应对公众的担心,组织了关于比较日、英、美三国老人生活状况的调查。从对“家庭价值观”的普遍信奉上来讲,调查结果还是令人感到安慰的:

——日本仅有 6%的老人独自居住,英国和美国都超过了 40%;

——一半以上的日本老人和他们已婚的孩子住在一起,英国和美国都不足 10%;

——日本有 40%的被调查者还在干活,美国的有 24%,英国的有 8%;

——日本超过 30%的被调查者定期从孩子那里收到赡养费,英国的和美国的几乎为零;

——日本有 14%的老年人认为自己经济困难,英国的达到 18%,美国的则为 28%。

不过,日本人很清楚,这丝毫不值得自鸣得意。年长的工人越来越多,他们的劳动力越来越小,但却要养活越来越多的退休工人。退休金和医疗费用节节攀升,占国家支出的很大比例。人生目的就是工作的男性还必须学会积极地对待被迫多出来的空闲生活。日本 60 岁以上的夫妇中,尽管他们用情专一,但却几乎处于分居状态,现在不知道该如何长期为伴,所以离婚率不断上升。“积极退休规划”就是对这情形的一种回应。还制定了其他一些新商业策略,以创造未来需要的收入,维持当前的高水准生活,比如投资海外的生产性企业、使用家用机器人等。

技术

1967 年日本从美国进口了第一台机器人。1970 年,川崎重工株式会社生产了日本本国的首台机器人。1979 年,日本共有 135 家公司生产机器人,有 80 个实验团队研究机器人的发展。这年美国的一项调查显示,美国投入使用的机器人达到 3 000 台,西德为 6 000 台,日本则为 4.7 万台。到 1980 年,日本富士通公司开设了一个新工厂,用机器人生产机器人零部件,然后再人工组合在一起。1979 年,东京附近的小田原市成立了一个有10名雇员的小型工作间，每天能生产90万个砂轮打火机顶部零件。到1984年，两名监督员和一组机器人能生产400万个。

女商人梅岛美代在1983年出版的书中写道，新科技的来临对工厂的中年男性来讲或许是坏消息，但对办公室的女性来讲则是好消息。她发现，女性很喜欢和机器人一起工作，因为：

> 她们不需要像在从事其他职业时那样，被迫按照既定的某些女性方式行事。她们的工作按照该有的价值来估定。其中一件快乐的事，就是电脑不会把她们区分为男人或女人……那些头脑管用因而在一般公司不受喜欢的女性工人在电脑行业都适应得很好。

梅岛还从历史的角度作出分析：

> 女人的职业倾向促进了纺织业的发展……还……维持了随后的电器业的发展。现在女人又不知疲倦地做起了手工活，加入到另一个前沿行业中……过去女人把……耐性、坚持和完美主义带进她们的工作。考虑到这个良好传统，我们相信女人能够更好地加入到与电脑相关的工作中。

更重要的是，梅岛还预见到了职业野心和社会责任之间不断表现出来的一致性：

> 随着离家近的工作场所愈来愈多，居家工作现象渐渐呈现，女人不再被迫怠慢孩子，或者是对年老的父母照顾不周……当我想到日本男性主宰社会的这个事实不会改变时，我很犹豫，该不该乐观地这样说。但是传统的支配模式……在电脑时代已派不上用场。

或许日本女性期望与性盲的电脑和机器人一起工作。1988 年《日本时报》的一项调查表明,70%的日本男性承认会不假任何思索地拒绝为女性工作。

传统

许多日本人,尤其是那些老一辈日本人,开始担心新技术以及来自西方的影响会使未来的日本人漠视日本传统。社会学家加藤英俊在其 1983 年的著作中令人安慰地指出,当年新年去参拜神社的日本人数达到 7 000 万,其中年轻人占了相当大一部分。他还认为,由于空闲时间增多,再加上更长的学校教育带来了更多的机会,以及公司赞助的福利计划,参与传统艺术实践的女性比战前要多得多:

> ……传统和现代化相辅相成,而不是相互对立……人们现在自己驾车去参拜神社,在工厂教室学习插花的女性将最先进的电子设备聚集到了工作地点……日本这个国家允许新旧事物和谐地共存一处。正是日本的存在和运作构建了这种和谐。

传统得到保留的例子不胜枚举。男性身穿西式套装上班,但一回到家里就换上了舒适的日式浴衣。高官们会花一个周末的时间呆在乡下,借打高尔夫球来会见客户,然后就彻夜呆在一家日式旅馆,这样的旅馆日本共有 8 万家。超过 95%的日本公司使用文字处理机和传真机,但每年还会有 100 多万日本人参加官方举办的日式算盘熟练度的考试。30 多年前日本就采用了米制计量体系,但教室面积还是通过教室能容纳的榻榻米数量来计算。还有 3 万个传统的算命先生在经营着。

富裕的悖论

1990 年,英语报刊《日本时报》出版了伦纳德・科隆的《来自日本的 283 条有用创意》,书为卡通平装本,内容发人深省。后续的采访被命名为《成功的故事:日本最有趣的 11 家企业如何走向成功》。书

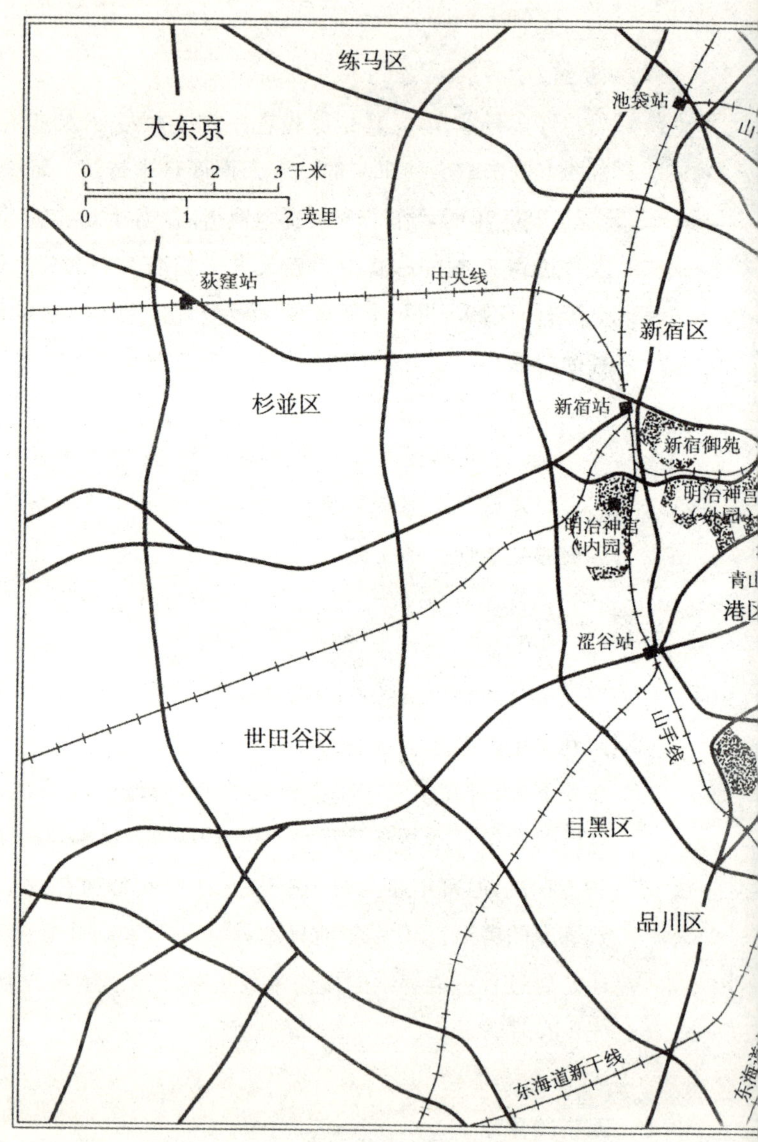
练马区
大东京
0 1 2 3 千米
0 1 2 英里
池袋站
荻窪站
中央线
新宿区
杉並区
新宿站
新宿御苑
明治神宫
(内园)
涩谷站
世田谷区
山手线
目黑区
品川区
东海道新干线

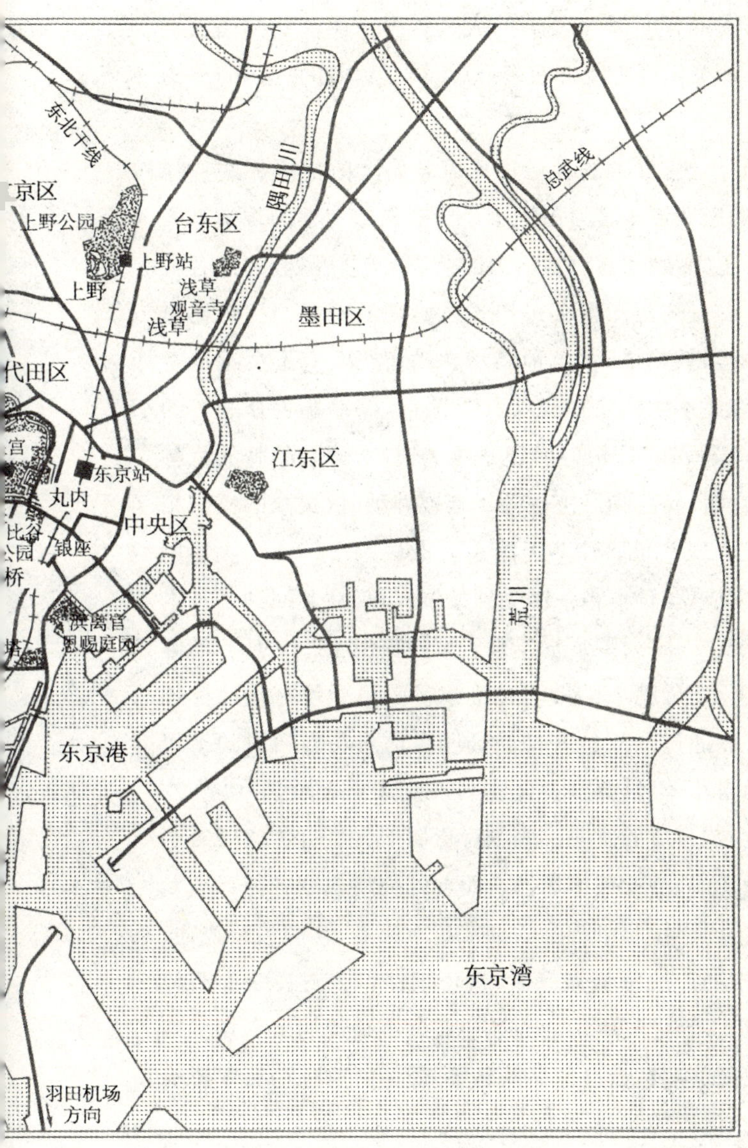
东北干线
上野公园
台东区
上野站
上野
浅草
观音寺
浅草
隅田川
墨田区
总武线
东京站
丸内
江东区
中央区
银座
浜离宫
恩赐庭园
荒川
东京港
东京湾
羽田机场
方向

中所做的选择的确有趣，不仅包括卓越的三井集团、松下电器、电通广告公司以及化妆品界巨头资生堂，还包括里千家茶道组织、东京迪士尼乐园、一家百吉饼公司、一家专营西方模特的公司、一位不动产开发商，还有一位发明预封装方便面的人。然而上述这些都还没有入选的第11个更加突出或者更加有趣，这个就是：无印良品，简称为“MR”。

到20世纪70年代，日本的社会评论家开始严厉指责那些一味追求品牌和商标的消费者。葛目由纪子是庆应义塾大学的哲学系毕业生，现在是家庭主妇，她向富有影响力的杂志《文艺春秋》的读者解释了“为什么日本女人购买昂贵的进口包”；她把消费者的狂热比作中世纪时期爆发的宗教热情，含蓄地暗示：“销售行业有不少煽动者知道如何赶在顾客还不明白自己该买什么之前，煽动起大众购买的欲望。”还说，日本人虽拥有财富，但还不够老道，对著名品牌的依赖显示出他们缺少自信、品味和经济理性。当被煽动时，民众的反应相当日本化，即处处体现着矛盾性。美国在大批量生产日常一次性用品方面取得了重大成就，日本曾一度受到鼓舞，但现在又回到了日本手工耐久性的传统。一家大型百货连锁店策划提出了“小为美”的健康生态价值观宣言，它最精心的策略是推出了一系列没有设计标签的物品，消费者可以通过购买这些物品证明自己对花言巧语的销售策略的反抗，进而自相矛盾地证明自己的真诚、聪明和个性。

无印良品是西友百货的发明。西友百货属于大型百货店巨头西武（现为西武流通集团）的低端市场部。西友的战略规划者惊喜地发现了“泛型”——美国连锁超市售卖的日常基本用品，它们包装普通、价格低廉。从日本的传统价值观来看，这可以诠释为对禅宗那质朴和无为特点的重申。经过发展后的MR包装详细地说明了一切。产品用棕色的可循环纸包装，只有产品的名字、质量、价格，还有单位成本以及对它为什么优质的解释。

MR于1980年发布了首批的40种产品，这批产品也有一些令人感到奇怪的矛盾之处。通常都是扔掉的鲑鱼头被宣传为价格便宜、营养含量高的食物，销售口号简单易懂，含有高调的生态含义：“鲑鱼可是一整条鱼哦。"MR通过向顾客出售成袋的碎蘑菇片,含蓄地批评了坚持要买完好蘑菇的人所具有的错误的完美主义和浪费习惯——完好蘑菇一经烹饪早晚会变碎的。MR卖得最好的是冻干咖啡,但这并不意味着对一切事物的回归。自1981年起,MR就通过海报宣传"爱是朴素的",并半开玩笑地称颂广为使用的"独特的无印良品"产品,比如原色袜子和可回收记事簿等。

1983年,MR在引领潮流的东京青山商业区开业。店铺选用可循环的木头和瓷砖进行装修,这本身就在述说着MR的哲学。第一年的销售目标不到一个月就完成了。到1983年10月,MR发布了第七期增加的产品类别,共包括475种家居用品、124种食品、122款衣服。1985年时销售额超过2.5亿美元。1990年,MR在伦敦的丽晶街开设海外店。不到10年的时间,MR店就开了一圈并又回到原地——从西部,再回到西部。但日本本土的消费者开始抱怨MR产品价格昂贵,质量只能算作一般,并没有高出多少。这时,MR已经购遍了全国的碎蘑菇,现在只得让步收购完好的蘑菇,弄碎出售,以维持消费者被激发起来的理想主义。MR成了自己神话的"囚徒",因一炮走红而牺牲了"小为美"的理念,它内在的悖论不可避免地显现出来。

国际化

"日本是一个伟大的民族。日本不能也不应当满足于当前的世界角色,现在的角色有碍他们生产更好的晶体管收音机和缝纫机,有碍他们教导其他亚洲国家如何种植水稻。"1965年新加坡首相李光耀表述的这些观点并没有被广为接受。据报道,戴高乐将军把日本首相称为"晶体管销售员"。巴基斯坦人则认为日本不过是"经济动物"。欧共体的机密报道更是轻蔑地把日本视为"满是生活在兔笼里的工作狂的民族"。1989年昭和天皇去世,有一百多个国家的政府首脑参加了葬礼。这是现代史上规模最大的一次集会,隐含着对日本国际地位的肯定。但是英国的通俗小报却忍不住批评在天皇棺椁前草草低头的爱丁堡公爵,说这样的行为是精心策划好的,体现了对先前敌人的矛盾心理。日本对类似事件进行了很多报道和讨论,这让不少日本人确信,外国人并不赞赏他们的美德、能力和成就。

依旧是个封闭的国家吗?

日本这样一个对外来思想如此开放的社会,这样一个急于购买外国奢侈品的社会,却直到20世纪80年代还对外国人不开放,这不能不令人感到奇怪。1986年经济计划署发起了“关于国民生活偏好的调查”,结果显示,被调查者中有超过70%的人支持增加国外的新闻、邮件、高科技、电话、访问者以及学生,不过只有不到30%的人希望与外国人保持永久的或密切的联系,比如同意他们在日本工作或者是与日本本土人结婚。可是,不管日本人如何看待这个事情,日本都已经变得更具世界性,这是经济发展带来的副产品。1965到1985年间来日本旅游的外国人数量增长7倍,达到230万,但这不过是英国的年外来游客数量的1/6。注册登记的外国人数同期增长4倍,达到85万人,其中80%的人来自朝鲜,这些人中大部分还是在日本出生的。与外国人结婚的日本人在1965～1985年间增长了两倍,占每年结婚总数的1.7%。1975～1985年间,日本的外国学生数量也增长了两倍,占高等教育总人数的0.8%,是这时期英国的外国学生数量的1/10。1982年,政府修订法律,允许国立大学招聘外国人任终身教师。到1987年,日本共聘用了52位外国人,当时的教员总人数为4万。此外,“日本英语教学计划”项目组还聘用英语语言国家的年轻毕业生,编入日本学校,不过只与他们签一年合同。学校最初只有30所,10年内就增加到3 000所。

日本政府再三宣布,要致力于“国际化”,并将此豪言壮语纳入具体的目标和计划中,比如5年内使海外援助捐赠增加一倍,4年内使去国外旅游的日本人增加一倍。但是官员的行动总是会因开放日本带来的实际影响而退缩。目睹到其他发达工业国家存在的毒品交易、艾滋病和非法移民等问题,日本感到胆怯。正是日本的孤立才使这些腐蚀性难题停留在最低水平。这种暗示是显而易见的。

解决日美摩擦

日本的国际化几乎绕不开它与美国的关系。美国不仅是它的首要盟友、主要消费者,还是它新思想和新科技的最重要来源。1982 年中曾根康弘成为日本首位会说英语的首相。观察家们认为,日美双边关系有可能迈出意义重大的一步。日本记者为中曾根康弘与罗纳德·里根间很可能进行的面对面交谈(被称为"Ron-Yas 对话")欢呼不已。但是日本对美国的贸易顺差不断增多,到 1984 年时已达到 370 亿美元,这破坏了对话的氛围。美国政治家要求对日本的出口商品征收关税,并采取进口配额保护政策。日方制造商反向指控美国企业没有为打入艰难但利益丰厚的日本市场作出必要的努力。在美国参与东京证券交易所、重点项目建设和日本私有远程通信系统的发展的问题上,两国再次出现意见分歧。经济摩擦持续发展,并恶化成外交上的争议,这时日本当局觉得有必要尝试取得和解。1985 年,首相中曾根亲自出现在电视台,提出了鼓励进口的"行动计划"。他呼吁每位日本人都至少购买价值 100 美元的外国商品。他还提议购买诸如不粘煎锅和枕套等无足轻重的产品,这不经意地透露出了日本消费者对外国产品的质量和精密性的看法。1986 年,东京举办了每年一度的七大民主团体峰会,官方赞助的《前川报告》大胆勾画了一系列的市场开放政策。不幸的是,从日美关系来看,从这次重大决策中迅速得益的是韩国、中国台湾和香港的制造商。

外向型、国际化还会讲英语的中曾根犯了一个让人不可思议的失误,毁掉了他付出的诸多努力。他说,我们不能期望美国人和日本人展开有效竞争,因为日本人所受的教育更好、人也更聪明些。他还试图进行解释:确切来讲,美国人并不是没日本人聪明,而是有太多的黑人、拉美裔人以及其他少数族裔人,所以与都是同裔的日本相比,美国是有内在缺陷的。这更加深了日本对美国的侮辱。日本外交大使想尽一切办法降低所造成的负面影响,不过中曾根的口无遮拦却毫无疑问地引起了很多日益缺少自信的国人的共鸣。再加上 20

东京新宿的摩天大楼

世纪90年代早期《日本敢说“不”》这一著作所获得的巨大成功，日美之间本就敏感的关系更加敏感。

引领世界吗？

1985到1987年间，日元升值40％，这使日本付出了不小的代价，成百上千家小型出口公司倒闭，好在贸易顺差问题也确实发生了显著变化。这使日本人开始怀疑，日本和美国的整个关系该不该重新思量。经济学家中谷岩生认为，作为战后全球贸易体系建筑师、调控者和动力室的美国明显出现精神不振的迹象。美国是世界上最大的债权人，但由于在枪炮和黄油上消费过度，也成了世界上最大的债务人。相较而言，日本的年度生产总值几乎是联邦德国的两倍，年增长量比比利时的年生产总量还多得多。做到这一切的日本的总人数只占世界总人数的2.6％，拥有的土地不过是全世界的0.3％。到1986年，世界十大银行中日本拥有七家，到1988年，十家全部都是日本的。中谷还说,美国正全神贯注地解决自己的债务问题,根本不能稳固地领导世界经济。日本必须取而代之,但是能吗?这样做意味着必须更加开放经济,会破坏日美的友好关系。这友好关系长久以来一直保护着种稻农户、小零售商、股票经纪人、建筑承包商和很多其他影响着执政政府的集团的利益。中谷总结说,日本面临着一个非常痛苦的抉择,是站起来挑战美国的领导,还是拒绝承受由变化、风险隔离或者更严重的情况所带来的痛苦。

富裕和影响力

可笑的是,日本人并没有觉得自己富裕。他们会以高昂的价格购买高端汽车和可靠装置,但当他们购买非国际贸易的产品或服务时就是两回事了——它们或因本质上不能进行国际交易,比如交通服务、房屋或者是娱乐设施,或因关税或配额保护措施不能交易,比如食物。越来越多的海外旅游使日本人清楚地意识到,在公园和图书馆之类的公共设施方面,或者是花园之类的个人享受方面,日本比英国这些名义上欠"成功"的国家要差得多。而且,他们比这些欧洲竞争者每周要多工作6~7个小时。

1985年,日本长期信贷银行的著名经济学家竹内宏作出的反省很好地阐释了日本人对他们在国际上的新卓越成就所持的矛盾态度。他发现,美国依旧是日本商品和资本的最大也是唯一的消费国,所以十分苦恼地总结道:"真是讽刺,我们竟在帮助经济实力、科技资源和生活水平都比我们高的国家发展。结果却是我们的贸易活动受到猛击,这就是我们所得到的报答。"他承认,把制造业重新安置在一个地价仅为日本地价1%的国家有其合理性,并说道:

> 日本资本的流动意味着日本文化的传播,这应当受到鼓励。只有通过传播日本文化,使西方人认识到它的价值,亚洲人才能够克服在西方社会中所处的劣势……今天在美国,即使最小的城市也有日本餐馆……IBM在纽约的总部有一个日式花园……美国人开始洗日浴……懂日语的人越来越多,在纽约街上用日

语辱骂他人已经不再无忧了。当然,所有这一切都加深了美国对日本文化的理解,这是一件可喜的事情。

这一切的未来情形会是怎样呢?他推测出的结论对银行家来说不是一个好消息:

> 日本无需在本国土地上开设工厂,完全可以通过海外投资的巨额回报过着舒坦的生活,日本将会成为一个美丽的国度……日本文化会真正欣欣向荣。一个欣欣向荣的文化和一个枯萎凋谢的经济——这就是日本正在迈向的道路。

社会学家林谦二郎大体认可中谷和竹内的言论和判断,还从文化而不是经济的角度进一步表述了日本的重任。日本要尽一切可能地承担起支持自由贸易反对保护主义带来的重担,让日元成为重要的国际货币,把东京发展成为世界领先的资本市场。日本面临的真正挑战是确立"一个教育体制,培养出一流的国际公民"。林谦二郎的处方带有一丝预言性质:

> 到 21 世纪,日本将会把文化和信息传到世界其他地方。这时日本的国际化进程将全部完成,日本将会真正拥有引领全世界的能力。

日本的国际化还远远没有完成。不过任何一位旅游者都因来到日本而助其前进。

震惊和丑闻

两千年的最后十年给日本带来的吉兆并不多。现在看来,政府苦闷地作出决定,派遣 1 800 名人员(其中大部分是工程师)去帮助联合国重新建设柬埔寨,尽管时间并不长,但某一天看起来会是日本迈向更广泛的国际化路程上的一个虽小却至关重要的转折点。这时的日本好像还笼罩着 1991 年海湾战争时期只被允许支付成本的阴影。日本初步尝试提名成为联合国安理会常任理事国的可能性，却因同美国和俄国之间的不断摩擦，以及太平洋战争结束 50 周年庆典所唤起的对昔日战争阴霾的惨痛回忆而受到阻碍。

日美关系持续恶化，这是因为美国要求日本对美国开放一些更好的市场机会，尤其是那些易受政治影响的领域，比如大米、汽车配件、远程通信、建筑承包等领域，这些领域无一不牵涉到组织良好、暗含敌对情绪的国内游说集团。随之而来的是日美两方官员和商务发言人之间进行的大量“隔空喊话式外交”，每当高层要会晤寻找解决方案时，都会被加沃特似的“强硬—后退”情形打断。当一个 12 岁的冲绳女学生被三个美国水兵强暴后，情势变得更为严峻。美国尽力以更高的敏感性管理驻外部队，但这迟来的努力仅仅使冲绳人的愤怒平息了一点点。俄国方面，日本起初满怀希望苏联解体后的俄国方面会提出一些解决老问题的可行性方案，进而缔结为新合作伙伴，但是由于千岛群岛和库页岛问题的长期僵持，以及捕捞权和俄国向海中倾倒核废料等问题，日本最终希望落空。

战争遗产

事实证明，对战争的记忆方面更是问题重重。明仁天皇在对中国进行国事访问时，一再代表日本为过去的侵略罪行表达歉意。首相宫泽喜一在战争结束的周年纪念日上也勇敢地表达了歉意。他们无不令日本先前的海外敌人感到十分满意，但是却激怒了国内的右翼分子。更严重的是，还有两位首相被迫辞职，一位是因为断然否认 1937 年的“南京大屠杀”，另一位是因为坚持认为日本从来不曾殖民过朝鲜。尽管如此，还有一个更严重的问题，那就是日本曾经在中国、朝鲜、菲律宾和其他被日本占领地区强迫 20 万名女性成为“慰安妇”，作为战时军队的无偿妓女，这个悲剧到现在日本还不承认。对日本的战后一代来说，揭发出的这些暴行太出乎意料了。首相宫泽组织了一个私营部门，成立了共计 10 亿美元的“赎罪资金”，赞助档案中心和学术研究等其他善意行为，但是坚决拒绝个人赔偿申请。随后联合国报告不仅再次调查了整个事件，还维护那些要求赔偿的受害者的权利，并且呼吁日本将所有的这些都编入官方认可的教科书中。

经济滑坡

由于国内政治混乱，以及曾经繁荣昌盛的经济现在明显萎靡，日本应对外来挑战的能力也开始大幅减弱。飞涨的地价和飞升的股价本是日本20世纪80年代后期的特征，现在随着日经指数从1989年12月的巅峰38 000点下降到1992年3月的17 000点，也急剧下降，面临崩溃。不到五年的时间，日经指数就下跌到了20 000点以下。被无情揭露的贷款政策即使用最宽松的标准来看，也是极不明智的政策。整个银行的下属部门——为业主和小型公司提供房贷的小额信贷机构，遭遇坏账，留下纳税人来买单。政府在处理补救预算的问题上笨手笨脚。来势汹汹的政治机会主义破坏了曾经习以为常的政党和派系纷争。

1993年，首相宫泽坦白承认自己无力解决国家目前面对的困难，引咎辞职。他的继任者细川护熙是新近成立的日本新党的领袖。日本新党是胡乱拼凑起来的一个联盟，持续了不到一年的时间，后来成为仅持续了两个月的日本新生党的一个机构。1994年6月，日本的社会民主党和它以前的敌手，1947年以来一直执掌政治的自民党结盟。结盟不久就表示承认它长久以来一直反对的国歌、国旗、自卫队、日美联盟和经济自由化。出乎大多数人的意料，这次不适宜的联盟一直持续到1996年1月，这时的领导人是自民党的桥本龙太郎。他号召在10月就举行选举而不是等到1997年，但是这次提议并没有获得大多数的支持。59%的投票率令人沮丧，这可以诠释为厌恶、冷漠或者仅仅是麻木。

自然灾难和人造恐慌

当然，政治并非是引起公众觉醒的唯一因素。1995年1月17日凌晨5点46分，港口城市神户遭遇地震，据估计，有6 000人死亡，还有30万人流离失所。当地黑帮当即发放毛毯和饭团，人们无不欣慰;相比较而言,政府的所作所为就不够令人满意了:反应迟钝,还不合时宜。两个月后,即3月20日的交通高峰时段,一个名不见经传的宗教派别——奥姆真理教的若干成员在东京地铁故意释放沙林毒气,乘客因此受到伤害,其中12人死亡,5 000人受伤,他们的犯罪动机至今不为人知。从这一造成恐慌的事件中,日本人认识到,即使他们的社会如此秩序井然,也仍然摆脱不了突发的城市恐怖主义,之前人们一直觉得恐怖主义只会出现在其他地方,出现在那些不够幸福的地方。到了夏季,丑闻的焦点从政界转移到商业界。纽约监管部门调查出,日本最大的银行机构"大和银行"隐瞒了10亿多美元的国债交易损失。一年后被揭露的住友商社更是在12年内隐瞒了多达26亿美元的铜交易损失。1996年,这件极其不光彩的事依旧是新闻头条,与之一起被报道的还有:对核工厂渗漏情况的遮掩、学校午餐不卫生导致的大规模食物中毒、用感染HIV病毒的血治疗血友病患者等。而政府这时做的却是继续推进因神户地震而变得急不可待的计划——到2010年把首都东京转移到不容易发生地震的地区。这是新千年的新开始吗?

迷失方向

日本20世纪中期所经历的"奇迹年代"激起了人们的乐观预测,既然19世纪是英国的世纪,20世纪是美国的世纪,那么21世纪将会是日本的世纪。一代以前日本的汽车、照相机和复印机占领了世界市场,到2000年时日本的卡拉OK、寿司以及神奇小精灵卡片也已经毫不费力地占领了世界市场,考虑到这些,如果一个人认定这其中有什么寓意的话,那么他还是值得原谅的。实际上,在第三个千禧年到来之初,日本到处呈现出评论家门所描绘的现象,比如越来越多的自我归罪现象,还有歇斯底里、捶胸顿足以及自我反省的国民情绪。他们谈论的不是下一个千禧年或者是下一个世纪,而是刚刚过去的"失去的十年"。麻省理工学院的历史学家约翰·道尔的分析令人信服,他认为,战后日本传达出了一种新理念,即这个国家代表着国际事务上的一种新现象——"昙花一现的超级大国"。当一位日本的政界权威大声发问，日本去哪里寻找自己的玛格丽特·撒切尔时，另一位政界权威建议模仿明治维新，从国外引进有才能的顾问，此外还有一个国际商业策划师团队经过努力研究，出版了分析国家经济劣势的《日本还有竞争力吗?》。再次拥有一个“自信光明的早晨”的想法变得越来越不切实际。小说家村上龙对此种情形作了简要的说明，这是因为日本一直想要“赶超”西方的预想失败了，这个预想困扰了它一个半世纪，并说道：“日本不过是迷路了。我们从没想过目标实现以后我们做什么。”标志民族危机的现象数不胜数。教师们认为，学习积极性的降低和暴力事件的增多表现了“教室危机”。为 20 岁的年轻人举行的成年礼因起哄和鞭炮而陷于一片混乱，这令当地的显要人士感到十分震惊。出生率成了世界上最低的国家。日本经济曾经一度似乎无限制地呈现出两位数的年增长率，而 1997 年和 1998 年连续两年都是紧缩，日经股指从 1989 年的高达 38 915 点直降到 13 000 点以下。

负增长

到 2000 年末，日本 26 个地区中有 16 个地区呈现“负增长”趋势。东京不动产的价格 10 年内下降了三分之二。四分之一的日本家庭的房屋总值甚至不够偿还所欠的按揭贷款。随着失业率增加到从未有过的 5%，国家议会承认，公司员工和小型企业主因严重压力和过度工作造成的过早死亡和自杀人数已经成百上千。银行业面临巨额坏账危机，但他们拒绝承认，更不用说核销了。日本的金融银行部已经把银行利率降低为零，并通过承担公共基础建设项目大幅度延长债务期，成为世界上债务期最长的国家。但这两项措施对日本经济的推动并没有起到显著作用。用纳税人的钱建造的部分桥简直就是朝哪里都走不通，这实在是对建桥政策破产的讽刺性评论。激进的评论家开始作出总结，日本经济不是止步不前的汽车，而是废旧的汽车，已经不能再重新启动，需要的是重新设计。《日本还有竞争力吗?》一书的作者滔滔不绝地指责了一大堆——日本公司长期以来以牺牲利润的方式获得国际市场占有率，劳动生产率提高惊人，但是基建投资回报微薄，他们没能发展新的出口企业，没能有效利用互联网,也没能赶上生物科技这样的机会,简言之,他们就像是数字时代的模拟恐龙。这些评论家赞同道尔的分析,认为日本对1945年战败带来的精神创伤、对1973年的石油冲击以及对1985年日元升值的反应无不令人赞叹,但是这些都是被强加的外部影响。日本自身会给自己强加急需的创伤吗？还是这次的拯救会通过恶意收购、成立真正意义上的合资公司、聘用有国外教育背景的CEO、年轻工人意识到终身雇佣制已经像幕府制一样成为过去,以及游历广泛的消费者最后拒绝"为几乎一切东西付高价"等外来影响的侵蚀性作用从外部逐渐降临？从这一观点来看,改变的发生依靠的不是深思熟虑的国家大战略,而是为挣脱那些根深蒂固的规范和期望而发起的数百万次的小规模抗议,这些抗议会推进制度形势的改变——堪比半世纪前改变日本企业的"质量革命"。

乔治·奥威尔曾经对英国有过一段精辟的描述,他认为英国就像是一个管理着错误成员的家庭。美国驻日商会的前任主席格伦·福岛预言,日本国内持续发生的势不可挡的变化——解除管制、非集权化、代际变化以及日益增多的互联网应用……正对国内施加压力以期改变传统的领导阶层……呼唤着更有远见、更有交际能力和人格魅力的知事和长官出现。或许新世纪的日本国内会发生延搁已久的改革——找不到出路的奉行社团主义的政府机构成员组成的政治官僚式的老人政府走向终结,取而代之的是至少会提出新问题的年轻人、有创造力的人或是女性。

然而走出经济困境的道路依旧受到政治僵局的堵塞。2001年3月的民意调查显示,支持当下执政的自民党的人数不足20%,支持频频失言的首相森喜朗的仅仅只占6%。于是前任外交大臣中山公开表示让步:"我们执政的时间太久了。整个国家都在忍受着制度疲劳。"日本陆续出现一系列任职短暂的首相,12年中有11个,这就像是献祭,不过是救一时之急,即便每位首相都信誓旦旦地要拯救这个国家。很有影响力的《每日新闻》的前执行主编细川龙一郎认为,就算森喜郎下台,自民党也绝对出现不了一个更有能力的首相。最后胜出的至少得是一个相当特别的人选。

新人新政

森喜朗对糟糕的民意支持率和媒体压力的反应加快了自民党领袖选举的步伐,随之发生改变的是首相的职位与任期。富有经验的评论家全都感到震惊,因为独行其是的小泉纯一郎以压倒性优势打败了往届首相桥本龙太郎,这是自民党历史上从没发生过的派系最高领导人的落选。据说小泉纯一郎是日本政界的"堂吉诃德",当然他确实与众不同:出身于单亲家庭,公开宣称自己是摇滚迷,留着长至衣领的运动式烫发,看起来就像头发蓬松的贝多芬。不过外貌并没有掩盖住他的政治遗产,他的父亲和祖父都做过内阁大臣,他30岁时首次当选为议员,并连续十次当选,还参加过两次政党领袖的竞选。小泉公开宣布坚持实施机构变革,宣告毫不动摇地对抗特权阶级和粉碎党派主义,一开始就不顾党派反对,雷厉风行地任命内阁成员,其中包括3名非党派人士,5位女性,女性成员中有一位是前首相田中角荣的女儿,她是日本史上第一位女性外交大臣。这一大胆的内阁安排赢得了空前的、高达86%的民意支持率。回顾小泉先前组织的内阁会议,他还宣布有其他重要事项,其中包括将日本金融结构中起着最重要作用的邮局私有化,以及改革老年人的医疗服务。最激进的是,他暗示要修订宪法,以便通过直接选举首相的方式来避开议会中派系间的相互欺骗。有些兴奋的人们并没有忘记,派系并没有消失,只是被打败了而已。小泉是毕业于伦敦大学的研究生,据说和乔治·布什一样崇拜温斯顿·丘吉尔,希望能像丘吉尔那样敢于正视国家议程,成为首屈一指、当之无愧的英雄首相。几乎同时宣布的还有:结婚8年多的太子妃雅子终于怀上皇嗣,这增加了人们对未来的确定性,相信新千年会有一个更加美好的开端。

附录

日语特点及书写系统

不同于英语的特点

日语与英语有较大不同,其不同于英语的主要特点如下:

——没有性别之分

——没有明显的单复数形式之分(复数一般由语境或特有的数词提示)

——没有像英语里的定冠词("the")或不定冠词("a")

——没有将来时态,将来状态一般由动词暗示

——形容词和副词放在名词和动词之前

——标准语法顺序为主语、宾语、动词

——单词不以除了鼻辅音"n"之外的辅音结束

——语音中没有"th"、"l"、"v",一般读得像"b"

——每个音节重音基本相同

——单音节词中,不适用两个辅音构成的辅音组合

外来词

日语的英文外来词为使其在日语中发音匹配日语假名一般需要加入附加元音(如 strike,在日语中则为 su-to-rai-ku)。5 个元音像现代意大利语中的元音一样。A 像"ah";E 同"den"中"e";I 位于单词中间时读音如"if"中的"i",在单词结尾时如"see"中的"ee";O 读音同"oh";U 读音同"oo"。双元音的表示方法为在元音上方划上一个长音符号(短线)。日语中很多读音完全相同的单词有着截然不同的多种意义。如读音"hashi"(はし)就有"筷子"和"桥"两种意思。目前,在日语的日常用语中,来自西方的外来词,多为英文外来词,占 20%左右。许多单词适应日语发生了变化,如电视由"television"变为

“telebi”(**テレビ**),百货商店由“department store”变为“depato”(**デパート**)。还有些新词是利用现有单词的一部分所创造的,如“pasacom”(**パソコン**)意为 personal computer(个人电脑),“remocon”(**リモコン**)意为 remote control(遥控器)。(索尼公司的董事长盛田昭夫发明了“随身听”,日语为“**ウォークマン**”,然后有了英文单词“walkman”。)

日语书写系统

日语书写系统由几种文字构成:

汉字。这些汉字表达了很多概念和意象。简单的汉字只有 2 到 4 个笔画,复杂的有 12 笔画以上。汉字的笔画按照一定的顺序书写,即笔顺。日本孩子 12 岁时一般能够记住大约 900 个汉字。能够识文断字需要掌握大约两倍于此数字的汉字(日本的文盲率为 0.3%)。受过教育的日本人一般能够认识 5 000 个以上汉字。

平假名。草书体的平假名一般用来表示语法功能(英语中一般用介词或连词来表示)。

片假名。日语中的表音符号,一般用来书写外来词。传统上发传真和电报也用片假名。

罗马字。即罗马字母。

隐含之意

由于日语书写较为复杂,读写能力和书法(使用毛笔书写日语,即书道)

在日本一直颇受重视。因制作打印材料费用较高，日本人处理事务一般依靠当面会议和手写的便签和备忘录。较高的打印费用也是日本人急于使用复印机和传真机的原因。直到 1915 年，日本第一台打字机（事实上是一个有 3 000个字体符号的小型迷你印刷机）才问世。1978 年，东芝公司制造了第一台日文文字处理器。1984 年，兄弟公司制造了一台能够将罗马字体书写的日语转换成汉字（包含在一个由 2 965 个汉字构成的汉字库中）的文字处理打字机。佳能公司研发制造出了电子日语词典。

敬语

日语的使用因身份和性别而异。女性使用的语气、所用词汇和习惯用语都与男性大不相同。与年长或身份地位高的人说话时要压低自己的身份。

日语名字

在日本，即使是一个公司的同事也不直呼其名，而是在姓氏的后面加上“さん”(-san)来表示“先生、女士、夫人或小姐”。比较亲近的朋友之间也可以把“さん”(-san)换成“ちゃん”(-chan)。称自己为“…さん”是不对的。

明治时代之前，日本农民没有姓氏。日本人必须从被批准使用的列表中选择姓氏。很多姓氏与山水相关。如：川（がわ），意为河流；山（やま），意为山脉；村（むら），意为村庄。最普通的日本名字有：伊藤、佐藤、中村、渡边和小林。

更多信息参考：

Japanese：*Language and People*（BBC Books 1991）

The Japanese Language，Kindaichi Haruhiko（Tuttle）

Japanese in Action，Jack Seward（Weatherhill）

Japanese and the Japanese：*Words in Culture*，Suzuki Takao（Kodansha）

国家性节日和地方性节日

据文字记载，日本有数百种地方性节日（飨宴）。下面选择的这些节日，部分是因为它们特别重要或者著名，部分是因为他们具有某些与众不同的特色（例如有些节日特别注重于圆顶建筑、男根、桑蚕和海草，还有特别供奉针、夭折的小孩和车祸的受害者的神龛）。飨宴起源于神道教的庆祝仪式，与种植和收割这种农业活动相联系。它们可能还包括净化仪式、舞蹈（神乐）、宴会（祭神酒宴）和带有彩车或推车的游行。以神道教的神为代表的令人害怕的东西经常被摆放在可移动的轿子式的神龛里（神轿）。这里还有竞赛活动如拔河、赛马、剑术或放风筝。

定义一个国家性节日，当这个节日遇到从星期天开始时，就会延续到星期一。两个国家性节日中间如果间隔一天（如5月4日），那这天也算作是国家性节日。

由于日本的城里人在节日重新聚集到农村和提前几个星期预订的传统，公共交通在三个旅游季的高峰变得极其拥挤；它们是：

新年——12月27日～1月4日和最近的周末；

“黄金周”——4月29日～5月5日和最近的周末；

“盂兰盆”节——某些地区是7月中旬而其他地方是8月中旬举行。

1月1日　新年（元旦）

在整个日历中最重要的节日之一。在1月4日之前几乎所有的商场不会营业。高达90%的家庭会穿上最好的衣服（妇女穿上和服）去神社祈求一年的幸福安康，并购买平安符或者求购运势预测。明治神宫和伊势神宫尤其拥挤。还有很多与净身和更新有关的传统习惯。传统上的除夕夜就是把房子全部打扫干净和处理好债务和争吵。父亲带着孩子去放风筝，女孩有时玩羽毛毽子，这种游戏有装饰精致的羽毛毽木拍。孩子们经常收到装在专门红包内的压岁钱。老年人玩一些传统的字牌游戏（骨牌），它包括相匹配的鲜花或者诗句。母亲准备年糕汤和其他菜肴作为“新年的食物”（节日菜）。人们送新年贺卡给亲戚、客户、同事和老同学；邮局作出特别的安排，在一批学生的帮助下能把所有的贺卡在新年送到。1月2日按照惯例就是通过写诗词或者谚语来练习书法。很多学校就举行书法比赛。东京皇宫的内圈对公众开放。由于地区的不同,新年的装饰都会在1月7日或11日摘下来并烧掉。

1月6日 新年消防演习

自从江户时代以来,东京的消防员在竹梯上表演杂技,从而给公众留下深刻的印象。

1月7日 七草节

中国古代的庆祝节日。吃含有七种食用药草的大米粥,可以保证身体健康。

1月15日 成年节(成人节)

当地的市政厅举行公民仪式,祝贺那些达到选举年龄20岁的男女青年。

2月 冰雪节

北海道的首府札幌不仅举行冰雪节,而且还曾是1972年冬季奥运会的举办方。这个节日以有150个大型的雕塑和冰雕为特色,吸引了200万名观光者。冬季的冰雪节(雪祭)是日本北部最普遍的节日。在江户时代,赏雪就已变成一个普遍的习俗了,并经常在文学中被特写。

2月(第三个星期六) 裸体节

冈山市的西大寺举办,以一群近乎赤裸的年轻人争夺一副神圣的魔杖为特色。

2月3日 撒豆节(节分)

这标志着阴历冬季的最后一天。人们把炒焦的大豆撒在房子的周围用来驱逐魔鬼带来的疾病或者坏运气。出生在这年里(对应中国的生肖)的演员或摔跤手名人就会在浅草观音寺、东京的增上寺或京都祇园的神殿前举行这个仪式。

2月11日 国庆节(建国纪念日)

这个节日在1945年废除,到1967又重新建立,据推测它为纪念公元前660年神武天皇登基日。

2月14日 情人节

习俗规定女性给她们办公室里级别高的男同事购买昂贵的巧克力(通常都是当面送)。

3月3日 女孩节(女儿节)

代表由侍从、乐师和卫队等组成朝廷的15个昂贵的娃娃玩偶被放在壁龛上(主房里的壁龛)。这一天也叫做桃花节(偶人节),因为桃花代表着温柔和优雅这些最适合女孩子的品质。原先只是贵族的节日,到18世纪它已经变成了更广泛的庆祝仪式。

3月13日　春日祭

在奈良的春日神社里表演具有1 000年历史的舞蹈。

3月21日(或20日)　春分节

它不仅标志着春天的到来,而且还是佛历上最重要的一天。家庭成员通常去扫墓。

4月

整个4月都举行观看樱花的派对(赏樱花),这个习俗起始于嵯峨天皇的统治时期(809～823)。报纸上刊出在哪里能看到最美樱花专刊(樱花锋线)。东京的上野公园是公司员工或者家庭聚餐最爱的选择,在樱花树下人们喝着饮料、跳着舞蹈。

4月8日　浴佛节(花祭)

在所有的佛教寺庙里庆祝。

4月14～15日　高山祭

高山市日枝神社以花车游行而著称。

4月29日　绿之日

这是前任昭和天皇的诞辰日。它的保留有其他寓意,因为它标志着"黄金周"的开始,它的重新制定是为了纪念前统治者的生态方面的爱好(他是一个著名的海洋生物学家)。国家鼓励公民种植植物、呵护自然景色。

5月(第三个周末)　三社祭

多于100人的神圣队伍在东京附近的浅草神社游行。

5月(第三个星期六)　三船祭

在京都的大井川举行古船滑行。

5月3日　宪法纪念日

标志着1947年"昭和"宪法的实施。

5月3～4日　博多节

在福冈市博多举行的港口祭典。

5月5日　儿童节(端午节)

原先这是男孩子的节日。按照传统这一天放飞形状像鲤鱼的风袋型长旗;鲤鱼逆流产卵,因此是决心的标志,认为这是最适合男性的品质。

5月11日到10月15日

岐阜县长良川的鸬鹚捕鱼。

5月15日　蜀葵节(葵祭)

它起始于15世纪,由京都的上贺茂神社和下鸭神社举办。它的主要特色是牛车的游行、骑着好马的宫廷报信者和代表女神斋王的可移动的神社(神舆),他们都有数百个身穿平安时代宫廷服装的侍从陪同。为了避开地震,古代神社载满蜀葵。这种仪式同样也包括传统的音乐和歌舞。

5月17～18日　春祭

日光东照宫以1200人身穿武士服装盛大的游行队伍为特色。

6月1～14日　山王祭

在东京的日枝神社举行;它包括赤坂地区的神舆游行。

6月14日的水稻种植节

大阪的住吉神社以女孩身穿传统服装移植幼苗为特色。

7月7日　七夕节(乞巧节)

它在全国范围内庆祝,尤其是仙台市。这是一个中国的传说,据说仅在这一天分离的爱人牛郎和织女通过鹊桥跨过银河相会。

7月13～15日(有些地区是8月13～15日)　盂兰盆节

为了纪念死者,在全国范围庆祝的佛教性节日。新年也只是在重要性和礼物赠送方面超过这个节日。在这天清晨,扫祖坟并在家庭的祭坛前面摆放食物与鲜花。用篝火或者纸灯笼这些仪式来欢迎死者灵魂的归来。很多城市居民回到祖先居住的村庄上坟或者参加跳舞(表演)。

7月14日　那智火祭

那智胜浦町的那智神社举行的祭礼,以身穿白袍的牧师手举12个巨大的火把为特色。

7月17日　祇园祭

它在八坂神社举行,开始于869年,是为了驱逐京都的流行病。现在是以一大群彩车和乐师为标志。

7月20日(和27日)　白鹭舞节

在岛根县津和野町举行,以独特的"白鹭舞"而著称。

7月24～25日　天神祭

在大阪的天满宫神社举行;以堂岛河上流动的神社而著称。

8 月

8 月是最适合赏月的日子——传统上作诗和饮酒相伴随。

8 月 1～7 日弘前市的勇士灯笼节和 8 月 2～7 日青森县的睡魔节以大号的纸人游行为特色。

8 月 5～7 日　竿灯节

在秋田市举行，以 10 米高的竹竿上的发光纸灯为特色。

8 月 12～15 日　阿波舞节

在德岛县举行，以民间舞蹈而著称。

8 月 16 日　“大”字形送灵火

在山上可以俯瞰京都。

9 月 9 日　菊花节

明治时代流行的宫廷仪式。16 瓣的菊花是皇室的印章（纹章）并用在邮票和硬币上。从 10 月中旬到 11 月中旬在明治神宫、靖国神社和新宿皇家园林举行菊展。

9 月 15 日　敬老日（敬老节）

这是在 1963 年建立的国家性节日，但在江户时代是庆祝老年人的节日。1986 年的法律规定官方退休的年龄是 60 岁。

9 月 16 日　骑射比武（马背上的剑术）

在镰仓的鹤冈八幡宫神社举行。

9 月 23(24)日　秋分日

它标志着秋天的到来，是佛历上最重要的传统节日。人们经常去扫自家的坟墓。

10 月（中旬）　名古屋城市节

以扮演历史人物的大规模游行为特色。在这段时间，据说所有的神祇都聚集在松江市的出云大社和岛根县。

10 月 7～9 日　重阳节

以长崎市诹访神社的舞龙为特色。

10 月 10 日　健康日

为纪念 1964 年的东京奥林匹克运动会，很多学校和公司举行运动会。

10 月 11～13 日　日莲忌日法会

在东京的本门寺纪念日莲忌日。

10 月 17 日　秋天的节日

在日光东照宫以武士挂满胸章为特色。

10 月 22 日　时代祭

自 1895 年以来由京都的平安神宫举办，它由代表历史人物的 1 700 人参加，这些历史人物可以追溯到 794 年神宫的建立。火炬游行同一天在京都左京区的神社举行。

11 月 3 日　文化日(文化节)

这个节日是在 1948 年重新制定的，它原先是明治天皇的生日。那些思想传统的人现在仍然参拜明治神宫。天皇给杰出的艺术家和作家等颁发文化勋章(日本文化勋章)。也是在这一天，封建领主的队伍在箱根再现封建诸侯和随从的列队仪式。

11 月 15 日　七五三节

三岁、七岁的女孩和五岁的男孩被带去神社，向保佑他们身体健康的神灵表示感谢并祈求这种状况继续(这是近代婴儿高死亡率的一种暗示)。女孩总是身穿和服、戴着精心设计的发饰，而且还经常在此拍照。

11 月 23 日　劳动感恩节(勤劳感谢日)

这个节日原先是庆祝丰收的神道节日(新尝祭)，现在被认为是所有劳动者的节日。天皇依旧向神供奉新酿的米酒。

12 月(中旬前)

忘年会(忘记这一年)的聚会是由公司为客户和职员举办的。

12 月 17～19 日　年货市场

在市场上售卖传统新年的羽毛毽木拍(见 1 月 1 日)。

12 月 23 日　天皇诞生日

皇宫内殿对公众开放。天皇出现在装有防弹玻璃的阳台上并接受欢呼的祝福。

饮 食

一般说来，明治时代的西方参观者对日本的景观最为着迷，对其食物却感到惊骇。英国第一任常驻日本的外交代表卢瑟福·阿礼国爵士是一个精神饱满并热情洋溢的前随军外科医生，但是即便是他，也到了对日本的烹饪方法几乎望尘莫及：

> 肉食主要是猪肉和野鸡，大米配蔬菜，鸡蛋配牛奶(黄油和牛奶这两样在这里是无名的奢侈品)，有时还把鸽子当作是附加的点心，这些可能都是日本人为了生活的野蛮处理方式……厨师……但是我充满信心地感觉到某个地方会有所节制……对牛肉和羊肉的完全剥夺迟早一定会给英国人的体质带来严重的损害。

《日本旅游手册》在19世纪90年代由约翰·莫里在日本出版，它建议观光者在通商口岸以外的地方放弃所有正常的烹饪乐趣并提供这样的几条意见，如为了调味可以自由地向稀饭里添加酱油、为了增加风味咖喱粉可以撒在任何其他的东西上。

尽管当时日本食物的与众不同仍然不能被广泛地接受，但是一个世纪之后日本的食物却在世界美食中占有一席之地。它着重的是新鲜、简单、口味淡、娴熟的刀工和优美的形状。烹饪专家莱斯利·唐纳简单明了地指出“这场秀的主角是材料”。日本的菜肴脂肪低和富含矿物质；如果有瑕疵的话，那就是有点咸。

选择的范围

怀石料理是日本的高级料理。伴随着茶道而生，怀石料理的宴会包括一连串多达12道或者更多的菜肴，尽管只有一口，但每个却都是巧妙的安排。这个传统对新式料理的影响是显而易见的。怀石料理在最典雅的餐厅售出。很多餐馆(屋)都有特色菜：

寿司屋——供应生鱼片，成片生鱼蘸着酱油或者芥末酱(山葵)吃，还出售寿司和带有各种生鱼片的酸米饼。

天麸罗屋——供应新鲜的蔬菜和虾等等，挂上面糊快速炸脆。

荞麦面屋——供应面条，通常是提前制作的。

杂样煎饼屋——供应带有少量的肉或者蔬菜的煎饼。

烤鸡肉串屋——供应一口大小的鸡肉串。

有些餐馆集中精力准备某种特殊类型的食物如鳗鱼或者蘑菇。这里还有炉端烧屋、专门经营烧烤食品农舍式的餐厅、供应通常依据豆腐而做的素餐佛堂、挂满“红灯笼”的街道货摊和给饥饿的过路人提供简单的快餐食品的路边酒吧（饮屋）。在铁板烧餐馆里食物（通常是牛排）放在铁筛上烹煮，铁筛是客人坐的桌子的一部分。中国和朝鲜的餐馆通常都是普普通通的。四季变化鲜明是日本文化意识的普遍特性，这种特性也扩展到食物方面。冬天适合热乎乎的炖菜，夏天适合冷面，春天适合新鲜、幼小的块根，秋天最适合生鱼。

均衡饮食

每餐都吃清淡而有黏性的米饭（用筷子（箸）比较容易吃）。确实从字面意义上来说传统早餐的界定就是“第一顿米饭”。它不鼓励向清淡的米饭上浇酱油（绿茶或者生鸡蛋是可以的），但是它可能搭配烤海苔（海草）、纳豆（豆酱）或者海胆。

蔬菜选择最新鲜的；很多日本的家庭主妇依旧每天采购。蔬菜可以生着吃、腌着吃、煮着吃和蒸着吃，蔬菜包括蕨类植物、睡莲和牛蒡（东洋参），这些植物在西方不经常吃。腌菜包括诸如李子、姜和萝卜之类的食材。

鱼富含蛋白质，经常出现在每餐中。海鲜不仅包括甲壳类动物，还有海苔和海藻。清汤和调味品来自于柴鱼和海藻。

膳食平衡

与“一荤两素”相反，典型的日本料理包括“一个汤、三个（菜）”，每个菜制作的程序都不相同，也就是烤、炖、煎、蒸、煮和生吃。

饮料

每餐和每天都喝茶。它是由绿茶叶（是干的，而不是发酵的）和加热但不是沸腾的水制作,它需立即喝,而不是放在那里。

米酒通常在冬天热饮;在夏天喝时加冰块冷饮,不在室温下存放。这里不酿酒,但是内行的人坚持干饮纯米酒(没有加酒精或者糖的米酒),而不是那种餐馆里通常供应的比较甜的东西(大体上说它通常遵照这样的规则:瓶子上成分的列表越短,质量就越好)。米酒被列为特级品(特色)、一等品(一级)或者二等品(二级),装瓶3个月之内就可以销售完。在日本有2 500个酒厂,滩区、伏见地区、秋田市和广岛市因高质量的米酒而尤其著名。

威士忌酒总是加碎冰和水(1∶6)进行稀释(水割法)。因此把这考虑在内,日本家酿的威士忌酒经常具有很强的口味,如果“直接”喝的话,那么相对地就会很难喝。

啤酒——由于使用德国的工艺,日本的啤酒产量比较大。札幌很自豪地说他们著名的啤酒厂和慕尼黑、密尔沃基的站在同一个高度。啤酒消耗的酒精占国家总量的70%。路边的自动售货机出售冷饮。

烧酒是一种无色、基本上无味的烈酒,它是由大米或者甘薯制成的;原先是劳动者喝的烈酒,但现在作为调酒用的饮料,在年轻人中日益流行。

礼仪——当你在酒吧里喝酒时,总有女服务员给你满上酒;不然就是把你同伴的酒杯加满,然后等着同伴给你加满。普通的敬酒就是干杯!如果你不想喝酒了,就让你的酒杯满满的。

娱乐

从普遍意义上来说,日本人经常在餐馆里而不是家里招待客人和客户(日本大约有8万家餐馆,日本人的家通常比较狭小且距离市中心比较远)。午饭通常可以轻松地在午后任一时间享用(套餐花费很少的钱,这些钱可能在晚上再付款)。

通常就是在下班之后,晚上才能够悠闲地享受丰富的款待。在中心城市餐馆通常9点就关门了。因此在宾馆娱乐就显得非常普遍,因为这里可以使用私人餐厅。

阅读

莱斯利·唐纳的《日本人的味觉》(1991年英国广播公司出版)是对西方初学者的一个简单的导入。另见该作者的《逐步学日本料理》和《日本素食烹饪》。

大事年表

公元前

8000 年	绳纹时代大约的开始时间
660 年	神武天皇登基之日
300 年	绳纹时代大约的结束时间

公元

300 年	弥生时代大约的结束时间
400 年	大和王朝大约的开始时间；古坟时代的开始
538(或 552)年	佛教引入日本的时间
577～622 年	圣德太子生卒年
587 年	苏我氏专政
604 年	圣德太子的“十七条宪法”；农历的采用
607 年	第一次派官方使团出使中国；法隆寺的建立
645 年	引入中国式管理的大化革新
663 年	日本在朝鲜失势
701～702 年	大宝律令颁行
710 年	在平城建都，也就是后来的奈良
712 年	《古事记》的出版(古代事情的记录)
720 年	《日本书纪》的出版(日本的编年史)
724～749 年	圣武天皇在位
741 年	下令广建佛教寺院
749～758 年	孝谦天皇(和 764～770 年)在位
752 年	毗庐遮那大佛金铜像竣功，迎至奈良(东大寺)
大约 760 年	《万叶集》的编撰
794 年	在京都建都
858 年	藤原氏专权
大约 1000 年	清少纳言的《枕草子》和《源氏物语》的创作

1185 年	坛浦合战结束平、源两氏之争
1192 年	幕府在镰仓建都
1232 年	武士律令的颁布
1274 年	第一次蒙古入侵
1281 年	第二次蒙古入侵
1333～1338 年	后醍醐天皇的复辟
1338～1573 年	足利幕府
1392 年	南北朝廷的合并
1467～1477 年	应仁之乱
1543 年	葡萄牙在种子岛登陆
1549 年	圣方济各・沙勿略的到来
1573 年	足利幕府时代的结束
1582 年	织田信长去世;丰臣秀吉继续努力促进国家统一
1588 年	刀狩令把武士和农民分开
1590 年	丰臣秀吉完成日本的统一
1592 和 1597 年	日本侵犯朝鲜
1597 年	26 名基督徒在长崎殉难
1600 年	关原之战;威廉・亚当斯到达日本
1603 年	德川家康采用幕府的称号
1614～1615 年	大阪之役;丰臣秀吉自杀
1636～1639 年	日本对外实行锁国政策
1637 年	岛原之乱
1688～1704 年	元禄时代
1701～1702 年	47 位浪人事件
1707 年	富士山的最后一次火山喷发
1722 年	部分性地禁止西方书籍的进口
1781～1788 年	较多灾荒、起义和暴乱的发生
1837 年	大阪起义
1839～1842 年	英国侵略中国的“鸦片战争”
1853 年	海军准将佩里的船只强行登陆日本
1854 年	同美国签订神奈川条约
1858 年	“不平等条约”的签订

1867 年	德川幕府的没落
1868 年	“明治维新”；在东京建都
1872 年	东京-横滨铁路的开通
1877 年	西南战争的失败
1889 年	明治宪法的采用
1894～1895 年	中日甲午战争
1896 年	电影第一次在东京放映
1902 年	英日同盟
1904～1905 年	日俄战争
1910 年	吞并朝鲜
1911 年	日本恢复关税自主权
1912 年	明治天皇去世
1915 年	向中国提出《二十一条》
1918 年	原敬组成第一个政党内阁；“米骚动”
1921 年	皇太子裕仁拜访英国；原敬遭暗杀
1921～1922 年	华盛顿会议的召开
1922 年	威尔士亲王环游日本
1923 年	关东大地震的发生
1925 年	25 岁的男士获得选举权
1926 年	大正天皇逝世
1927 年	银行危机导致政府下台
1930 年	伦敦海军会议；首相滨口被枪杀
1931 年	“满洲事变”（即“九一八”事变）
1932 年	在中国东北扶植伪满洲国
1933 年	日本退出国际联盟
1936 年	军官发动政变；日本签订《反共产国际协定》
1937 年	卢沟桥事变
1941 年	袭击珍珠港
1942 年	中途岛战役；占领新加坡、菲律宾和印度尼西亚
1945 年	占领冲绳县（4 月）；波茨坦公告（7 月）；原子弹轰炸广岛（8 月 6 日）和长崎（8 月 9 日）；日本正式投降（8 月 15 日），道格拉斯·麦克阿瑟将军领导下的盟军占领日本

1947 年 民主宪法生效

1948 年 东条英机和其他战犯被处绞刑

1951 年 日本签订《旧金山和平条约》

1952 年 结束占领

1953 年 电视广播开始

1954 年 建立自卫队

1955 年 自由民主党成立

1956 年 日本进入联合国

1958 年 日本建造世界上最大的油轮

1959 年 王储明仁迎娶一位平民

1960 年 《美日安保条约》的修订引起的暴动

1964 年 在东京举行奥林匹克运动会;日本加入经济合作与发展组织;“高速列车”开始运行

1967 年 人口超过 1 亿

1970 年 三岛由纪夫自杀;大阪举办 1970 年世博会;第一个工业机器人出现

1972 年 冲绳交与日本;在札幌举行冬季运动会;同中国恢复外交关系

1973 年 第一次“石油危机”

1976 年 洛克希德公司贿赂案的丑闻

1978 年 成田机场启用

1979 年 第二次“石油危机”

1985 年 日元兑换美元升值 40%

1986 年 《前川报告》呼吁开放日本进口经济和对内投资

1988 年 日本成为世界上最大的债权国和援助方;青函隧道连接本州岛和北海道

1989 年 昭和天皇(裕仁)逝世;丑闻迫使首相竹下和宇野辞职

1991 年 宫泽战胜海部担任日本首相

1992 年 新的法律允许 2 000 名日本军人在联合国的要求下去海外实施人道主义援助

1993 年 皇太子德仁和平民、职业外交家小和田雅子小姐大婚

1994 年 大江健三郎获得诺贝尔文学奖;社会党自 1947 年以来第一

	次参与政府事务；改革派反对党派联合形成新进党联盟
1995 年	神户大地震，死亡人数据统计为 6 000 人；奥姆真理教在东京的地铁发动沙林毒气的袭击，导致 12 人死亡和 5 000 人受伤；明仁天皇和首相村山富市公开表示对日本在战争期间的行为后悔
1996 年	与核电站事故、受感染的血液、铜交易和食物中毒相关的丑闻事件；大选投票的结果表明公众对当前政治气候的普遍失望
1997～1998 年	日本的经济呈现“负增长”
1998 年	在长野县举办冬季奥运会；外资并购和收购达到一项新的年度纪录 85
1999 年	大东电报局获得国际数字通讯的 53% 股份——日本历史上最成功的恶意接管；雷诺成为尼桑最大的持股人；中央政府部门的改革法案承诺用多于 10 年的期限裁减 10% 的官僚
2000 年	日本在冲绳县举行八国峰会；平均地价连续 9 年下降；高桥尚香赢得悉尼奥运会的女性马拉松比赛的金奖——第一个获得田径金牌的日本女性
2001 年	小泉纯一郎以压倒性胜利成为自由民主党党首；小泉纯一郎成为日本首相；爱子公主是皇太子德仁和皇太妃雅子的女儿
2004 年	日本军队承担在伊拉克的非战斗任务；日本申请成为联合国安理会的常任理事国
2005 年	小泉纯一郎在大选中获胜，得以推行他的邮政业务私有化方案
2006 年	安倍晋三击败小泉纯一郎，成为日本首相；自二战以后日本重新建立防卫省；皇子悠仁是文仁亲王的儿子，皇太子德仁的弟弟；皇子悠仁和旁支爱子公主是除了皇太子德仁和文仁亲王之外的第三顺序继承人
2007 年	邮局完成私有化；反对党民主党控制日本国会参议院
2008 年	日本经济进入衰退
2009 年	松下电器全球范围内裁员 15 000 人

历任天皇和女皇一览表

前 28 位君王的登基时间来自于《日本书纪》(日本的编年史)。前 14 位君王具有传奇色彩;后十四位君王在历史上是真实存在的,但他们准确的登基时间历史上还没有证实。当实际登基的时间和举行加冕的时间不一致的时候,加冕的时间加括号放在登基时间之后。如果知道加冕的时间,就加括号。安德天皇(1180~1185)在位的时间和后鸟羽天皇在位的时间相冲突,因为平氏和安德天皇逃到京都以后,后鸟羽天皇被源氏推上了皇位。

神武天皇	前(660)~前 585 年
绥靖天皇	前(581)~前 549 年
安宁天皇	前 549~前 511 年
懿德天皇	前(510)~前 477 年
孝昭天皇	前(475)~前 393 年
孝安天皇	前(392)~前 291 年
孝灵天皇	前(290)~前 215 年
孝元天皇	前(214)~前 158 年
开化天皇	前 158~前 98 年
崇神天皇	前(97)~前 30 年
垂仁天皇	前(29)~70 年
景行天皇	(71)~130 年
成务天皇	(131)~190 年
仲哀天皇	(192)~200 年
神功皇后(摄政女皇)	201~269 年
应神天皇	(270)~310 年
仁德天皇	(313)~399 年
履中天皇	(400)~405 年
反正天皇	(406)~410 年
允恭天皇	(412)~453 年
安康天皇	453~456 年

雄略天皇	456～479年
清宁天皇	(480)～484年
显宗天皇	(485)～487年
仁贤天皇	(488)～498年
武烈天皇	498～506年
继体天皇	(507)～531年
安闲天皇	531(534)～535年
宣化天皇	535～539年
钦明天皇	539～571年
敏达天皇	(572)～585年
用明天皇	585～587年
崇峻天皇	587～592年
推古天皇(女皇摄政)	593～628年
舒明天皇	(629)～641年
皇极天皇(女皇摄政)	(642)～645年
孝德天皇大化	645～654年
齐明天皇(皇极天皇重新摄政)	(655)～661年
天智天皇	661(668)～671年
弘文天皇	671～672年
天武天皇	672(673)～686年
持统天皇(女皇摄政)	686(690)～697年
文武天皇	697～707年
元明天皇(女皇摄政)	707～715年
元正天皇(女皇摄政)	715～724年
圣武天皇	724～749年
孝谦天皇(女皇摄政)	749～758年
淳仁天皇	758～764年
称德天皇(即孝谦天皇,女皇摄政)	764(765)～770年
光仁天皇	770～781年
桓武天皇	781～806年
平城天皇	806～809年
嵯峨天皇	809～823年

淳和天皇	823～833 年
仁明天皇	833～850 年
文德天皇	850～858 年
清和天皇	858～876 年
阳成天皇	876(877)～884 年
光孝天皇	884～887 年
宇多天皇	887～897 年
醍醐天皇	897～930 年
朱雀天皇	930～946 年
村上天皇	946～967 年
冷泉天皇	967～969 年
圆融天皇	969～984 年
花山天皇	984～986 年
一条天皇	986～1011 年
三条天皇	1011～1016 年
后一条天皇	1016～1036 年
后朱雀天皇	1036～1045 年
后冷泉天皇	1045～1068 年
后三条天皇	1068～1072 年
白河天皇	1072～1086 年
堀河天皇	1086～1107 年
鸟羽天皇	1107～1123 年
崇德天皇	1123～1141 年
近卫天皇	1141～1155 年
后白河天皇	1155～1158 年
二条天皇	1158～1165 年
六条天皇	1165～1168 年
高仓天皇	1168～1180 年
安德天皇	1180～1185 年
后鸟羽天皇	1183(1184)～1198 年
土御门天皇	1198～1210 年
顺德天皇	1210(1211)～1221 年

仲恭天皇	1221 年
后堀河天皇	1221(1222)～1232 年
四条天皇	1232(1233)～1242 年
后嵯峨天皇	1242～1246 年
后深草天皇	1246～1259/1260 年
龟山天皇	1259/1260～1274 年
后宇多天皇	1274～1287 年
伏见天皇	1287(1288)～1298 年
后伏见天皇	1298～1301 年
后二条天皇	1301～1308 年
花园天皇	1308～1318 年
后醍醐天皇	1318～1339 年
后村上天皇	1339～1368 年
长庆天皇	1368～1383 年
后龟山天皇	1383～1392 年
北朝	
光严天皇	1331(1332)～1333 年
光明天皇	1336(1337/38)～1348 年
崇光天皇	1348(1349/1350)～1351 年
后光明严天皇	1351(1353/1354)～1371 年
后圆融天皇	1371(1374/1375)～1382 年
后小松天皇	1382～1392 年
后小松天皇	1392～1412 年
称光天皇	1412(1414)～1428 年
后花园天皇	1428(1429/1430)～1464 年
后土御门天皇	1464(1464/1465)～1500 年
后柏原天皇	1500(1521)～1526 年
后奈良天皇	526(1536)～1557 年
正亲町天皇	(1560)～1586 年
后阳成天皇	1586(1587)～1611 年
后水尾天皇	1611～1629 年

明正天皇(女皇摄政)	1629(1630)～1643 年
后光明天皇	1643～1654 年
后西天皇	1654/55(1656)～1663 年
灵元天皇	1663～1687 年
东山天皇	1687～1709 年
中御门天皇	1709(1710)～1735 年
樱町天皇	1735～1747 年
桃园天皇	1747～1762 年
后樱町天皇(女皇摄政)	1762(1763)～1771 年
后桃园天皇	1771～1779 年
光格天皇	1780～1817 年
仁孝天皇	1817～1846 年
孝明天皇	1846(1847)～1866 年
明治天皇,个人名称睦仁,年号明治	1867(1868～1912 年
大正天皇,个人名称大正,年号大正	1912(1915)～1926 年
昭和天皇,个人名称裕仁,年号昭和	1926(1928)～1989 年
明仁天皇,个人名称明仁,年号平成	1989(1990)～　年

日本历代首相一览表

姓名	党派	任期
伊藤博文(第1次内阁)		1885～1888年
黑田清隆		1888～1889年
山县有朋(第1次内阁)		1889～1891年
松方正义(第1次内阁)		1891～1992年
伊藤博文(第2次内阁)		1892～1896年
松方正义(第2次内阁)		1896～1898年
伊藤博文(第3次内阁)		1898年
大隈重信(第1次内阁)	宪政党	1898年
山县有朋(第2次内阁)		1898～1900年
伊藤博文(第4次内阁)	立宪政友会	1900～1901年
桂太郎(第1次内阁)		1901～1906年
西园寺公望(第1次内阁)	立宪政友会	1906～1908年
桂太郎(第2次内阁)		1908～1911年
西园寺公望(第2次内阁)	立宪政友会	1911～1912年
桂太郎(第3次内阁)		1912～1913年
山本权兵卫(第1次内阁)		1913～1914年
大隈重信(第2次内阁)		1914～1916年
寺内正毅		1916～1918年
原敬	立宪政友会	1918～1921年
高桥是清	立宪政友会	1921～1922年
加藤友三郎		1922～1923年
山本权兵卫(第2次内阁)		1923～1924年
清浦奎吾		1924年
加藤高明(第1次内阁)	宪政党	1924～1926年
若槻礼次郎(第1次内阁)	宪政党	1926～1927年
田中义一	立宪政友会	1927～1929年

滨口雄幸	民政党	1929～1931 年
若槻礼次郎(第 2 次内阁)	民政党	1931 年
犬养毅	立宪政友会	1931～1932 年
斋藤实		1932～1934 年
冈田启介		1934～1936 年
广田弘毅		1936～1937 年
林铣十郎		1937 年
近卫文麿(第 1 次内阁)		1937～1939 年
平沼骐一郎		1939 年
阿部信行		1940 年
米内光政		1940 年
近卫文麿(第 2 次内阁)		1940～1941 年
近卫文麿(第 3 次内阁)		1941 年
东条英机		1941～1944 年
小矶国昭		1944～1945 年
铃木贯太郎		1945 年
东久迩宫稔彦		1945 年
币原喜重郎		1945～1946 年
吉田茂(第 1 次内阁)	自由党	1946～1947 年
片山哲	社会党	1947～1948 年
芦田均	民主党	1948 年
吉田茂(第 2 次内阁)	自由党	1948～1949 年
吉田茂(第 3 次内阁)	自由党	1949～1952 年
吉田茂(第 4 次内阁)	自由党	1952～1953 年
吉田茂(第 5 次内阁)	自由党	1953～1954 年
鸠山一郎(第 1 次内阁)	民主党	1954～1955 年
鸠山一郎(第 2 次内阁)	民主党	1955 年
鸠山一郎(第 3 次内阁)	自由民主党	1955～1956 年
石桥湛山	自由民主党	1956～1957 年
岸信介(第 1 次内阁)	自由民主党	1957～1958 年
岸信介(第 2 次内阁)	自由民主党	1958～1960 年
池田勇人(第 1 次内阁)	自由民主党	1960 年

池田勇人(第 2 次内阁)	自由民主党	1960～1963 年
池田勇人(第 3 次内阁)	自由民主党	1963～1964 年
佐藤荣作(第 1 次内阁)	自由民主党	1964～1967 年
佐藤荣作(第 2 次内阁)	自由民主党	1967～1970 年
佐藤荣作(第 3 次内阁)	自由民主党	1970～1972 年
田中角荣(第 1 次内阁)	自由民主党	1972 年
田中角荣(第 2 次内阁)	自由民主党	1972～1974 年
三木武夫	自由民主党	1974～1976 年
福田赳夫	自由民主党	1976～1978 年
大平正芳(第 1 次内阁)	自由民主党	1978～1979 年
大平正芳(第 2 次内阁)	自由民主党	1979～1980 年
铃木善幸	自由民主党	1980～1982 年
中曾根康弘	自由民主党	1982～1987 年
竹下登	自由民主党	1987～1989 年
宇野宗佑	自由民主党	1989～1989 年(仅有两个月)
海部俊树	自由民主党	1989～1991 年
宫泽喜一	自由民主党	1991～1993 年
细川护熙	日本新党	1993～1994 年
羽田孜	新生党(日本新生党)	1994 年
村山富市	日本社会党(日本社会主义民主党)	1994～1996 年
桥本龙太郎	自由民主党	1996～1998 年
小渊惠三	自由民主党	1998～2000 年
森喜朗	自由民主党	2000～2001 年
小泉纯一郎	自由民主党	2001～2005 年
小泉纯一郎	自由民主党	2005～2006 年
安倍晋三	自由民主党	2006～2007 年
福田康夫	自由民主党	2007～2008 年
麻生太郎	自由民主党	2008～ 年

日本地理区划

依据地理区域和历史的融合，传统上把日本分为八个区域，自1905年以来，这些地区就用来作为描述和对比的基本单位。从北到南它们依次是：

北海道

它是日本最北边的岛屿，占全国陆地面积的22%，但却只有5%的人口。北海道是一个独立的县，以札幌市作为其首府。1868年以后它正式成为日本的一部分，但它依旧人口稀少且被森林覆盖。主要的经济活动包括农业（尤其是乳制品业）、渔业、造纸、啤酒和旅游业（依靠滑雪、阿依努土著人、北海道的温泉和日本最大的国家公园）。主要的城市：札幌、函馆和钏路。

东北地区

它是包括青森县、秋田县、岩手县、山形县、宫城县和福岛县等日本最北六个县的主岛。历史上由于气候严寒，使它成为一块贫瘠、落后之地（陆奥——公路的末端），这种情况直到一个世纪以前抗寒大米的品种改良。现在它的大米产量占全国的四分之一，苹果产量占70%。渔业、养马业和手工艺也非常重要。虽然东北地区占全国土地面积的18%，但人口却不到9%。主要的城市：仙台、秋田、盛冈、青森、八户市、福岛和山形。

关东地区

这个地区不仅包括日本最大的平原和延伸至西北的高山，而且还包括茨城县、枥木县、群马县、埼玉县、千叶县、神奈川县和东京。这里拥挤着全国30%的人口，而占地面积却不到9%。主要的工业（除了纺织业）在日本都是极其重要的，也包括农业和渔业。主要的城市：东京、横滨、川崎、千叶、八王子、市川、船桥、浦和、大宫。

中部地方

它是国家的枢纽，包括9个县：静冈县、山梨县、长野县、新潟县、富山县、石川县、福井县、岐阜县和爱知县。17%的人口居住在超过17%的陆地上。它横跨本州的“山腰”，这个地区照惯例划分为南部和太平洋部分(东海)，聚集在浓尾平原和凉爽的日本海的北部(北陆)，被隆起的3 000多米高地所分开。大米和木材是主要的产品，但是静冈县盛产茶、橘子和鳗鱼，而山梨县盛产葡萄。主要的工业包括纺织业(名古屋)、炼油(四日市)(编者注：四日市横跨中部地方和近畿地方)、汽车(丰田)、乐器(滨松的雅马哈)和精密机械(诹访)。主要的城市：名古屋、滨松、静冈、岐阜、清水、四日市、丰田和新潟。

近畿地方

京都、大阪、神户和琵琶湖是日本文明的发源地。这个地区包括三重县、滋贺县、京都府、奈良县、大阪府、兵库县、和歌山县。18%的人口占据着不到9%的陆地。大阪——神户(阪神)是日本第二大工业中心，但是渔业和农业(茶、橘子)也很重要。主要的城市：大阪、京都、神户、堺市、尼崎和姬路。

中国地区

中国地区包括鸟取县、冈山县、岛根县、广岛县和山口县，占据8%之多的陆地和拥有6%的人口。像中部地区那样，它被巨大的山脊分为北部(山阴)(因沙丘而著名)和南部(山阳)。尽管由于化工厂污染内海，导致捕鱼量的减少，但是渔业、农业(大米、桃和梨)和传统的手工艺仍然重要。主要的城市：广岛、下关、福山、冈山、仓敷和吴市。

四国

最小的四国岛包括爱媛县、高知县、德岛县和香川县。每个县都体现了一个古代的封建区域。不到4%的人口占据5%的国土。主要的经济活动包括渔业、化工制品的生产、造纸和蔬菜。主要的城市：高知、德岛、松山和高松。

九州

九州岛的面积是北海道的一半，它占据不到12%的日本陆地面积却有多于12%的人口。它被分为福冈县、大分县、佐贺县、长崎县、熊本县、宫崎县和鹿儿岛县。温和的气候有助于各种各样经济的发展，渔业、农业（甘薯、烟草、橘子、小麦、大米和乳制品）、旅游业（别府温泉）、工艺品和现代工业（煤、钢、橡胶、船只和半导体）也是很好的代表。主要的城市：北九州、福冈、长崎、大分、佐世保、久留米、鹿儿岛和宫崎。

历史地名

会津若松市　因传统工业如酿酒和陶器而著名的松平氏的城堡在明治维新时遭严重破坏，但是狭长而曲折的街道和泥墙货栈仍能唤回人们对古代的回忆。白虎队纪念馆记述了内战时的历史，而会津武家宅第记录了这个城市的历史和武士房屋的重建。鹤城在 1874 年遭到严重的破坏，于 1965 年重建。喜多方市附近有 2 000 多所古老的泥墙房屋。

青森县　艺术博物馆庆祝当地人的创造性和纪念现代版画艺术家栋方志功。

热海　热海字面上的意思就是“热的海”，这个专业的水疗度假村坐落在火山的遗迹上，遗迹有一半坍塌到海洋里。伊藤附近的纪念馆和神社都致力于纪念威廉姆・亚当斯。这里也有在石头上刻下的布兰顿・布伦敦的告别诗。

别府　这个温泉度假村依赖沸泥塘的“地狱式池塘”和 3 795 个温泉，每年能吸引 1 300 万名游客。胆小的人可能比较喜欢明治时代壮观的竹瓦温泉公共浴池。别府的大佛（1927 年）被称为“世界上最不受欢迎的大雕像”。在宇佐北部有比较令人振奋的雕塑经验，这里的东光寺有一条“500 个佛教弟子的林荫道”（五百罗汉），每个雕像的表情各不相同。

千叶市　重建的城堡用作了博物馆，它丰富了人们的生活。附近的贝冢和博物馆记录了史前定居的重要秘密。

越后汤泽　800 年历史的温泉度假区是川端康成（1899～1972）获得诺贝尔文学奖的著名小说《雪国》的背景。

福冈　现在工业的扩张（99 平方英里）使城市已经兼并了（1899 年）博多这个古代的港口城市（因与众不同的陶瓷娃娃而著名），东公园里纪念碑记录着蒙古的试图入侵。当地重要的神社包括箱崎八幡（923 年）；住吉（供奉水手之神）和在古代九州首府南 9 英里的太宰府天满宫(建于950年,自1590年以来的最古老的建筑)。这里还有招福寺(1195年建立——被认为是日本最古老的禅宗寺院)、金龙寺和观世音寺。福冈城堡(1601年)的古迹在大濠公园还能看到。福冈有可能是备受争议的邪马台王国的遗址。

函馆 这座城市在15世纪获得这个名字(盒子城堡),它是河野家族的要塞。在1855年被重新指定为外国船只的加煤站,在1859年变成了五大通商口岸之一。北海道的主要历史景点是叫做五陵郭的星形要塞;它建于1864年,是日本第一个西式要塞。

箱根 建立在国家公园的著名的温泉度假区。旧的箱根关卡(建于1619年,重建于1965年)让人想起精心设计而且安全的配置,这包括了江户时代的幕府"参勤交代"。建于757年的箱根神社被重新定为"重要的文化财产",一条在1618年栽种420棵日本柳杉、为东海道高速公路遮阴的街道是"自然资源"保护区。还有可能看到这条历史路线存在的部分,这条路线在1619年规划,1862年用石头砌成。在旧箱根离宫可以俯瞰芦之湖,旧箱根离宫建于1887年,用来作为皇室的别墅;自1946年开始公园对公众开放。早云寺在1521年是北条氏的家庙;画在主要避难所滑动门上的"龙和老虎"的画被定为"重要的文化财产"。北条氏五代人的家族陵墓都在这个地区。

滨松市 德川家康建立的城堡主楼在1958年得到复修。山区的北边是江户时代因园林而著名的龙潭寺。

平泉 这个城市仿效京都,与藤原氏有密切的关系。建于1109年的中尊寺里面发现传说中的金色堂和纯黄金打造的陵墓,这个陵墓里面有三个藤原氏的木乃伊。附近毁坏的毛越寺(建于850年)的园林就是"天堂式"的最好的例子,它在平安时代广受人们的喜爱。

广岛市 广岛市(广阔的岛屿)是日本第三大汽车制造商马自达汽车的原产地和全国四大品牌之一麒麟啤酒的产地。1945年8月6日的事件详细地记载在"和平纪念馆"。这个城市现在的面积是那时的两倍。这里有老式城堡(1593年和1958年)和茶道大师上田在1620年设计的缩景园。

伊势 神道教最重要的神社设在国家公园。神社的外部(丰受大神宫）和内部（皇大神宫）之间的距离是6千米。内宫有一面神圣的八咫镜，这个镜子是皇家三神器之一。

严岛神社　它坐落在神圣的宫岛之上，宫岛被官方称为“特殊的文化遗址”和“特别优美的地方”，神社凸伸到海里，在涨潮时好像漂浮在海上。1868年以前不允许生死“污染”这个岛屿；葬礼至今仍是被禁止的。

上越市　拥有3 000棵樱花树的高田公园是国家三大著名春天赏樱地点之一；原先松平氏城堡的护城河仍然依稀可见。城市的北边是16世纪军阀上杉谦信的要塞春日山城。上杉氏的卷宗和所有物在春日山神社和林泉寺还能看见。

鹿儿岛　日本与西方人的联系开始于着陆在种子岛附近的岛屿的葡萄牙人。1863年这个岛津氏的首府被英国的海军轰炸。1877年它成为萨摩反叛的据点。在二战期间它是神风敢死队的基地。城山公园的南宗寺是西乡隆盛和他军队里2 023名同伴的最后安息地；附近的博物馆记录着他波澜壮阔的一生。城山脚下的照国神社是用来纪念岛津齐彬（死于1858年）的，他不仅是萨摩的藩主，还是日本人痴迷摄影的先驱。尚古集成馆有一张他的画像，这张相片是日本最早的（1857年）；另外一张是八勇士在1865年去伦敦之前的照片。圣方济·沙勿略爵士的纪念教堂建于1949年，标志着他来到日本400周年。附近宁静的知览町是江户时代平静的村庄，有6个园林对观光者开放；具有讽刺意味的是它不仅是神风敢死队最后的总部，还有一个展出他们写给家庭的最后信件的展览馆。

镰仓　它是幕府政府的原所在地，它距东京有一个小时的火车路程。由于是度假区且来往的交通方便，它吸引了观光者和东京市民。最著名的景点是重122吨、高11.4米的大佛。鹤岗八幡宫（建于1191年；现代建筑1828年）在每年的9月会展示流镝马（马背上的剑术）。

五大禅宗寺院排名第二的圆觉寺有一个展出佛陀圣物（舍利子）的大厅，它建于1282年，是日本最古老的中国式建筑。五大禅宗寺院之首的建长寺拥有这个城市第二大古钟（1255年）和摄政者北条氏的檀香木雕像,这个寺院是在1253年由北条氏建立的。

长谷观世音庙是最古老的,9.3米高的观世音像是日本最高的木制雕像,据说是在721年雕刻。建立于1285年的东庆寺是封建时代受家暴妇女的收容所;在这里居住3年就会自动离婚。它被孩子们的保护神地藏菩萨数以百计的小雕像所包围。

金泽 它是一座平静的城堡城,它的兼六园1822年是日本风景优美的三大景点之一。能剧院全国有名。当地的五色九谷陶瓷展示在市里的艺术馆中。荷兰人1875年建的尾山神社带有与众不同的西方口味,如有色玻璃。

神户 这个城市是在明治时代发展很快的丘陵港口,现在已经是世界上集装箱吞吐量最大的城市和世界最大的人工岛。它在1995年遭受了毁灭性的地震。北野町仍然有很多原来的外国居民。可以从这样的事实中看到外来的长期影响:神户因上好的牛肉而著名、拥有日本第一个高尔夫球场、有一个和“唐人街”规模一样大的印度社区。神户博物馆包括南蛮艺术的特别收藏。更传统的历史景点包括供奉楠木正成的凑川神社和中国居民长期供奉的关帝庙。神户是食糖工业的发源地,在每年8月中旬举行日本所有高级中学的棒球比赛,这有可能是日本运动界最激动人心的赛事。

在城市东边的滩区可以看到古代的啤酒厂和展出酿酒历史的博物馆。附近的有马是日本最古老的温泉度假区。

宝冢的海滨度假村是魅力四射的清一色少女组成的宝冢歌剧团的发源地。它在1914年建立,给上流社会的女性和儿童提供有益健康的娱乐。姬路城堡(1581～1624年,即白鹭城)是日本最漂亮的地方之一。不同于很多现代的钢筋混凝土建筑,姬路城把原始的材料进行精心的修复。它迷宫般的要塞由于做工精湛而受军事工程师钦佩。《幕府大将军》的很多外景都是在这里拍摄的。受城堡名字的启发,这个城市已经和亚利桑那州的菲尼克斯(凤凰城)结为友好城市。

熊本 这个城堡(1960年修复)在1877年萨摩反叛时遭到激烈的围攻,现在是军事博物馆。17世纪的水前寺公园的重修浓缩了东海道公路幸存的景色和富士山风景。

仓敷 它几乎是内海唯一在战争期间遭到轰炸而幸存下来的城市。原来的商人区依旧是瓦房、青砖盖的谷仓和两边都是柳树的运河。这里有一个民间艺术博物馆和展出滨田庄司作品的陶瓷博物馆。

锯南町:町上有座漂亮的现代化的纪念馆,用以向町上最著名的人物——浮世绘大画家菱川师宣致敬。

京都 古都的珍宝太多而不能完全列举,其中最重要的是:

平等院:在 1053 年建立的佛教寺院。

知恩院:它是日本最大的寺院之一和净土宗的总寺院,建立于 1234 年,现代的建筑起始于 1619～1641 年;院内有创建人法然大师的雕像,这个雕像是由他自己雕刻的。

智积院:千利休设计的园林。

大德寺:它是一个中国式建筑,有 22 个附属寺院,建于 14 世纪和 17 世纪;有园林大师小堀远州设计的大面积禅宗建筑和园林;尤其重要的是大仙院("无敌禅院")、狩野派的版画和富含象征意义的园林、千利休最后安息地的聚光院和由住持大友宗麟建立的瑞峰院,他后来改为信仰基督教并成为日本第一个出使欧洲的人。

银阁寺(银色的亭子):它建于 1489 年,是足利幕府义政将军巧妙撤退所去的地方;实际上它并没有像原先设计的那样被银箔所覆盖;这里还有由相阿弥设计的园林。

祇园:它是娱乐的区域;歌舞伎是南座剧院的特色。祇园艺场提供传统艺术方面的速成课,它浓缩了茶道、插花、文乐布偶戏、狂言和单独一个小时的舞蹈。

平安神宫(神社):小比例的重现(1895 年)平安时代(794 年)的原貌。

东本愿寺:本市最大的木质建筑(建于 1602 年;现代建筑为 1895 年)所造。

御所:这个特殊的化身起始于 1855 年,这是天皇继位的地方;外国的观光者(带有护照)允许每天参观两次(上午 10 点/下午 2 点),他们比日本人具有优先权。

寂光院：建礼门院皇后埋葬的地方，安德天皇溺水死亡以后，她在这出家成了尼姑。

桂离宫：它是低调优雅的代表，被认为是日本传统建筑的伟大代表之一。内墙由狩野派大师设计。别墅和园林是小堀远州在丰臣秀吉的命令下建造的；这位艺术家规定赞助人不能干涉，而且还要给他充足的时间和预算。丰臣秀吉死之前没有见到这个建筑。

金阁寺（金色的亭子）：它有可能是京都唯一一个被摄影最多的建筑，建于 1394 年，在 1955 年又重新修建。

北野天满宫：它建于 947 年，用来纪念被迫害的菅原道真。

清水寺：它是木制建筑中的奇迹，紧挨着山坡，从这里可以看到全市的景色；它建于 798 年，现代的建筑起始于 1633 年，它靠近陡峭的山坡，有成群的纪念品店，被 19 世纪的游客称为“茶壶巷”。

广隆寺：它建立于 622 年，是为圣德太子而建的；它的大讲堂（1165 年）是京都第二古老的建筑；现代的灵宝馆收藏着中世纪的精美雕刻。

京都国立博物馆：藏有雕刻和绘画的超级精华，例如雪舟的山水画。

比睿山：它是延历寺的遗址，建于 788 年，它位于雪松林深处；现代的建筑起始于 17 世纪。

传统工业的博物馆：它展示这个城市著名的豪华工艺——纺织、瓷器、漆器和制扇业等等。

南禅寺：它原先是宫廷，在 1293 年变成临济宗的总部；“虎跳园”由小堀远州设计，南禅寺（优越者的驻地）有狩野探幽画的同样题材的屏风画；从 30 米的山门处（1628 年）可以看到比睿山的好景色。

二条城：它是在 1603 年后由德川家康所造，它独具一格的特色包括精心制作的中国门楼和会尖叫的“莺鸣地板”，这个地板在不可预期的侵入者到来时，会发出警告。

西本愿寺：京都最好的佛教建筑之一；建立于 1272 年，在 1591 年移到现在所在的地方；净土宗的大本营；这些建筑融合了豪华的设施和丰臣秀吉的伏见城（1632 年拆除）中的狩野派的绘画。

西阵纺织中心:展示了传统的锦缎和现代城市气息的特色。

龙安寺:因内部沙石被精心耙过的有围墙的园林和 15 块岩石而著名的枯山水庭园,它是由相阿弥在 1473 年设计的。

西芳寺:以苔藓园著名。

三十三间堂(三十三间殿堂):它建于 1164 年,在 1266 得到重新修建,它有 1 001 个镀金木质观世音雕像;主要的形象是由大师湛庆于 82 岁时雕刻的。传统的箭术比赛每年都在这里举行。

三千院:因 11 月的枫叶而著名。

下鸭神社:因蜀葵节而著名,它先于这个城市而存在。

神泉苑:这个城市最古老的园林之一,原先被平安宫所围绕。

诗仙堂:因小而精致而著名的园林。

相国寺:建于 1392 年(疑为 1382 年,编者注);五大寺院之一。

青莲院:天台宗住持的居所;它建于 1194 年,现代建筑起始于 1895 年。由相阿弥和小堀远州设计的京都最好的园林。

修学院离宫:是 17 世纪前天皇隐退后居住的三大别墅之一,它建立于京都最大的园林。

天龙寺:京都五大禅宗庙宇之一;它拥有中世纪的园林和 19 世纪的建筑。

东映太秦映画村:房瓦和街道的电影场景用于由日本最大的电影制片厂拍摄封建时期的电影;它补充了日本电影工业的历史。

东福寺:禅宗建筑和各种各样著名的园林。

东寺:它建于 796 年;有五重塔(1644 年重建),是日本最高的(184 英尺)。

八坂神社:日本最高的拱门(鸟居)入口,建于 1666 年。

友禅文化厅:展出与色织绸缎相关的物什。

益子町:陶瓷城,20 世纪的大师滨田庄司的家乡。

松江市:它有一个城堡和小泉八云纪念馆。附近的出云大社是日本最古老的神社并供奉婚姻之神;这里每年举行 70 多个节日。

松本市:在 1592 年至 1614 年间由石川氏建立的松本城堡的主楼,是日本最古老的幸存物。城墙之外的民俗博物馆收藏有很多娃娃和时钟。松本与众不同的历史遗迹包括国家最古老的木结构法院(现在是警察博物馆)和两个明治时代的校舍。这里也有史前古迹、民间艺术和浮世绘。

弘福寺:真言宗寺院,在钵伏山上可以看到它的美景,院内有八个珍贵的古代雕像。

元亨寺是净土宗庙宇,它被牡丹所包围。筑摩神社的建筑起始于江户时代。

松岛:它是风景优美的港湾,由超过 250 个岛屿组成,连续几个世纪以来被认为是日本三个风景最美的地方之一。尽管现代的建筑起始于 1609 年,但瑞岩寺却可以追溯到 828 年。

松山市:它是四国最大的城市,而且还有保存完好的城堡。

宫崎市:它在园林中收藏有埴轮。

富士山:高 3 776 米(12 388 英尺),国家的圣山,在 1707 年最后一次喷发。它每年从 7 月 1 日到 8 月 31 日对登山者开放,每年允许 40 万人登山。传统上规定了朝拜者的服装——必须穿白衣服和外裹草鞋的登山鞋(1868 年以前不允许妇女登山)。现在很多登山者都是从东京乘公共汽车到十站中的第五站下车,这些车站规定面向北边的路线(还有另外的五个);从这登到山巅需要 5~9 个小时,下山需要 3~5 个小时。

清澄山:清澄寺在山巅附近,它是日莲 1233 年遁入空门的地方。向下沿着千叶县的海岸线是他的出生的地方鲷之浦;诞生寺于 1276 年在这建立就标志着这样一个事实。在近海岸常见的真鲷就被认为是圣人的使者并被认为是神圣的;现在它们被保护为“特殊的自然纪念碑”。

高野山:真言宗寺庙,816 年由空海建立,它现在包括 120 个寺院,其中 50 多个寺院每年对 100 万名观光者提供住宿和(素)食物。

锯山:日本寺是日本最大的佛像的故乡,它是一个高 31 米的石雕;他的 1 533 名弟子像安置在附近的山腰上。

长崎:26 名基督徒殉道者吸引了很多朝圣者。1615 年,基督徒们在附近的云仙温泉被活烹。哥特式的大浦天主教堂是日本最古老的木结构教堂。

当年荷兰贸易商被禁闭的出岛，它现在（被填平后）成为长崎市的一部分。博物馆里有该社区的纪念物，“荷兰坡”有后期荷兰居民居住的一些房子。

建于1620年的兴福寺采用的是明朝的风格，它是为了服务当地的中国商人。在1634年住持建立了双拱石制眼镜桥，它是日本该格式的一座最古老的桥。

崇福寺（1629年）是明式建筑的另外一个例子。

格洛夫豪宅是英国军火商一个世纪以前的住宅；主人和日本女孩的联系可能间接地启发了普契尼的《蝴蝶夫人》。这部作品就是以该港口为背景的。

朴素的和平公园标志着1945年8月9日的核弹爆炸的震中（它实际的目标是三菱造船厂，现在是世界上最大的私有场所）。浦上老天主教堂的拱形建筑不仅是唯一在强力爆炸中幸存下来的，而且还为纪念碑提供了合适的补充。

名古屋：日本第四大城市，原先在一个城堡的周围发展，在战争中被毁坏。它在原址上又重建。

德川美术馆容纳了与最著名的幕府相关的1万件艺术作品（见第六章）。

重建于1935年的热田神宫，在神道教的等级排名上仅次于伊势神宫，位居第二，它收藏带有传奇色彩的皇家三神器之一——草薙剑。

附近的犬山，被夸张地说是日本现存最古老的要塞。

明治村是户外的博物馆，有50个在明治时代建造的西式建筑，它包括弗克·劳埃德·赖特建造的著名的帝国酒店。

那霸：它是冲绳县首府。那霸是波上宫神社和宗源寺所在地。波上宫神社是祭祀皇室先祖的地方，宗源寺是当地王室陵墓的所在地。那霸的一座公园里面有很多纪念碑。这些纪念碑是为了纪念1945年的20万亡灵的，其中包括成百上千集体自杀的学生。那霸也是好莱坞喜剧电影《秋月茶室》的拍摄地，此剧由马龙·白兰度主演，对美军占领表达出温和的好莱坞式的讽刺。

奈良:奈良县最有名的名胜包括建于8世纪的奈良大佛和年代更久远的法隆寺建筑群。法隆寺建筑群有45座寺庙,其中包括建于607年的五重塔。奈良国立博物馆里面有各个时期的一系列佛像艺术品。

中宫寺里有日本最古老的刺绣碎片。

春日大社建于公元768年,是“日本三大神社”之一。朱红色的建筑物(重建达57次)上悬挂着一千多盏铁灯笼,周围的花园里也有多达1800盏“石灯笼”。

兴福寺建于公元710年,曾经有175座建筑物,如今保留的只有6座,其中4座为国宝。

东大寺建于8世纪。自建寺之始,它就是日本最有名的寺庙之一。里面有卢舍那大佛和正仓院宝库。毗卢遮那大佛(上次修复于1692年)位居世界上最大的木结构建筑(重建于1709年)内。南大门两翼门神由运庆和湛庆雕刻。

唐招提寺由中国唐朝盲僧鉴真于759年主持建成。

药师寺建于680年,里面有一座精美的古塔(建于730年)。

成田:成田市所建新的国际机场位于东京西北方向。其西北部有一座风土记之丘博物馆,保存有一百多个1300年前的坟墩,古老的农舍及其他保护性建筑。附近的房总博物馆再现了两百年前日本的生活方式。

佐仓城的城堡位于成田市的西部,有建于1843年日本的第一家私立医院。而且可能令人惊奇的是,还有一座国立历史民俗博物馆,有7万多件展品,分为13个历史主题展区和6个民俗主题展区。

芝山町位于成田市的南部,有一座博物馆和芝山家的寺庙。博物馆里有大量的埴轮(日本古坟中的陪葬陶塑品)。在成田市附近有一座航空科学博物馆。

日光:日光市有绚烂豪华的东照宫(1634～1636年),融合了神道教和佛教元素,是供奉德川家康陵墓的神社。通向东照宫的林荫大道有13000多棵雪松(原来有4万多棵),栽于3个世纪以前。这项工程雇佣了 15 000 名能工巧匠，还采用了 248.9 万片金叶子。东照宫里最显著的特征是雕琢得精美绝伦的阳明门。

附近的日光二荒山神社年代更为久远，可追溯到 1617 年。旁边的大猷院陵墓里有德川家光的遗物。

冈山：冈山市的后乐园为日本三大名园之一，于 18 世纪建成。

大阪：大阪府的商业中心是日本商业帝国的诞生地，如丸红株式会社、三和株式会社、大和株式会社和住友商事。这里还是日本三大报社中的两家的发源地，即朝日新闻和每日新闻；也是制药业的所在地和生物技术研究中心。日本几乎一半的出口都要经过大阪。

大阪城内运河纵横交错。这里还有位于大阪市中心地带的重建的大阪城堡。大阪城堡是丰臣秀吉于 1586 年建成的。大阪城堡内的博物馆展现了丰臣秀吉家族历史。中之岛公园位于天满宫神社，据说建于 949 年，是为了供奉菅原道真而建的。

掩映于曾根崎娱乐区的是御初天神神社（露天神社）。近松门左卫门以此为背景改编了名剧《曾根崎情死》（关于双双殉情的故事）。

梅田和娱乐区里有一条修建于 1615 年的运河。文乐木偶戏在这个地方保存了下来，它最初诞生于朝日剧院。

中之岛是大阪府的行政中心，这里有图书馆、银行和建于明治和大正时代的会堂。

在樱之宫有一座造币厂，建于 1871 年。附近的造币博物馆展现了日本的造币史。

四天王寺建于 593 年，据称是日本最古老的寺庙，其实建筑物都是经过多次重建的。在 4 月 22 日圣德太子的逝世纪念日里，古老的宫廷舞（舞乐）在此表演。

住吉大社据说有更悠久的历史，早在 3 世纪由神功皇后所建。但是现存的建筑可追溯到 1808～1810 年。住吉大社已被定为国宝。

大阪 3 万家工厂生产占日本四分之一的制造业产出。因此很多游客都是工业旅游。

佐渡岛：它是日本最大的近海岛（857 平方公里，约为 331 平方英里），曾经是淘金的中心；博物馆重现了工业历史和对艺术的提炼。

小木町是日本最后幸存的帆船幸运丸所在地。

妙宣寺是用来供奉日莲宗的，然而在807年由空海建立的长谷寺拥有3个十一面观音像，它被称为国宝。

札幌：钟楼建筑（1878年）坐落在一个博物馆里，它见证了人们在北海道的定居和发展史。历史博物馆也记载了开拓史。植物园里的巴彻勒博物馆记录了这位阿伊努人终身朋友的生平。

纵贯北海道，西方的观光者被“中西部”风格的谷仓所震惊，这个是在明治时代美国农业顾问的影响下建造的。一个德国人建立了当地的酿酒厂，当地人自豪地说札幌和慕尼黑、密尔沃基在同一个高度。一个娶了苏格兰女孩的当地人在这里建立了日华（日本第二大品牌）威士忌酒厂，因为他认为北海道和苏格兰最相似。

丸山原始森林被指定为国宝。

仙台：它是东北地区（本州的北部）最大城市，是伊达氏的大本营，他的权力由毁坏的青叶城堡的遗址（1602年）和近来建造的16世纪的陵墓瑞凤殿所见证。黑漆的大崎八幡宫被指定为国宝。

岛原城：这个城堡记录了1638年间下场悲惨的基督徒的暴动。

下田市：在了仙寺佩里达成了日本第一个现代条约。第一个美国驻日公使汤森·哈里斯定居在玉泉寺，这里有他的纪念品和佩里一些船员的坟墓。

白老町：原来是阿伊努的村庄，现在是展出阿伊努生活方式、仪式和手工艺品的博物馆。

静冈市：由德川秀忠幕府在1617年建造的久能山东照宫，他要求能够看到骏河湾的好景色，现在被指定为重要的文化遗产。

附近的登吕是2 000年前的村庄遗址，在1943年被发现，现在仍在挖掘中。

修善寺：9世纪的寺庙和源氏有密切的关系。

高田：它是新潟最多雪的城市之一，这个度假区是日本人滑雪的发祥地。滑雪在1911年由奥地利的军官引入。

高松市：它是四国的港口，有优美的栗林公园，这个公园是在350年前松平氏的别墅上建造的。附近的屋岛是源平战争对抗期的著名景色。

高山市：它是个遥远而古老的城镇，因木工而著名，有“小京都”之称，因为在两英里的休憩场中（东山区）提供不下5个神社和13座寺庙。还有两个保存好的、对游客开放的江户时代的商人居住的房子。它也有独一无二的高山“阵屋”（具有历史上的官府）、“小型的宫殿”和金森氏地方衙门的总部。它最初在1615年修建，重新修建于1816年。

飞驒民俗文化村保存有这个时期的30个农舍和建筑。

最初的飞驒国分寺是圣武天皇于746年建立，但现在幸存的部分始于16世纪；在三层佛塔（1821年）的附近有一棵据说已存活了1 200年的银杏树。

从照莲寺可以俯瞰这个城镇，它于1960年挪到现在的遗址上；它的主殿（1504年）据说是由一棵雪松修筑的。

这里有展出漆器、印盒、传统的玩具和当地“狮子舞”的特色博物馆。

鸟羽：这个港口城市因“婚姻岩石”而著名，它是一对由神圣的“绳子”而连接的小岛。御木本珍珠岛是纪念御木本幸吉（1858～1954年）经过坚持不懈的努力，他在1892年完善了用牡蛎培育人造珍珠的技术。

东京：保罗·威利的《现在和过去的东京：探险者的指南》（韦瑟希尔出版社1984年出版）是一本范围广且富含学识的旅游指南，它着重描写历史背景。

基恩·皮尔斯的《东京的自在旅行》（韦瑟希尔出版社1990年出版）是根据围绕地铁山手线的29个地铁站进行简单的概述。对初次旅游者来说东京让人难以应付。人们可以在特殊的符号和特别地区主要特色的帮助下找到方向。

丸之内：主要车站西边的中心商业区，明治时代壮观的红砖建筑古迹是在1923年地震和1945年轰炸幸存下来的少数建筑；日本工业银行（由村野藤吾在1974年设计建筑）跟周围平凡的办公楼形成了鲜明的对比。

日比谷:东京的“百老汇”,有很多剧院和重要的公园。

有乐町、六本木、赤坂是娱乐区。

银座:这儿有专营店和歌舞伎剧场;护城河围绕的皇居就在附近;向南是筑地中心批发市场(包含鱼、肉、蔬菜)。

霞关:政府机关集中的地区和国会议事堂所在地。

上野:聚焦该市最大的公园(由勒·柯布西耶设计),它包括很多博物馆如国立西洋美术馆(也是由勒·柯布西耶设计);下町重现了1923年地震以前的街貌;这里还有很多西乡隆盛的大型雕像。

浅草:无数的小街集中在浅草观音寺(浅草寺)周边。

新宿区:有日本最大的车站,每天有乘客360万名;有12幢60层的摩天大楼(从住友商事的总部大楼51层观景台上可以欣赏到美轮美奂的景色);有巨大的地下购物商城。

涩谷、原宿、青山:时尚购物;明治神宫(重建于1958年)、日本放送协会NHK的总部(日本的“BBC”)和收藏柳宗悦作品的日本民艺馆都在附近。

首都重要的公园和园林包括滨离宫和新宿御苑,这两个都属于皇室所有;皇宫的东公园是围绕着300年以前设计的江户城堡的主楼;清澄庭园由三菱商业帝国的创始人岩崎设计;小石川后乐园是17世纪由德川幕府设计的;六义园是18世纪的枯园;代代木公园矗立着日本建筑大师丹下健三设计的壮观的1964年奥林匹克体育馆——代代木国立综合体育馆。

东京的国立博物馆收藏着世界上最好的日本艺术品。邻近是法隆寺独立的宝物画廊。在柳宗悦老家有供奉着剑、纸、盐、烟草和民间工艺品的特色博物馆。

其他重要的历史遗址包括:

泉岳寺:用于纪念47位浪人。

靖国(“安定的国家”)神社:尽管起始于1869年,但确是神道教建筑的经典类型;它是用来纪念在战争中战死的人并因樱树著名(编者注:靖国神社实质是宣扬和支持军国主义对外侵略战争的精神支柱和象征)。

增上寺:这里有修于 1605 年的红色漆门;内部稀有的黑佛曾经属于德川家康。

东京迪斯尼乐园(1983 年)的“明日世界”包括“与世界有约”,它以视听的方式按时间顺序记录着在历史的长河中友邦与日本的友谊。

山口县:雪舟于 15 世纪在这里设计了一个园林。1952 年泽维尔纪念大教堂在这建立,用来纪念这位传道圣人。

横滨:20 世纪 50 年代以前这里是个渔村,但现在是日本第二大人口城市。日本第二间现代化的酒店——俱乐部酒店于 1869 年在这里建立。这里还有很多明治时期的建筑、活力四射的唐人街(中华街)和展出娃娃、丝绸和外国社区的特色博物馆。

19 世纪 30 年代的远洋客轮冰川丸永久地停泊在这个港口。

由明治时代的丝绸商人设计的三溪园,包括一个茶房和曾经属于德川家的别墅。

山手町地区是西方人喜欢的居住区,它因“断崖绝壁”而著名:它的一些房子、学校和教堂幸存了下来。在国际公墓中安放着东京-横滨铁路的工程师埃德蒙·莫雷尔(卒于 1871 年)的遗体和伦敦新闻画报的艺术记者、“Japan Punch”的创始人查理斯·威格曼(卒于 1891 年)的遗体。

部分日语词汇译名

ばくふ	“帐幕政府”———幕府政府
ぼんさい	“盆栽”———小型树木栽种的艺术
ぶんらく	布偶戏
ぶらくみん	“小村居民”———被传统遗弃的群体
ぶし	武士
ぶしどう	武士道
びょうぶ	绘画屏风
ちゃのゆ	“泡茶用的热水”———茶道
ちょにん	町人
だいみょう	“大名”———封建领主
えまきもの	绘卷物
えた	对“小村居民”传统上不礼貌的称呼
ふだい	德川幕府的功臣、心腹
ふみえ	踩圣像，用来证明对信仰非忠诚且在仪式上带有鄙视色彩的基督教形象
ふるさと	家乡
ふすま	拉门
ががく	“雅乐”———宫廷仪式上的音乐
がいじん	“外边的人”———外国人
げいしゃ	“多才多艺的人”———艺妓
げんろう	政界元老
ごけにん	小武士官僚
はいく	有17个音组成的诗篇(俳句)
はもん	铸剑者在剑上刻的花纹
はん	江户时代的封建集权
はにわ	埴轮——4～7世纪墓中陪葬的陶制品

はらきり	“切腹”——切腹自杀的粗俗用语
はたもと	“旗本”——中产阶级的武士
ひにん	“非人”——江户时代的流放者
いけばな	插花艺术
いんろう	“印笼”——小的装饰盒
じょうるり	“净琉璃”说唱曲艺
かぶき	江户时代流行的戏剧
かけもの	挂轴
かきえもん	赤绘瓷器创始人
かみ	神道教的神
かみかぜ	“神风”——毁坏13世纪蒙古入侵舰队的台风；二战中实施自杀攻击的飞行员
かな	假名
かんじ	日本汉字
けんどう	“剑道”——剑术
こうあん	公案
こうどうは	皇道派
こふん	4～7世纪的古坟
こい	锦鲤
こく	一个成年人一年所需要的大米口粮
こくがく	着重古代神话和诗歌的国学
こくさいか	国际化
こくたい	国体
くがい	污染
くげ	贵族
きょうげん	“狂言”——能剧中喜剧性的幕间剧
みんげい	民间艺术
むぎちや	麦茶
なぎなた	上面常有女性图像的戟形武器
なんばん	“南蛮”——用来描述16世纪西方人的术语；同

	样用来描绘西方人的屏风
ぬんぶつ	念佛
ねつけ	雕刻复杂的开关
にほんが	日本画
にほんじんろん	日本人论
にわな	涅槃
のう	能乐
おび	和服上的宽腰带
おいらん	花魁
らんがく	"兰学"——西方研究
れんが	室町时代流行的连歌
ろうにん	浪人
りょかん	传统的小旅馆
さこく	"锁国"政策
さむらい	"武士"——封建家臣
さんきんこうたい	幕府朝廷时大名必须进行的参觐交代
さとり	心灵的顿悟
せんりゆう	幽默的短诗篇
せっぷく	切腹自杀
しっけん	摄政
しんじんるい	"新人类";追赶潮流的年轻人
しょうぐん	"大将军"——军事独裁者
しゅんとう	工业关系的"春斗"
そろばん	日式算盘
すちら	佛经
たんか	31 个音节的诗章
たたみ	榻榻米
てんのう	"神圣的权利"——天皇
とざま	江户时代被放逐的外样大名
うきよえ	浮世绘

やまぶし	流浪的圣人
やとい	外籍劳工
ようが	西式绘画
ゆげん	用来描绘能剧优美、神秘和深奥的术语
ゆかた	轻柔棉布制作的浴衣
ざいばつ	战争前期的财阀
ざぜん	禅宗的打坐

延伸阅读

指南类书籍

[1] Kanno Eiji and Constance O'Keffe，*New Japan Solo*（Kodansha 1988）

[2] Ian McQueen，*Japan：A Travel Survival Kit*（Lonely Planet 1989）

[3] James K. Weatherley，*Japan Unescorted*（Kodansha 1986）

参考书籍类

[1] *Kodansha Encyclopedia of Japan*（Kodansha 1983，supplement 1986）

[2] Basil Hall Chamberlain，*Things Japanese*（I[st] edition，1894）

[3] Dorothy Perkin，*Encyclopedia of Japan：Japanese History and Culture，from Abacus to Zori*（Roundtable Press 1991）

[4] Richard Perren，*Japanese Studies from Pre-history to 1990：A bibliographical guide*（Manchester University Press 1992）

总体性解释类

历史类：

[1] Sir George Sansom，*Japan：A Short Cultural History*（1931）

[2] Sir Sidney Giffard，*Japan Among the Powers 1890－1990*（Yale University Press 1994）

[3] Oliver Statler，*Japanese Inn*（Random House 1961）

当代相关研究：

[1] Ardath W. Burk，*Japan：A Postindustrial Power*（Westview Press 3rd ed 1991）

[2] Louis D. Hayes，*Inroduction to Japanese Politics*（Paragon House 1992）

文化交流研究类：

[1] Sir George Sansom, *The Western World and Japan: A Study in the Interaction of European and Asiatic Cultures* (Knopf 1950)

[2] Edwin O. Reischauer, *The United States and Japan* (Knopf 3rd ed. 1981)

社会、生活类：

[1] Paul Meredith Smith, *Nihonsense* (The Japan Times 1987)

[2] Jo Eastwood, *100% Japanese* (The Japan Times 1989)

[3] George Fields, *From Bonsai to Levis* (Macmillan 1983)

[4] Ruth Benedict, *The Chrysanthemum and the Sword: Patterns of Japan Culture* (Secker & Warburg 1947)

[5] Doi Takeo, *The Anatomy of Dependence* (Kodansha 1973)

[6] O-Yong Lee, *The Compact Culture* (Kodansha 1984)

[7] Ann Waswo, *Modern Japanese Society 1868 - 1994* (Oxford University Press 1996)

旅行指南与游记类：

[1] Paul Waley, *Tokyo: City of Stories* (Weatherhill 1991)

[2] Edward Seidensticker, *Low City: High City* (Knopf 1983)

[3] Boye De Mente, *Japan Made Easy: All You Need to Know to Enjoy Japan* (Passport Books 1990)

艺术、工艺类：

[1] John Reeve, *Living Arts of Japan* (British Museum Publications 1990)

[2] Siegfried Wichman, *Japonisme* (Thames & Hudson 1981)

[3] Sukey Hughes, Washi: *The World of Japanese Paper* (Kodansha 1978)

[4] Lorraine Kuck, *The Wolrd of the Japanese Garden* (Weatherhill 1968)

商业类：

[1] Boye De Mente, *How to do Business with the Japanese: A*

Complete Guide to Japanese Customs and Business Practices (NTC Business Books 1989)

[2] James V. Reilly, *Everything You Ever Wanted to Know about Business Otsukiai: A Guide to Japanese Business Protocol* (NTT Mediascope 1990)

[3] James C. Abegglen and George Stalk, *Kaisha: The Japanese Corporation* (Yale University Press 1979)

[4] Ito Takatoshi, *The Japanese Economy* (MIT Press 1992)

早期历史(第 1—3 章)

[1] Ivan Morris, *The World of the Shining Prince* (Penguin 1964)

[2] Oliver Statler, *Japanese Pilgrimage* (Tuttle 1984)

武士时代(第 4 章)

[1] Richard Storry, *The War of the Samurai* (Putnam 1978)

[2] Shimizu Yoshiaki, *Japan: The Shaping of Daimyo Culture 1185 - 1868* (George Braziller Inc. 1989)

基督教世纪(第 5 章)

[1] Charles Boxer, *The Christian Century in Japan* (Cambridge University Press 1951)

[2] Michael Cooper, *They Came to Japan: An Anthology of European Reports on Japan 1543 - 1640* (California University Press 1981)

江户时代(第 6 章)

[1] Donald Keene, World Within Walls (Grove Press 1978)

[2] Donald Keene, *Bunraku: The Art of the Japanese Puppet Theatre* (Kodansha 1965)

明治时代(第7章)

[1] Pat Barr，*The Coming of the Barbarians*（Macmillan 1967）

[2] Pat Barr，*The Deer Cry Pavilion*（Macmillan 1968）

[3] Jean Pierre Lehmann，*The Image of Japan*：*From Fedural Isolation to World Power 1850 - 1905*（Allen & Unwin 1978）

[4] Richard Tames，*Encounters with Japan*（Alan Sutton 1991）

帝国与战争(第8章)

[1] Richard Storry，*The Double Patriots*（Greenwood Press 1973）

[2] Akira Iriye，*The origions of the Second World War in Asia and the Pacific*（Longman 1987）

[3] John Toland，*The Rising Sun*：*The Decline and Fall of the Japanese Empire 1936 - 1945*（Random House 1970）

战后时代(第9—10章)

[1] William Horsley and Roger Buckley，*Nippon*，*New Superpower*：*Japan Since 1945*（BBC 1990）

[2] John Hersey，*Hiroshima*（Penguin 1986）

[3] Toyoda Eiji，*Toyota—Fifty Years in Motion*（Kodansha 1987）

[4] Morita Akio，*Made in Japan*（Weatherhill 1987）